Siegrun Lemke (Hrsg.)

Sprechwissenschaft/ Sprecherziehung

Ein Lehr- und Übungsbuch

Unter Mitarbeit von Philine Knorpp

2., überarbeitete und ergänzte Auflage

PETER LANG
Internationaler Verlag der Wissenschaften

Bibliografische Information der Deutschen Nationalbibliothek
Die Deutsche Nationalbibliothek verzeichnet diese Publikation
in der Deutschen Nationalbibliografie; detaillierte bibliografische
Daten sind im Internet über http://dnb.d-nb.de abrufbar.

Gedruckt auf alterungsbeständigem,
säurefreiem Papier.

ISSN 1869-134X
ISBN 978-3-631-62368-8
© Peter Lang GmbH
Internationaler Verlag der Wissenschaften
Frankfurt am Main 2006
2., überarbeitete und ergänzte Auflage 2012
Alle Rechte vorbehalten.

Hinweise für die Benutzung

Quellenangaben, Anmerkungen und Verweise
Im Hinblick auf Ziel und Adressaten wird mitunter stark vereinfacht und verkürzt. Literaturangaben verweisen auf ergänzende bzw. weiterführende Literatur.

- Ergänzende und weiterführende Literatur   (→ Stock 2001, 24)
- Quellenangabe   (Stock 2001, 24)
- Verweis auf andere Kapitel   [4.3]
- Verweis auf Abbildungen   [Abb. 4]
- gleiche Quelle wie bei vorangegangenem
  Zitat, aber andere Seitenzahl   (27)
- Ergänzungen des Verfassers in Zitaten
  stehen in Klammern   „... (ist) ..."
- Anmerkungen des Kapitelautors   (Anm. d. Verf.)

Die *Transkription* folgt dem Internationalen Phonetischen Alphabet (IPA). Liste der verwendeten Transkriptionszeichen: Seite 118 f.

Übungen, die Anleitung zur selbstständigen Durchführung (für Lehramtsstudierende auch als Anregung für die Arbeit mit Schülern) sowie Hinweise auf mögliche Fehler und Gefahren finden sich jeweils am Ende eines Hauptkapitels. Sie werden als Elementarübung nach einem festen Schema beschrieben:
Name
Z: Ziel/beabsichtigtes Ergebnis
A: Übungsablauf/Erläuterungen
! mögliche Fehler/Gefahren

Übungskomplexe mit definierten Trainingszielen (z. B. Abbau von Verspannungen, Stimmkonditionierung, Training der Kraftstimme usw.) ergänzen die Elementarübungen. Als Kontrollinstrument sowie als Grundlage für Selbstbeurteilung und Feedback werden Ton- bzw. Videoaufzeichnungen während der Übungen empfohlen.

Die *Arbeitsblätter* tragen als Übersichten zu ausgewählten inhaltlichen Schwerpunkten oder als Hinweise zu stimmlich-sprecherischen Verhaltensweisen den Charakter von Zusammenfassungen.

Männliche *Personenbezeichnungen* stehen auch für weibliche.

Autoren

Kapitel 1   Siegrun Lemke
2.1   Eberhard Stock
2.2, 2.3   Baldur Neuber
2.4   Ursula Hirschfeld
3   Lutz Christian Anders
4.1   Philine Knorpp
4.2   Dieter Graubner
4.3, 4.4   Philine Knorpp
4.5, 4.6   Dieter Graubner, Philine Knorpp, Siegrun Lemke
5   Susanne Thiel
6   Siegrun Lemke
7   Siegrun Lemke
8   Siegrun Lemke
9   Dieter Graubner, Philine Knorpp, Siegrun Lemke,

Inhalt

1 Zielstellung

Die Schlüsselqualifikation „Mündliche Kompetenz" ist eine entscheidende Qualifikation für soziale und berufliche Kompetenz. Sie ist Voraussetzung für Kooperations- und Teamfähigkeit. Zu kooperieren, im Team zu handeln setzt voraus, sich zu verständigen, sich dem anderen überzeugend verständlich zu machen. Das gilt in besonderem Maße für Studierende mit sprechintensiven Berufszielen.

Das Konzept der Lehrveranstaltungen zur Sprechwissenschaft/Sprecherziehung an der Universität Leipzig zielt auf kooperative Interaktion, auf die Entwicklung solcher Fähigkeiten wie Zuhören, Klären und kooperative Problemlösung, auf die Ausbildung von Rede- und Gesprächsfähigkeit, einschließlich ihrer elementaren Voraussetzungen. Studierende erhalten die Gelegenheit, konfliktverhindernde Gesprächsstrategien zu erlernen und zu trainieren, ihre Stimme und Sprechweise so steuern zu lernen, dass sie auch in angespannten Situationen beabsichtigte Wirkungen erzielen können, sich Stimme und Sprechweise nicht zusätzlich konfliktfördernd auswirken. Grundlage dafür ist die Ausbildung der Fähigkeit, sich differenziert, verständlich, überzeugend und normorientiert zu äußern, berufsspezifische stimmliche und sprecherische Belastungen situationsadäquat und funktionsgerecht zu bewältigen und funktionellen Stimmstörungen vorzubeugen. Nahezu 40 % der Studierenden sind stimmlich auffällig, 15 % müssen phoniatrisch betreut werden und etwa ein Viertel spricht mit deutlichen artikulatorischen Auffälligkeiten (Lemke 2003, 2006, 2012). Wird aber ein Sprecher rein akustisch bzw. artikulatorisch nicht verstanden oder versagt ihm die Stimme, wird er seine Hörer bzw. seine Gesprächspartner und damit sein Kommunikationsziel nicht erreichen, selbst wenn er z. B. über ausgefeilte Argumentationstechniken verfügt.

Der vorliegende Band *Sprechwissenschaft/Sprecherziehung* setzt die Reihe *Leipziger Skripten* fort. Er versteht sich als ein die Lehrveranstaltungen Sprecherziehung, Sprechkünstlerische Kommunikation, Rhetorische Kommunikation, Sprechgestaltung für Dolmetscher, Phonetik für Nichtmuttersprachler an der Universität Leipzig begleitendes Lehr- und Übungsbuch.

Der Band stellt nicht den Anspruch, einen systematischen Überblick über den Forschungsstand und die Theoriebildung der Sprechwissenschaft zu geben bzw. unterschiedliche Theorien, Methoden und Begriffe einer wertenden Diskussion zu unterziehen. Gegebenenfalls wird auf diese Problematik lediglich verwiesen. Aus dem Gesamtgebiet sprechwissenschaftlicher Theorie und Praxis wurde eine zielgruppenorientierte Auswahl getroffen. Zielgruppen sind in erster Linie Studierende der Universität Leipzig, die Lehrveranstaltungen zur Sprechwissenschaft/Sprecherziehung im Rahmen der jeweils gültigen Studienordnung obligatorisch (Lehramtsstudierende aller Schulstufen und Fachkombinationen, künftige Dolmetscher) bzw. wahlobligatorisch (Studierende konsekutiver Studiengänge der Philologischen Fakultät, darunter auch Nichtmuttersprachler) belegen. Darüber hinaus richtet sich der Band an andere Studierende mit stimm- und sprechintensiven Berufszielen (z. B. künftige Journalisten, Juristen, Theologen, Betriebs- bzw. Volkswirte u. a.), die entsprechende Schlüsselqualifikationen erwerben wollen sowie an weitere Personen, die nach einer Anleitung suchen, um ihre stimmlichen und sprecherischen Fähigkeiten zu entwickeln.

Spezielle Themen für einzelne Studienrichtungen werden nicht gesondert behandelt. Die Ausführungen sind jedoch im Rahmen der Möglichkeiten berufsorientiert und beinhalten Hinweise zu selbständiger Weiterarbeit. Auf Grund der besonderen Bedeutung für die Entwicklung des sprechsprachlichen Kommunikationsverhaltens bei Kindern und Jugendlichen gilt das vor allem für Lehramtsstudierende. Im Mittelpunkt steht das Sprechen im direkten räumlich-zeitlichen Kontakt. Zu medial vermitteltem Sprechen oder zu Besonderheiten des Sprechens in den Massenmedien (Hör- und Bildfunk) werden gegebenenfalls lediglich ergänzende Bemerkungen angefügt.

Der theoretische Teil gibt einen Überblick über wesentliche Faktoren und Teilthemen, die für hörerbezogenes situativ angemessenes hygienisches Sprechen bedeutsam sind. Darüber hinaus behandelt er Fragestellungen, die für Studierende, das zeigen langjährige Lehrerfahrungen, von besonderem Interesse oder besonderer Schwierigkeit waren bzw. häufig zu Unsicherheiten führten. Einer allgemeinen Einführung [Kapitel 2 und 3] zu den Grundlagen, zum Gegenstand und den Teilgebieten des Faches sowie zur Stimm- und Sprachentwicklung des Individuums schließen sich ausgewählte fachwissenschaftliche Schwerpunkte an. Übungen und/oder Teilzusammenfassungen ergänzen diese Kapitel [4-9]. Angefügt ist ein Sachregister. Bei der Fülle möglicher Schwerpunkte und themenbezogener Literatur musste zwangsläufig eine Auswahl getroffen werden. Das gilt sowohl für die aufgenommenen Teilthemen als auch für die Übungen. Die Zusammenstellung letzterer orientierte sich an den Zielgruppen und der Spezifik der angeführten Lehrveranstaltungen.

Da der Band von den Nutzern sehr gut angenommen wurde, erfährt er in der 2. Auflage keine grundsätzlichen Änderungen. Aus der täglichen Arbeit mit dem Lehrbuch erwuchs das Bedürfnis nach Präzisierung einzelner Passagen und nach Ergänzung durch weitere Übungen.

An dieser Stelle sei Lutz Christian Anders, Dieter Graubner, Ursula Hirschfeld, Baldur Neuber, Eberhard Stock und Susanne Thiel für ihre Mitarbeit gedankt. Für die Herstellung der Abbildungen 3, 6 und 7 danken wir Vanessa Hofferbert und Maja von Schwartzenberg, für die technische Unterstützung bei der Arbeit an der 2. Auflage Wiebke Jahn.

2 Gegenstand der Sprechwissenschaft

2.1 Sprache und Sprechen

Sprechwissenschaft und Sprecherziehung lassen sich scheinbar leicht bestimmen: Ihren Bezeichnungen gemäß hat die Sprechwissenschaft das Sprechen als Untersuchungsgegenstand und die Sprecherziehung zielt darauf ab, zum Sprechen zu erziehen. Diese Bestimmungen verengen jedoch die Sicht auf das Problemfeld, wenn sie das Sprechen nur als Erzeugung von Schall betrachten, der auf spezifische Weise strukturiert ist und Nachrichten transportiert. Im Vordergrund muss vielmehr der kommunikative Aspekt des Sprechens stehen. Denn Sprechen erwächst aus einer partnerschaftlichen Kooperation, die komplexen psychisch-sozialen Situationsbedingungen unterliegt. Sprechwissenschaft und Sprecherziehung haben folglich eine spezielle Form der zwischenmenschlichen Kommunikation zum Gegenstand, die sprechsprachliche Kommunikation [2.2]. Sie nutzt die gesprochene Sprache als Mittel des Austauschs und beruht auf den komplementären Verständigungshandlungen Sprechen und Hören. Um zu genaueren, schärfer abgrenzenden Bestimmungen zu kommen, muss der Vielschichtigkeit und Komplexität der Phänomene Sprechen und Sprache nachgegangen werden.

Der Begriff **Sprechen** umschließt zunächst mehrere Verwendungsweisen, zu denen vor allem zählen:

- das *frei produzierende Sprechen* als Zu- oder Miteinandersprechen, so wie es im Alltag auftritt oder mit rhetorischem Anspruch in der Diskussion und Rede gebraucht wird [8];
- das *reproduzierende Sprechen* beim Vorlesen, Rezitieren und Schauspielen als das sprecherische Nachgestalten vorformulierter, oft künstlerischer Texte [7];
- das *phatische Sprechen*, das ausschließlich soziale Bindungen aufbauen oder verlängern soll, etwa in der Mutter-Säuglings-Kommunikation [3] oder bei der Verwendung formeller Grußformeln;
- das *Sprechen in der Mensch-Tier-Kommunikation*, das allerdings vorwiegend Stimmmodifikationen und nur zum geringsten Teil sprachliche Mittel nutzt;
- das mehr oder weniger laute *Sprechen im Selbstgespräch*, beispielsweise um kognitive Vorgänge zu stimulieren oder fiktiven Partnern gegenüber Formulierungen hinsichtlich Prägnanz und Rhythmus zu erproben, aber auch als psychische Entlastung etwa bei sozialkommunikativer Isolierung;
- schließlich das *innere Sprechen,* das bei intensiven mentalen Prozessen erlebt wird; Phänomen und Terminus können aus psycholinguistischen Modellen der Sprecherzeugung mit den Stufen (1) Konzeptualisierung, (2) sprachliche Aufbereitung (Verbalisierung) und (3) motorisch-akustische Realisierung er-

klärt werden, denn das Ergebnis der Stufe (2) des Erzeugungsprozesses ist eine Repräsentation der geplanten Äußerung, die sich als korrekte Wortfolge mit abgrenzbaren lautlich-intonatorischen Eigenschaften darstellt. Diese Repräsentation kann für den Produzierenden bereits als Sprechereignis bewusst werden, wenngleich die motorisch-akustische Realisierung fehlt. Deshalb lässt sich ein solches explizites sprachliches Denken auch als Sprechen bezeichnen, obwohl dieser Begriff im Folgenden immer unter kommunikativem Aspekt mit wahrnehmbarem und messbarem Sprachschall verknüpft werden soll.

Von diesen Verwendungsweisen haben Sprechwissenschaft und Sprecherziehung bisher ihrer Wissenschaftstradition folgend nur die ersten zwei fokussiert. Sie haben Sprechen folglich als die orale Hervorbringung von Schallereignissen verstanden, mittels derer Sprachliches zu einem auditiv wahrnehmbaren Objekt wird und in dieser Form von einem zum anderen übertragen werden kann, unabhängig von der Art der Übertragung (von Angesicht zu Angesicht oder über die elektronischen Medien). Was aber ist **Sprache**? Diese Frage wird in der Linguistik ebenso wenig einheitlich beantwortet wie etwa in der Psychologie, Neurologie oder Philosophie. Der Begriff ist zudem mehrdeutig. Es sind drei Bedeutungen zu unterscheiden:

1. Als Sprache muss zuerst die *menschliche Sprachfähigkeit* verstanden werden. Sie ist dem Menschen angeboren und nur ihm eigen. Sie ermöglicht es ihm, in der Ontogenese (und Phylogenese) ein System von Elementen und Regeln (ein Zeichensystem) aufzubauen, das ihn in die Lage versetzt zu denken, in die Umwelt einzudringen und ein Bewusstsein seiner selbst zu erlangen. Auf Grund seiner Sprachfähigkeit kann er mittels dieses Systems im Austausch mit anderen auch kognitiv-emotionale Vorgänge ausdrücken, also von innen nach außen bringen, und er ist zugleich in der Lage, das von anderen Nach-außen-Gebrachte, das Geäußerte, zu perzipieren, also zu verinnerlichen und zu verstehen.

2. Als Sprache gilt sodann jede *konkrete Einzelsprache* (das Deutsche, das Finnische usw.), aber auch deren Dialekte [6.1] und Sondersprachen wie Fach- und Jugendsprachen. Die Klassifizierung ist dabei strittig – gemeinsam ist solcherart Sprachen aber, dass sie sich im und durch den Gebrauch fortwährend verändern, dass diese Veränderung von der politisch-kulturellen Entwicklung ihrer Benutzer abhängig ist, denen die Sprache zu Gedächtnis und Geschichte verhilft, und dass der Gebrauch einer bestimmten Sprache in hohem Maße gruppenbildend ist, weil er Identität stiftet.

3. Als Sprache werden schließlich auch verschiedene andersartige *Zeichensysteme* benannt, seien sie biologischer Natur (z. B. Sprache der Bienen) oder künstlich geschaffen (z. B. Programmiersprachen). Systeme wie die Gebärdensprache der Gehörlosen oder die Morsesprache fallen hingegen nicht hierunter. Sie sind in der Regel vom Sprechen abgeleitet worden und müssen daher als sekundäre Formen des Sprechens beurteilt werden.

Sprechen und Sprache sind eng miteinander verbunden und wechselseitig voneinander abhängig:

- Ohne Sprache kein Sprechen: Ist in der Kindheit keine Sprache erlernt worden, ist lebenslang kein Sprechen möglich.

- Ohne Sprechen keine Sprache: Kleinkinder eignen sich die Muttersprache vor allem aus dem Sprechen ihrer Beziehungspersonen an. Auch Linguisten können im Übrigen eine Sprache nur aus dem Gesprochenen erschließen [3.2].

Ein kurzer wissenschaftshistorischer Rückblick ermöglicht es, tiefer in die Problematik einzudringen. Die scharfe Unterscheidung, ja Entgegensetzung von Sprechen und Sprache, die für viele Sprachwissenschaftler auch heute im Zentrum ihrer Überlegungen steht, wurde Anfang des 20. Jh. vor allem von dem Schweizer Ferdinand de Saussure (1857-1913) vertreten. Mit seinen Thesen zur Dichotomie *langue – parole* (Sprache – Sprechen) hat er die strukturalistische Sprachwissenschaft begründet, die im vergangenen Jahrhundert durch verschiedene Schulen ausgebaut wurde. In Vorlesungsnachschriften, die nach seinem Tode veröffentlicht wurden und 1931 unter dem Titel „Grundfragen der allgemeinen Sprachwissenschaft" auch deutsch erschienen, heißt es:

„Um der Sprache den ersten Platz im Studium der menschlichen Rede einzuräumen, kann man ... geltend machen, dass die Anlage, Wörter zu artikulieren ... nur ausgeübt wird mit Hilfe des Instruments, das die Gesamtheit (der Individuen – Anm. d. Verf.) geschaffen und zur Verfügung gestellt hat; es ist daher nicht unbegründete Willkür, zu sagen, dass nur die Sprache die Einheit der menschlichen Rede ausmacht." (13)

Das wichtigste Ziel strukturalistischer Untersuchungen bestand demgemäß darin, die Systeme der verschiedenen Einzelsprachen auf ihre Strukturen hin zu untersuchen. Auf phonologischem, lexikologischem und syntaktischem Gebiet sind bei solchen Analysen beeindruckende Leistungen vollbracht worden. Die strukturalistische Orientierung hatte aber auch zur Folge, dass die langue mit ihren Teilsystemen über mehr als fünf Jahrzehnte hinweg weitgehend beziehungslos, ohne Blick auf die Sprachverwendung, analysiert wurde und demzufolge die parole, die Materialisierung des Systems im Sprechen oder Schreiben, wenig Beachtung fand. Erst mit der sogenannten pragmatischen Wende um 1970 kam es zu einer ausgewogeneren sprachwissenschaftlichen Forschung, indem nunmehr die Verwendung der langue in der parole, die Situationsabhängigkeit dieser Verwendung und auch die parole selbst fokussiert wurden. Forschungsrichtungen wie die Sprechakttheorie oder die Konversationsanalyse stehen für diesen Paradigmenwechsel.

Aus den bis heute aufschlussreichen Darlegungen de Saussures ist hier Folgendes herauszuheben (Kursives in den Zitaten: Hervorhebungen d. Verf.):
- Auf die Frage, wie sich die Sprache „als völlig losgelöst von allem übrigen" erfassen lässt, antwortet de Saussure:

„Wenn wir die Summe der Wortbilder, die bei allen Individuen aufgespeichert sind, umspannen könnten, dann hätten wir das soziale Band vor uns, das die Sprache ausmacht. Es ist ein Schatz, den die *Praxis des Sprechens* in den Personen, die der gleichen Sprachgemeinschaft angehören, niedergelegt hat, ein grammatikalisches System, das virtuell in jedem Gehirn existiert, oder vielmehr in den Gehirnen einer Gesamtheit von Individuen; denn die Sprache ist in keinem derselben vollständig, vollkommen existiert sie nur in der Masse." (de Saussure 1931, 16)

- Die menschliche Sprachfähigkeit schließt für de Saussure grundlegend den Gebrauch sprachlicher Zeichen ein, wobei jedes Phänomen, das über sich hinausweist und etwas anderes ausdrücken soll, als Zeichen gilt (z. B. Verkehrsschilder, Hupsignale, Rangabzeichen an Uniformen). Sprachliche Zeichen bestehen für de Saussure aus der ursprünglich zumeist zufälligen Verknüpfung eines Zeichen*inhalts* mit einem Zeichen*ausdruck* (da der Begriff *Ausdruck* mehrdeutig ist, im Folgenden immer Zeichen*körper*). Der Zeicheninhalt ist die Vorstellung, das Konzept von einer Sache. Er bezeichnet also z. B. keinen konkreten Baum, sondern den Begriff Baum als Abstraktion aus allen denkbaren Bäumen. Auch der Zeichenkörper ist eine Vorstellung, und zwar die einer bestimmten Lautfolge. Dementsprechend haben sprachliche Zeichen eine *rein psychische Natur*. Sie sind jedoch konkret; sie sind „keine Abstraktionen"; da die „Assoziationen" zwischen inhaltlichen und lautlichen Vorstellungen „... durch kollektive Übereinstimmung anerkannt sind und ihre Gesamtheit die Sprache ausmacht. (Sie sind) Realitäten, deren Sitz im Gehirn ist ..." (18).

- Inhalt und Körper eines Zeichens sind also für de Saussure durch Assoziation unauflöslich miteinander verknüpft. In der Sprecher-Hörer-Kommunikation wird diese assoziative Verknüpfung wie folgt genutzt:

  1. Beim Prozess der Sprecherzeugung wählt der Sprecher zunächst Zeichen gemäß seiner Äußerungsintention aus und linearisiert sie, d. h., er bringt sie in eine auch zeitlich dimensionierte Reihenfolge.
  2. Durch die Artikulation wird deren Körper, die jeweils vorgestellte Lautfolge, motorisch-akustisch materialisiert.
  3. Diesen Schall kann der Hörer auditiv verarbeiten.
  4. Identifiziert er ihn als Körper eines sprachlichen Zeichens, so ruft dies in seinem Inneren durch die im Benutzerkollektiv übereinstimmende Assoziation den zugehörigen Zeicheninhalt auf und damit entsteht ein Aha-Erlebnis – er hat das Zeichen erkannt.

- Nach de Saussure lässt sich der durch das Sprechen materialisierte Zeichenkörper bei der wissenschaftlichen Analyse problemlos erfassen. Das gelingt zwar nicht durch die Beschreibung der Artikulation, weil diese aus einer „... Unzahl von Muskelbewegungen ..." (18) besteht, die nicht in allen Einzelheiten registriert werden können. In der Sprache jedoch gibt es die Lautbilder und jedes Lautbild ist „... nur die Summe aus einer begrenzten Zahl von Elementen oder Lauten (Phonemen), die ihrerseits durch eine entsprechende Zahl von Zeichen in der Schrift vergegenwärtigt werden können. Diese Möglichkeit, alles, was sich auf die Sprache bezieht, fixieren zu können, bringt es mit sich, daß ein Wörterbuch und eine Grammatik eine treue Darstellung derselben sein können, indem die Sprache das Depot der Lautbilder und die Schrift die greifbare Form dieser Bilder ist." (18) Dieser Kunstgriff, die Abbildung der Zeichenkörper durch Buchstabenfolgen, führte allerdings dazu, dass die parole an Geschriebenem untersucht wurde und folglich weder rhythmisch-melodische [7] noch stimmlich-artikulatorische [4.3, 4.4, 6] Eigenschaften des Gesprochenen in das Blickfeld gerieten.

- Diese Begrenzung zeigt sich bei de Saussure noch einmal bei der Bestimmung des Sprechens: Im Gegensatz zur Sprache ist es „... ein individueller Akt des Willens und der Intelligenz, bei welchem zu unterscheiden sind: 1. die Kombinationen, durch welche die sprechende Person den *code* der Sprache in der Absicht, ihr persönliches Denken auszudrücken, zur Anwendung bringt; 2. der psychophysische Mechanismus, der ihr gestattet, diese Kombinationen zu äußern ..." (17). Hiermit wird das Sprechen auf die Materialisierung von vorgestellten Phonemfolgen (des Zeichenkörpers) verkürzt; die über den Phonemen liegenden Schalleigenschaften blieben zunächst unbeachtet.

Die konsequente Entgegensetzung von Sprachbesitz und Sprachverwendung beim Sprechen ist vor und nach de Saussure von verschiedenen Autoren vertreten worden. Das heute bekannteste Konzept stammt von dem US-Amerikaner Noam Chomsky (geb. 1928), dem Begründer der generativen Transformationsgrammatik. Aus seinen umfassenden Theorien sei hier nur Folgendes herausgegriffen (Chomsky 1969):

- Chomsky knüpft an de Saussure an, führt aber statt der Begriffe langue-parole das Begriffspaar *Kompetenz-Performanz* ein.
- Während Performanz mit parole gleichgesetzt werden kann, wird der Sprachbesitz nicht wie bei de Saussure als statisches Zeichensystem erklärt, sondern als Kompetenz. Nach dem von Chomsky entwickelten Kompetenz-Erwerbs-Modell ist dies diejenige Fähigkeit, die auf dem in der Kindheit erworbenen unbewussten Wissen über die jeweilige Sprache beruht.
- Kompetenz ist als ein dynamischer Erzeugungsmechanismus vorzustellen, der mittels unterschiedlicher Prozeduren aus einer begrenzten Zahl von Elementen und Verknüpfungsregeln eine unbegrenzte Zahl von grammatisch korrekten Äußerungen generieren kann.
- Dieser Mechanismus ermöglicht es auch, beliebige Äußerungen hinsichtlich ihrer Grammatikalität zu beurteilen, sprachliche Umschreibungen zu interpretieren und mehrdeutige Äußerungen kontext- und situationsbezogen eindeutig zu machen [7.1, 8.2].
- Chomskys Modell berücksichtigt nicht die soziale Funktion der Sprache und zielt nur auf „ideale" Sprecher und Hörer ab, die durch keinerlei Abhängigkeiten, weder durch psycho-physische noch durch soziale und situative, eingeengt sind. Um konkrete Sprachverwendungen und deren reale Situationsbezüge theoretisch erfassen zu können, ist in der Auseinandersetzung mit Chomsky der Begriff der *kommunikativen Kompetenz* geprägt worden.

Die kommunikative Funktionalität des Sprachsystems ist jedoch schon vor Chomsky in der Prager Schule des Strukturalismus herausgearbeitet worden. Wie andere Strukturalisten beriefen sich auch die Prager, deren bedeutendste Vertreter Nikolai S. Trubetzkoy (1890-1938) und Roman Jakobson (1896-1982) waren, auf de Saussure. Sie unterschieden sich von den weiteren strukturalistischen Schulen aber dadurch, dass sie bei ihren Untersuchungen sprachpsychologischen Erwägungen Raum gaben. Sie bezeichneten sich selbst als Funktionalisten und verstanden die Sprache als ein System mit Funktionen.

Diese Orientierung hat durch den seinerzeit bekannten Psychologen Karl Bühler (1879-1963), der zu den Pragern in engem Kontakt stand, ein wissenschaftliches Fundament erhalten. Bühler entwickelte ein Zeichenmodell, das unter dem Namen *Organon-Modell* (Werkzeug-Modell) in die Fachliteratur eingegangen ist. Er griff dabei auf Plato zurück, weil der in einem seiner Dialoge angibt, „... die Sprache sei ein *organum*, um einer dem andern etwas mitzuteilen über die Dinge ...“ (Bühler 1934, 24). Für Bühler lassen sich demgemäß sprachliche Zeichen nicht ohne ihre kommunikativen Funktionen und damit nicht außerhalb der Kommunikation betrachten. Dies führte ihn auch zu einer völlig neuen Betrachtungsweise des Sprechens bzw. des Gesprochenen. Folgende Einzelheiten sind von Bedeutung:

- Im Organon-Modell tritt das Zeichen als „sprachliches Schallphänomen“ auf, also als bereits gesprochene Materialisierung des psychischen Vorstellungskomplexes. Aus der Analyse realer Kommunikationssituationen ergibt sich, dass diesen materialisierten Zeichen drei grundlegende Funktionen zugeschrieben werden müssen. Bühlers Beispiel: Zwei Personen werden durch außersprachliche Vorgänge angeregt, miteinander zu kommunizieren. Die eine Person sagt besorgt: „Es regnet!“ und fordert damit die andere Person indirekt auf, beim Verlassen des Hauses einen Schirm zu nehmen. Das als Schallereignis auftretende sprachliche Zeichen „Es regnet“ leistet folglich dreierlei: *Darstellung* des in Frage stehenden Sachverhalts, *Ausdruck* der Besorgnis des Sprechers und *Appell* an den Hörer. In diesem Sinne erfüllt jede sprachliche Formulierung, die beim Sprechen gebraucht wird, eine oder zwei oder alle drei Funktionen. Mit der Zeichenauswahl, der Verbalisierung, die von Situationsbezug und Aussageabsicht bestimmt wird, entscheidet der Sprecher, welche kommunikativen Funktionen er nutzen will. Auf Regenwetter könnte er auch mit „So ein Pech!“ (nur Ausdruck) oder „Bei solchem Regen hilft nur ein Schirm!“ (Darstellung und Appell) reagieren. Gewöhnlich ist eine der Funktionen dominant, selten aber wird nur eine Funktion aktiviert. Bühlers Zeichenmodell ist damit zugleich ein Kommunikationsmodell, das jedem Sprechakt zugrunde liegt.
- Die „semantischen Funktionen des (komplexen) Sprachzeichens“ kennzeichnet Bühler dementsprechend wie folgt:

„Es ist *Symbol* kraft seiner Zuordnung zu Gegenständen und Sachverhalten, *Symptom* (Anzeichen, Indicium) kraft seiner Abhängigkeit vom Sender, und *Signal* kraft seines Appells an den Hörer, dessen äußeres oder inneres Verhalten es steuert wie andere Verkehrszeichen." (28)

- Das „sprachliche Schallphänomen", das die Materialisierung sprachlicher Zeichen darstellt, vollbringt jedoch nach Bühlers Analysen eine „mehrseitige kommunikative Dienstleistung" (46). Für die Kenntlichmachung der Zeichenkörper ist nur ein Teil der Schallmerkmale bzw. Merkmalsmodifikationen erforderlich, der verbleibende Teil kann für die Übertragung anderer Informationen genutzt werden. Neben der sprachlich relevanten „phonematischen Prägung" (der Lautrealisation) ist die „... musikalische Modulation ... irrelevant ... Darum kann der Sprecher im Musikalischen seiner Seele die Zügel schießen lassen, kann den Ärger oder die Freude, ... Jubel oder Verzweiflung erklingen lassen, ohne den reinen Darstellungssinn des Wortes im mindesten zu tangieren ... C'est le ton qui fait la musique." (46)

Mit diesem „Es ist der Ton, der die Musik macht" stellt Bühler praktisch die These auf, dass die sprechsprachliche Kommunikation gleichzeitig und nebeneinander auf zwei Ebenen erfolgt: (1) mittels sprachlicher Zeichen = *verbal*, (2) mittels der im sprachlichen Schallphänomen enthaltenen Ausdruckssignale von Stimme und Artikulationsweise = *paraverbal* (nebensprachlich). Darüber hinaus zeigt die Alltagsbeobachtung, dass Gesprochenes auch *nonverbal* (nicht zum sprachlichen Schallphänomen gehörend) begleitet oder verstärkt wird, z. B. durch Mimik und Gestik [8.3], Berührungen oder Handlungen wie das Überreichen eines Schirms. Mit der Nutzung paraverbaler und nonverbaler Ausdrucksformen während des Sprechens greifen die Kommunizierenden auf ältere in der Tierwelt entwickelte Kommunikationsweisen zurück (→ Tembrock 1977), die in national-kulturell geprägten Spielarten zwischenmenschlich bis heute stabil funktionieren.

Die Sprechwissenschaft hat sich auf das Schallereignis konzentriert; sie betrachtet folglich nur die verbalen und die paraverbalen Mittel (→ Trojan 1952). Beide unterscheiden sich insbesondere hinsichtlich des Zeichenstatus, der Ausnutzung der Schallmerkmale und der Gebrauchskonventionen.

- Verbale Funktion haben alle Schallmodifikationen, die für die Materialisierung des Zeichenkörpers, also die Realisierung und Unterscheidung der Phoneme [6] und der sie überspannenden Intoneme [7] genutzt werden (z. B. Lautdauer, Öffnungsgrad der Vokale, Geräuschstärke bei Reibelauten, silben- und satzdifferenzierende Tonhöhen- bzw. Lautheitsveränderungen). Sie bzw. ihre Kombinationen sind diskret (abgrenzbar), sukzessiv angeordnet, und zwischen bestimmten Kombinationen (Zeichenkörpern) und bestimmten Zeicheninhalten besteht eine feste Verbindung.

- Paraverbale Funktion haben dagegen alle Schallmodifikationen, die einerseits zur Individuumspezifik des Sprachschalls beitragen (z. B. habituelle Färbungen des Stimmklangs [3.3, 4.3.3], permanent auftretende Eigenheiten bei der Artikulation [6.1]) und die andererseits temporäre situationsbezogene Einstellungen und Emotionen [7] anzeigen, gleichgültig ob dies vom Sprecher beabsichtigt ist oder nicht (z. B. zeitliche Verlaufsmuster, Lautheitsvariationen, Atemgeräusche). Diese Schallmodifikationen sind in der Mehrzahl nicht diskret und sie haben auch keine feste Verbindung zu einem bestimmten Ausdrucksinhalt. Sie koexistieren mit verbalen (und nonverbalen) Mitteln und werden vom Hörer aus den Verhaltens- und Zeichenkontexten heraus „verstanden". Beispielsweise kann eine überhöhte Stimmgebung, isoliert betrachtet, sowohl bei Angst als auch bei Freude auftreten [4.3.3, 7.1.6]. Sie erhält ihren Symptom-Wert erst in der konkreten Äußerung.

Die meisten Schallmerkmale (z. B. Tonhöhen-, Lautheits- und Tempomodifikationen) werden verbal *und* paraverbal genutzt. Die Verwendung der verbal fungierenden Merkmalskombinationen wird innerhalb enger Grenzen von der Sprachgemeinschaft durch Aussprachekonventionen geregelt. Diese „Merkmalsbündel" können situationsgerecht variiert werden, der Hörer aber identifiziert sie weitgehend unabhängig von der Situation. Der Informationsgehalt der paraverbalen Mittel hängt dagegen in hohem Maße von der sehr variablen Mittelkombination, der Verbalisierung und den Situationskonstellationen ab. Aus den komplexen Kommunikationsbedingungen heraus bewertet der Hörer die fraglichen Mittel im Schallereignis funktionell und errechnet gleichsam aus allen einlaufenden Daten, was der Sprecher mit seiner Äußerung „meint". Die auf der verbalen und der paraverbalen Ebene übertragenen Informationen können einander ergänzen, gegenläufigen Charakter haben oder beziehungslos nebeneinander stehen. Untersuchungen haben gezeigt, dass bei Gegenläufigkeit unter bestimmten Bedingungskonstellationen der paraverbalen Ebene ausschlaggebendes Gewicht zugemessen wird. Ob etwas als glaubwürdig oder so wichtig erscheint, dass sofort darauf reagiert werden müsste, hängt oft mehr vom Paraverbalen und weniger vom Verbalen ab.

Die bisher in der Sprachwissenschaft wenig beachtete Funktionalität der paraverbalen (und nonverbalen) Ebene hat der Psychologe K. R. Scherer bereits 1977 (279 ff.) zu differenzieren versucht. Zeichentheoretische Modelle erweiternd unterscheidet er im Gespräch parasemantische, parapragmatische, parasyntaktische und dialogische Funktionen und schreibt ihnen u. a. Folgendes zu:

- *Parasemantische* Funktionen sind etwa die Substitution (Ersetzung verbaler Elemente, z. B. durch ein langgezogenes „Mhm"), die Amplifikation (Illustration und Verdeutlichung verbaler Elemente, z. B. die Unterstreichung von Schimpfwörtern durch gesteigerte Lautheit), die Kontradiktion (dem Verbalen Widersprechendes, z. B. die Ironisierung des Verbalen durch übermäßige

Tonhöhenbewegung) und die Modifikation (Abschwächung oder Verstärkung des Verbalen, z. B. mit brüchiger oder gepresster Stimmgebung).

• *Parapragmatische* Funktion haben die paraverbalen Signale der Aufmerksamkeit, des Verstehens und der Bewertung (z. B. stöhnende oder knurrende Stimmgebung, Nasalierung des Sprachschalls mit hohen oder tiefen Frequenzen) als unmittelbare Reaktion auf Äußerungen des Partners, aber auch der Ausdruck von Emotionen oder Dispositionen in konkreten Kommunikationssituationen, z. B. durch verhauchten Stimmklang, Wechsel der Stimmregister und der Artikulationsspannung.

• Als *parasyntaktisch* ist die Synchronisation des Sprechhandelns auf den beiden Ebenen anzusehen, d. h. die zeitgleiche Segmentierung und die Regulierung des parallelen Auftretens von verbalen und paraverbalen Elementen, z. B. eines Tonhöhenanstiegs beim Gebrauch von Schimpfwörtern.

• *Dialogische* Funktionen sind die Regulation und die Relation. Die Regulation trägt mit paraverbalen Mitteln (z. B. Lautheitsverringerung und temporaler Verzögerung) zur Organisation des Gesprächsverlaufs und zum Sprecherwechsel bei. Die Relation signalisiert mit stimmlichen Kundgebungen Sympathie oder Ablehnung, aber auch Aktivität und Responsivität (→ Stock/Suttner 1991, 67 ff.).

Aufgabe der Sprechwissenschaft und Sprecherziehung [2.2, 2.3] ist es, die vielschichtige Funktionalität der verbalen und paraverbalen Äußerungsebene in den verschiedenen Verwendungsweisen des Sprechens zu untersuchen, bewusst zu machen und so zu üben, dass die Mittel mit ihren Funktionen für eine wirkungsvolle und kultivierte Äußerungsweise verfügbar sind.

2.2   Fachbegriff

Die *Sprechwissenschaft* beschäftigt sich mit allen Belangen der Sprechkommunikation (Sprechsprachliche K., Mündliche K.). Sie betrachtet die miteinander kommunizierenden Menschen unter den verschiedensten Aspekten des Sprechens und Hörverstehens und ordnet sich mit ihrem Untersuchungsgegenstand in den Kanon benachbarter Geistes- und Sozialwissenschaften (z. B. Germanistische Linguistik, Kommunikationswissenschaft und Soziologie) sowie Naturwissenschaften (z. B. Physik und Medizin) ein. Die Sprechwissenschaft gliedert sich in die Teildisziplinen Phonetik und Phonologie, Rhetorische Kommunikation, Sprechkünstlerische Kommunikation, Störungen des Sprechprozesses, Sprech- und Stimmbildung. Die genannten Teilgebiete besitzen jeweils eigene Lehr-, Forschungs- und Anwendungsschwerpunkte und sind durch den gemeinsamen Fachgegenstand – gesprochene Sprache – zugleich eng miteinander verbunden, so dass sich zahlreiche fachübergreifende Fragestellungen und Anwendungen ergeben.

Die Besonderheit der sprechwissenschaftlichen Herangehensweise gegenüber anderen Ansätzen besteht vor allem darin, welche Perspektive sie bei der Betrachtung der Menschen und ihrer Sprache einnimmt (→ Neuber 2003, 11-22): Sprechen und Hörverstehen werden grundsätzlich als Komplexphänomene mit physischen, physiologischen, physikalischen, linguistischen, psychosozialen und sozialen Aspekten beobachtet und beschrieben. Hinzu kommt die Analyse der gesprochenen Sprache in ihrer kultur- und gesellschaftsgeschichtlichen Entwicklung. Die konkreten sprechwissenschaftlichen Fragestellungen thematisieren spezifische Aspekte der mündlichen Kommunikation (z. B. phonetische, rhetorische oder sprechkünstlerische) und beschreiben deren Leistungen für die Sprech-, Hör- und Verstehenstätigkeit. Die Sprechwissenschaft versteht sich vorrangig als empirisch-theoretisch arbeitende Disziplin und stützt sich somit insbesondere auf die Analyse von Daten. Sie entwickelt aber auch Theorien auf dem Wege der Deduktion, Induktion oder Begriffsbestimmung, um so empirisch unzugängliche Zusammenhänge zu erklären. Die Sprechwissenschaft versucht, Modelle der Kompetenz und Performanz der Sprechprozesse [2.1] in ihrer situativen Abhängigkeit zu entwickeln, vor allem aber sucht sie die Handlungsfähigkeit für eine optimale sprechsprachliche Interaktion sowie effektive Wege für die Herausbildung dieser Fähigkeit zu bestimmen.

Ihre Forschungsstrategie folgt deshalb sowohl dem Erfordernis, wissenschaftliche Defizite zu beseitigen, als auch einem Versorgungsauftrag, der in der Vermittlung sprecherzieherischer und sprecherischer Handlungskompetenz besteht. Dieses Vorgehen ist verbunden mit dem Bemühen um interdisziplinäre Kooperation, vor allem mit ausgewählten Disziplinen der Sprach- und Literaturwissenschaften, der Sozial- und Verhaltenswissenschaften sowie der Medizin.

2.3   Teilgebiete

Phonetik und Phonologie

Die *Phonetik* befasst sich mit der Analyse und in jüngerer Zeit zunehmend auch mit der Synthese von Sprachlauten, Lautverbindungen und lautsprachlichen Äußerungen. Sie untersucht die anatomisch-physiologischen wie auch die akustischen Gesetzmäßigkeiten der Erzeugung und Verarbeitung des Sprachschalls durch den Menschen (→ Glück 2000, 525-526). Schwerpunkte der *phonetischen Grundlagenforschung* und Lehre sind insbesondere:

- Anatomie und Physiologie der am Sprechprozess beteiligten Organe (Phonationsorgane) [3.2, 3.3, 4.2, 4.3],
- Anatomie und Physiologie des Hörens sowie der neuronalen Verarbeitung des Sprachschalls [3.1],
- Erfassung und Beschreibung der Laute, Lautsysteme und Lautverbindungen der Sprachen (Artikulatorische Phonetik) [6.2],

- Erfassung und Beschreibung der Melodisierung, Lautheitsvariation, Temporalität, Rhythmizität und Akzentuierung gesprochener Sprache sowie stimmlicher Spezifika (Intonation und paraverbale Anteile der Kommunikation) [7],
- Analyse und Beschreibung der Strukturen des Sprachschalls (Akustische Phonetik bzw. Signalphonetik).

Die *Angewandte Phonetik* umfasst sehr viele und höchst unterschiedliche Problemfelder, z. B.:

- Erarbeitung von Ausspracheempfehlungen und -regeln für Wörterbücher und Lehrwerke (Präskriptive Phonetik bzw. Normphonetik) [6],
- Erkennung und Korrektur von herkunftssprachlich, regional und pathologisch bedingten Abweichungen in Lautbildung, Sprechfluss und Sprechweise bei Muttersprachlern und Ausländern (Korrektive Phonetik) [2.4, 5.4, 6, 7],
- Vergleich der phonetischen Systeme unterschiedlicher Sprachen (Kontrastive Phonetik),
- Sprechervergleich und Sprechererkennung für kriminalistische Ermittlungen (Forensische Phonetik),
- Einflüsse sozialer Kontexte auf die lautliche und paraverbale Ebene des Sprechens und Hörverstehens (Soziophonetik).

Die empirisch und experimentell orientierte Sprechwissenschaft sieht in der Phonetik eine Kerndisziplin, die mit ihren Erkenntnissen über die Anatomie der Sprechprozesse wesentliche Grundlagen für die anderen Teilfächer liefert. Zudem fokussiert die Sprechwissenschaft die Phonetik der zwischenmenschlichen Kommunikation, so dass technische Mittel wie z. B. Sprachsynthesen als mögliche Hilfe zum Erkenntnisgewinn über die miteinander sprechenden Menschen genutzt werden, jedoch keinen eigenen Untersuchungsgegenstand bilden.

Die *Phonologie* (in der älteren Literatur auch als funktionelle bzw. funktionale Phonetik, Phonemtheorie, Phonemik oder Phonematik bezeichnet) untersucht die Sprachlaute und -lautgebilde hinsichtlich ihrer bedeutungsdifferenzierenden und -konstituierenden Funktionen (→ Glück 2000, 526-527). Im Gegensatz zur oftmals naturwissenschaftlichen Herangehensweise der Phonetik hat die Phonologie eine theoretisch bzw. theoretisch vergleichend orientierte Methodik. Wesentliches Ziel einer phonologischen Untersuchung ist die Beschreibung der Phonemsysteme der Sprachen. Hierzu werden die kleinsten distinktiven (d. h. bedeutungsunterscheidenden) lautlichen Einheiten (Phoneme) einer Sprache gesucht, isoliert und nach Merkmalssystemen klassifiziert. Außerdem suchen Phonologen nach den Regularitäten der lautlichen Variationsmöglichkeiten der Phoneme. Diese konkreten, also materiell existenten Einheiten werden als Allophone bezeichnet. So wird beispielsweise das Wort „Tier" wie folgt dargestellt:

Graphemfolge	<Tier>,
phonologische Transkription	/tiːr/,
phonetische Transkription	[tiːɐ].

In diesem Beispiel ist erkennbar, dass die Graphemfolge <ie> dem Phonem /i:/ entspricht und dass das Phonem /r/ allophonisch als [ᵊ] realisiert wird. In der Phonologie existieren gegenwärtig unterschiedlichste theoretische Ansätze und Schulen, wie z. B. die Generative Phonologie, die Natürliche Phonologie, die Dependenztheorie und die Autosegmentale Phonologie. Für die sprechwissenschaftlich orientierte Phonetik der Gegenwart stellt die Phonologie wichtige Erkenntnisgrundlagen zur Verfügung, die insbesondere bei der Interpretation von Untersuchungsergebnissen helfen und zur Klärung der Beziehungen zwischen Sprachsystem und Sprechprozess beitragen.

Rhetorische Kommunikation
Die Rhetorik hat im Verlauf ihrer über zweitausendjährigen Geschichte unter Beibehaltung einiger wesentlicher Axiome einen Teil ihrer fachlichen Schwerpunkte deutlich verlagert. Ursprünglich wurde sie als „Redekunst" (techné rhetoriké) im engen Wortsinn angesehen, d. h., sie beschäftigte sich mit der Beschreibung und Didaktisierung der Fähigkeit, in der öffentlichen Rede einen Standpunkt überzeugend zu vertreten und auf diesem Weg das Denken, Fühlen und Handeln anderer zu beeinflussen. In der Antike gab es diese öffentlichen Situationen insbesondere in Reden vor politischen Gremien (genus deliberativum), vor Gericht (genus iudiciale) und im Rahmen der festlichen Würdigung von Personen (genus demonstrativum).
Die Rhetorische Kommunikation [8] im Kanon der sprechwissenschaftlichen Teilfächer hat folgende Axiome der klassischen Rhetoriktradition beibehalten:
• Rhetorik wird als wirkungsorientierte Kommunikation [8.3] verstanden, bei der über die kommunikative Intention der Alltagskommunikation hinaus die Ziel-Mittel-Relation durch mindestens einen Beteiligten bewusst kalkuliert ist.
• Rhetorik wird als erlerntes bzw. erlernbares kommunikatives Methodeninventar verstanden.
Gegenüber den Vorstellungen der antiken Rhetorik haben sich Definition und Fachinhalt der Rhetorischen Kommunikation wie folgt erweitert bzw. verändert:
• Das (rhetorische) Gespräch wurde in seiner Eigenschaft als primäre Form der Sprechkommunikation in die Analyse und Didaktisierung einbezogen, so dass nunmehr zwischen „*Rederhetorik*" [8.4.2] und „*Gesprächsrhetorik*" [8.4.3] zu unterscheiden ist.
• Der Begriff der öffentlichen Situation wurde erheblich erweitert, so dass z. B. auch Fachvorträge, Präsentationen, Moderationen, Versammlungen, Klärungs-, Beratungs-, Verkaufs- sowie Lehr-Lern-Gespräche bei Erfüllung der o. a. zentralen Axiome als rhetorische Ereignisse angesehen werden.
• Die Betrachtung der geschichtlichen Entwicklung des Faches hat sich zu einer relativ eigenständigen Teildisziplin entwickelt (Historische bzw. Diachrone Rhetorik). Gleiches gilt für die Argumentationsforschung.

- Rhetorische Ereignisse werden zunehmend systembezogen betrachtet, so dass neben Texteigenschaften auch die materiellen, sozialen und psychischen Faktoren der Situation(en) [8.2] der miteinander sprechenden Personen in die Analysen und Lehrstrategien einfließen. Dies gilt für Gespräch und Rede gleichermaßen.

- In die Beschreibung und Didaktisierung rhetorischer Kommunikationsprozesse werden differenziert ausgearbeitete und datengestützte paralinguistische Kriterien (z. B. Sprechweise, Stimmklang, Intonation, paraverbale Schallmodifikation) und extralinguistische Faktoren (z. B. Mimik, Gestik, Bewegung im Raum) einbezogen.

Die Rhetorische Kommunikation als sprechwissenschaftliches Teilgebiet stützt ihre Aussagen sowohl auf Erfahrungswissen als auch auf umfassende Theoriebildung und empirische Datengewinnung. Eine reine „Meisterlehre" lehnt sie hingegen grundsätzlich ab.

Sprechkünstlerische Kommunikation

Die Sprechkünstlerische Kommunikation (Sprechkunst, Ästhetik der Vortragskunst, Dichtungssprechen, Ästhetische Kommunikation) befasst sich mit den Prozessen der Aneignung und sprechgestaltenden Interpretation literarischer Texte unter künstlerisch-reproduktivem und kommunikativem Gesichtspunkt. Im Kontrast zur literaturwissenschaftlichen Analyse stehen grundsätzlich nur literarische Texte in ihrer *gesprochenen* Form (bzw. publikumsseitig in ihrer auditiven Rezeption) im Blickfeld. Wichtigstes Ziel der Sprechkünstlerischen Kommunikation ist die Analyse, Beschreibung und Didaktisierung der sprecherischen Mittel, die literarische Texte gegenüber Gebrauchstexten aufweisen müssen, damit eine künstlerische Qualität entsteht, die dem Hörer die so genannte volle Rezeptivität des Textes ermöglicht [7.2]. Es handelt sich also um Eigenschaften der Sprechsprache, die über die adäquate und sinngerechte Darbietung der Inhaltsinformation hinaus die auditive Wahrnehmung künstlerisch-ästhetischer Qualitäten ermöglichen.

Aus sprechwissenschaftlicher Perspektive befindet sich die Sprechkunst in einem Grenzbereich zwischen eher theoretisch-empirischen und eher künstlerischen Beschreibungsmöglichkeiten. Gemessen am Gegenstand haben beide Betrachtungsweisen gleichermaßen Berechtigung, da das Sprechen literarischer Texte einerseits einen hohen Anteil an individueller künstlerischer Leistung sowie ausgeprägte ästhetische Rezeptionsfähigkeit verlangt, andererseits jedoch auch als eine Subform sprechsprachlicher Kommunikationsprozesse, ausgestattet mit allen für die Sprechkommunikation typischen Prozesskomponenten, systematisch untersucht werden kann. Untersucht und beschrieben werden Textrealisationen und -rezeptionen aller literarischer Gattungen, also Epik, Dramatik, Lyrik und Ballade.

Fachliche Schwerpunkte bilden:

- Analyse und Beschreibung aller sprecherischen Merkmale in gesprochenen künstlerischen Texten,
- Kategorienbildung prägender Stilformen,
- Metrik und Verslehre,
- Anforderungen literarischer Gattungen, Subgattungen und Einzeltexte an die Sprechgestaltung,
- Wirkung sprechkünstlerischer Äußerungen,
- Geschichte der Vortragskunst,
- Pädagogik und Didaktik der Sprechkunst für Lehrer, Schüler und Berufssprecher.

Das Fach Sprechkünstlerische Kommunikation steht in enger interdisziplinärer Verbindung zur Literatur-, Medien- und Theaterwissenschaft.

Störungen des Sprechprozesses

Der Bereich der Störungen der Sprechprozesse [5] beinhaltet Prävention, Ätiologie, Diagnostik, Symptomatik und Therapie von Sprach-, Sprech-, Stimm-, Schluck- und Hörstörungen (→ Wendler et al. 1996). Schwerpunkte bilden die folgenden Pathologien der Sprechkommunikation:

- Dyslalien (Störungen des Artikulationsprozesses; phonetisch-phonologische Störungen),
- Redefluss-Störungen (Poltern, Stottern, Mutismus),
- Stimmstörungen (organische und funktionelle Stimmstörungen),
- Neurogene Schluckstörungen (Dysphagien),
- Sprechstörungen (Dysarthrien; sprechmotorische Bewegungsstörungen),
- Aphasien (Störungen der Sprachverarbeitung infolge von Hirnschädigungen).

Die Diagnose und Behandlung von Störungen der Sprechkommunikation sollte grundsätzlich nur durch das Fachpersonal der entsprechenden anerkannten Heilberufe erfolgen. Dies sind vor allem Fachärzte für Phoniatrie und Pädaudiologie, Klinische Sprechwissenschaftler (Diplomsprechwissenschaftler mit zusätzlicher mehrjähriger klinischer Ausbildung), Klinische Linguisten, Logopäden sowie Stimm- und Sprachheilpädagogen aus staatlich anerkannten Bildungseinrichtungen.

Alle Lehrerinnen und Lehrer einschließlich Kindergärtnerinnen und Erwachsenenpädagogen sollten Grundkenntnisse und entwickelte Hörfähigkeiten in der Erkennung pathologischer Abweichungen der Sprechkommunikation [5] besitzen, um die notwendigen Empfehlungen zum Besuch eines Phoniaters bzw. zur Aufnahme einer Therapie erteilen zu können, da die genannten Störungen im Anfangsstadium im Alltag oftmals in ihren physischen, psychischen und sozialen Folgen für den Patienten unterschätzt werden bzw. lange Zeit unerkannt bleiben.

Sprech- und Stimmbildung

In der Sprech- und Stimmbildung (*Sprecherziehung*, Sprechpädagogik, Kommunikationspädagogik) werden sprechwissenschaftliche Erkenntnisse für Fähigkeits- und Fertigkeitsentwicklungen angewandt (→ Neuber/Naumann 2003, 160-167). Natürlich wirkt die Sprech- und Stimmbildung auch durch das Anforderungsprofil der Praxis und dessen ständige Veränderungen auf die aktuellen Forschungsfragen der Sprechwissenschaft. Die Sprech- und Stimmbildung liefert sowohl didaktische Gesamtkonzepte als auch Einzelmethoden, die fundierte Reflexion und gerichtete Veränderung des Sprechhandelns ermöglichen. Dabei stehen vor allem Entwicklung und Verbesserung elementarer und komplexer sprechkommunikativer Handlungsmöglichkeiten, aber auch Prävention und Therapie von Störungen im Blickfeld.

Sprech- und Stimmbildung beinhaltet insbesondere:

- die Schulung der Basisprozesse des Sprechens (Beherrschen der Physiologie von Körperhaltung, Atmung, Stimmgebrauch und Artikulation) [4],
- das Training der dauerbelasteten Stimme und der Kraftstimme (professioneller Stimmgebrauch, z. B. in Schule und Medien) [4.3],
- die Entwicklung des Sprech- und Stimmausdrucksgeschehens (kommunikativer Einsatz der artikulatorischen und stimmlichen Mittel) [7],
- die Korrektur nichtpathologischer phonetischer Abweichungen,
- den bewussten und gezielten Erwerb der Standardaussprache sowie optimaler Sprechverständlichkeit [6],
- das Sprechen in den Medien (z. B. Mikrofonsprechen und sinnfassendes hörerorientiertes Lesen),
- die Ausbildung sprecherischer, stimmlicher, gestischer und körpermotorischer Kommunikationsfähigkeiten im Kontext von Bühne und elektronischer Massenkommunikation,
- die Schulung von Wahrnehmung und Anwendung der Sprech- und Stimmausdrucksparameter zur Erleichterung von Lernprozessen durch gute Verständlichkeit und zur Konfliktminimierung mit Hilfe situations- und partneradäquater Verwendung artikulatorischer, intonatorischer bzw. paraverbaler Mittel [6, 7, 8].

Eine besondere Rolle spielt die systematische Ausbildung von Pädagogen (Lehrkräfte aller Schulformen, Kindergärtnerinnen, Erwachsenenpädagogen) in der Stimm- und Sprechbildung, da dieser Personenkreis besonders hohen sprecherisch-stimmlichen Belastungen und somit besonderen Erkrankungsrisiken ausgesetzt ist (→ Lemke et al. 2004, Lemke 2005, 2006), die oftmals bis in die Berufsunfähigkeit führen. Zudem sind Angehörige pädagogischer Berufe zum professionellen Umgang mit der gesprochenen und geschriebenen Sprache verpflichtet, da sie Vorbild- und *Multiplikatorenfunktion* ausüben.

2.4 Kommunikation in der Fremdsprache/Zweitsprache Deutsch
2.4.1 Problemaufriss

Die mündliche Kommunikation zwischen Sprechern verschiedener Muttersprachen und deutschsprachigen Gesprächspartnern unterliegt spezifischen Bedingungen und wird von vielfältigen Faktoren beeinflusst. Sprechwissenschaftliche Forschung und sprecherzieherische Arbeit mit Deutsch-als-Fremd-/Deutsch-als Zweitsprache-Sprechenden bzw. -Lernenden sind daher breit gefächert, sie reichen von der (kontrastiven) Phonetik und Phonologie über Fragen der Aussprachestandards [6] und Aussprachevarianten im Deutschen bis hin zur Rhetorischen [8] und Sprechkünstlerischen Kommunikation [2.3] und zu Störungen des Sprechprozesses [5]. Sprech- und Stimmbildung spielen für diesen Personenkreis ebenfalls eine besondere Rolle [2.3, 4].

Unter dem Einfluss der Muttersprache und früher gelernter Fremdsprachen kommt es zu *Interferenzerscheinungen*, d. h. zur Übertragung von Merkmalen, Strukturen, Regeln, aber auch von Hör- und Sprechgewohnheiten in die zu erlernende Sprache [6.1]. Interferenzen gibt es auf allen Sprachebenen, die phonetischen Interferenzen – der so genannte "fremde Akzent" – sind jedoch besonders stark und besonders hartnäckig und sollen in diesem Kapitel deshalb im Vordergrund stehen. Das hängt damit zusammen, dass es sich um einen komplexen Vorgang handelt, an dem verschiedene Komponenten beteiligt sind, die in die Fremdsprache übertragen und dort weiter wirksam werden: Neben der Merkfähigkeit spielen vor allem das Hör- und das Artikulationsvermögen eine Rolle. Hier geht es keinesfalls nur um einzelne, möglicherweise schwer aussprechbare Laute. Aufeinanderfolgende Vokale und Konsonanten werden beim Sprechen nicht nacheinander artikuliert, sie sind eng miteinander verknüpft, sie greifen ineinander (Koartikulation), beeinflussen sich gegenseitig (Assimilation), Merkmale werden abgeschwächt (Reduktionen) oder es fallen ganze Laute oder Lautverbindungen aus (Elisionen) [6.2.3]. Die so entstandenen Silben, Wörter und Wortgruppen werden durch Akzent, Rhythmus, Melodie und Sprechtempo überformt [7]. Dies in einer fremden Sprache zu erkennen, zu erlernen und anzuwenden ist für viele schwierig.
Interferenzerscheinungen können die Kommunikation beeinträchtigen, zu ungewollten Gesprächsverläufen führen und unvorhersehbare Wirkungen hervorrufen. Dies betrifft die segmentale, elementare Ebene der Laute und die suprasegmentalen Merkmale, darüber hinaus alle mit der sprechsprachlichen Kommunikation verbundenen Aspekte der Situations- und Hörerbezogenheit [6.1, 7.1.1, 8.2], ebenso die Ebene der Rede, der Gesprächsführung und Argumentation [8.4.2, 8.4.3], den Vortrag von Dichtungen usw. Neben Sprachkenntnissen und Hör- bzw. Sprechfertigkeiten spielen also auch Fragen des kulturellen Hintergrundes, des Sach- und Handlungswissens eine Rolle (→ Hofstede 2001,

Kotthoff 2002, Lewis 2000, Maletzke 1996, Roche 2001, Wierlacher/Bogner 2003).

Da sich der vorliegende Band u. a. an Lehramtsstudierende wendet, die in ihrem künftigen Beruf permanent mit Problemen hinsichtlich des Deutschen als Fremdsprache konfrontiert werden, soll die sprechwissenschaftliche und sprecherzieherische *Arbeit mit Schülern nichtdeutscher Muttersprache* im Mittelpunkt der Ausführungen stehen. Es ist zu bedenken, dass es sich hier nicht um eine kleine Randgruppe, sondern um etwa 10 % aller Schüler handelt, wenn es auch große regionale Unterschiede gibt.

Die Schule, insbesondere der Deutschunterricht, hat die Aufgabe, diese Lernenden zu befähigen, die in der mündlichen Kommunikation verwendeten sprachlichen und außersprachlichen Mittel zu beherrschen. Schüler, die das Deutsche als einzige Unterrichtssprache nur mangelhaft beherrschen, sind stark überfordert und zugleich deutschsprachigen Kindern gegenüber benachteiligt. Ausländische Jugendliche verlassen mehr als doppelt so häufig die Schule ohne Abschluss wie deutsche Jugendliche (BMBF 2009, 20). Die Kultusministerkonferenz legte 2003 nationale Bildungsstandards im Fach Deutsch vor. Dort wird u. a. gefordert, dass sich Schüler, deutsch- und fremdsprachige gleichermaßen, artikuliert, verständlich, sach- und situationsangemessen äußern sollen, dass sie die Stimmführung situations- und adressatengerecht anwenden (11), dass sie Texte gestaltend vorlesen, dass sie beim Vortrag „... auch Betonung, Lautstärke und deutliche Artikulation nutzen ..." (44) und dass sie „... wichtige Regeln der Aussprache und der Orthografie kennen und beim Sprachhandeln berücksichtigen ..." (16). Deutschlehrer sehen sich hier somit vor besondere Anforderungen gestellt, aber auch Lehrende in anderen Schulfächern müssen in der Lage sein, die Sprachkenntnisse und die Sprechverständlichkeit von Schülern anderer Muttersprachen zu verbessern. Grundlage sind Kenntnisse über die Ursachen und Folgen von Sprach-, Kommunikations- und Lernschwierigkeiten sowie über die methodischen Möglichkeiten, diese Schwierigkeiten überwinden zu helfen.

2.4.2 Sprach-, Kommunikations- und Lernprobleme

Schüler mit mangelhaften Deutschkenntnissen haben in der Regel auch Kommunikationsprobleme in der Schule: Sie verstehen nicht, was die Lehrer sagen, sie können sich selbst nicht verständlich machen und sich somit nicht aktiv am Unterrichtsgespräch beteiligen, sie können sich mit den Mitschülern nicht gut verständigen und den Lernstoff nicht verstehen. Ausspracheprobleme führen u. U. dazu, dass Kinder verspottet und ausgegrenzt werden. Die Schwierigkeiten im gegenseitigen Verstehen hängen nicht nur mit fehlendem Wortschatz und unzureichenden Grammatikkenntnissen zusammen. Sie basieren auf *Hör- und Ausspracheschwierigkeiten*, d. h., sie beginnen beim auditiven Unterscheiden und Identifizieren wie auch beim Hervorbringen von Melodieverläufen, Akzent-

und rhythmischen Mustern, von einzelnen Vokalen und Konsonanten sowie von Lautfolgen. Ohne Hilfe können die Lernenden ihr Hörvermögen und ihre Sprechmotorik meist nur langsam und partiell weiterentwickeln. Lernfortschritte hängen deshalb vor allem von den Lehrenden und ihrer methodischen Geschicklichkeit ab, sie sind zudem individuell sehr unterschiedlich, denn sie werden durch verschiedene Faktoren bestimmt, u. a. durch das Alter der Schüler und die damit verbundene nachlassende Imitationsfähigkeit, durch die Gedächtnisleistung, das Abstraktionsvermögen, das auditive Differenzierungsvermögen, die (sprech)motorische Geschicklichkeit, durch Musikalität und Rhythmusgefühl sowie auch durch von außen beeinflussbare Faktoren wie Motivation, Einstellungen und Lernstrategien (Hirschfeld 2003, 189 ff., 2004, 155 ff.). Wichtig ist, dass sich Lehrende über die Muttersprachen ihrer Schüler informieren, auch über die phonetischen Grundlagen (→ Hirschfeld et al. 2002 ff.), so dass sie gezielt Übungen und Korrekturen anbieten können.

Die Schüler müssen erkennen, dass der korrekte Sprachklang die Verständigung in der mündlichen Kommunikation ermöglicht und unterstützt, so dass Nachfragen, Missverständnisse oder ungewollte emotionale Reaktionen vermeidbar sind. Eine gute Aussprache ist nicht nur Voraussetzung und Indikator für die *Kommunikationsfähigkeit*, sondern zugleich mit *sozialer Akzeptanz*, d. h. einer höheren sozialen Einstufung, und mit einer besseren Bewertung des Intelligenzgrades und des Bildungsstandes verbunden. Im Folgenden sollen einige mit dem Ausspracheerwerb verbundene Aspekte näher erläutert werden.

Motivation

Um die Aussprache verbessern zu können, müssen die Lernenden motiviert sein, motiviert werden, denn es geht nicht schnell, es geht nicht ohne Mühen und in der Regel nicht ohne Hilfen. Ein neues Klangbild muss gelernt, neue Sprechbewegungen müssen angebahnt und automatisiert und mit intonatorischen Merkmalen verbunden werden. Besonders demotivierend ist es für Lernende, wenn sie trotz guten Willens diese Probleme nicht bewältigen können. Lehrende sollten deshalb wirkungsvolle Lernhilfen geben, überschaubare Aufgaben stellen, erreichbare Lernziele verabreden und auch kleinere Fortschritte loben.

Hören/Hörverstehen

Korrektes phonologisches und phonetisches Hören sind Voraussetzung für das *verstehende Hören*. Das Aufnehmen, Verarbeiten und Bewerten sprachlicher Informationen ist eine komplexe Aufgabe. In der Fremdsprache laufen die bereits entwickelten, hoch automatisierten Hör- und Sprachverarbeitungsprozesse zunächst in gleicher Weise ab wie in der Muttersprache oder in bereits gelernten Fremdsprachen. Es kommt somit zu Problemen in der Wahrnehmung. In der Muttersprache nicht relevante Merkmale werden in der Fremdsprache nicht erfasst, andererseits werden in der Muttersprache relevante, in der Fremdsprache aber unwesentliche Merkmale überbewertet. Was in der Fremd- bzw. Zweitsprache Deutsch relevant ist, lässt sich in der Regel nur durch ein systematisches Hörtraining erlernen. Dazu gehören u. a. die Wort-, Wortgruppen- und Satzakzentuierung, die Gliederung und Melodisierung, die Unterscheidung von langen gespannten und kurzen ungespannten Vokalen, von Fortis- und Leniskonsonanten [6.2]. Das für das Verstehen notwendige Abstrahieren und Bewerten von lautlichen und intonatorischen Merkmalen muss Schritt für Schritt entwickelt werden, damit klanglich teilweise deutlich unterschiedliche situative, stilistische, emotionale, regionale und individuelle Aussprachevarianten erfasst und interpretiert werden können. Für die Fremdsprache müssen also neue Hörstrategien und neue (abstrakte) Klangbilder im Langzeitgedächtnis aufgebaut werden. Dies erfordert gezielte und systematische Arbeit, die dem Lernenden wie dem Lehrenden Geduld und Konzentration abverlangt.

Zu empfehlen sind kontrollierbare Hörübungen mit Minimalpaaren, die sich leicht mit deutschen Vor-, Familien- oder geografischen Namen gestalten lassen. Für die Unterscheidung (Diskriminierung) können zwei oder drei Namen vorgegeben werden, z. B.:

a) Welcher Ort ist endbetont?
Luzern - Salzburg, Berlin - Halle - München
b) Welcher Name enthält einen langen Vokal?
Müller - Mühler, Mehler - Meller - Möller
c) Welcher Name enthält ein Fortis-s?
Rosi - Ruska, Hassan - Sarah - Susann

Für das Erkennen (Identifizieren) wird ein Beispiel vorgegeben, z. B.:
a) Welche Silbe ist betont (die 1., 2., 3. oder 4.)?
Mönchengladbach
b) Ist der betonte Vokal lang oder kurz?
Möhler
c) Ist der s-Laut stimmhaft oder stimmlos?
Bastian

Solche Höraufgaben lassen sich gut aus dem Unterricht auslagern, wenn geeignete Computerprogramme zur Verfügung stehen, z. B. "Phonothek interaktiv" (Hirschfeld/Stock 2000).

Sprechen/Aussprechen
Welche Ausspracheprobleme [2.4.1, 6.1] konkret auftreten, wird wie beim Hören weitestgehend von der Ausgangssprache und früher gelernten Fremdsprachen bestimmt (Interferenz). Sprechbewegungen laufen in der Regel unbewusst und hoch automatisiert ab. In der Fremdsprache müssen solche neuen Bewe-

gungsabläufe auf geeignete Weise angebahnt und ausreichend automatisiert werden. Geschieht das nicht, bleibt der fremde Akzent bestehen, festigt sich und bewirkt beim Lernenden möglicherweise Sprech- und Lernbarrieren, weil die Ausspracheprobleme das freie Sprechen und die Sprechdenkvorgänge beeinträchtigen.

Zu empfehlen sind regelmäßige Tonaufnahmen, die die Lernenden auch zu Hause selbst anfertigen können. Tonaufnahmen demonstrieren Lernfortschritte anschaulich. Genauere Analysen in größeren Abständen, z. B. mit Hilfe eines "Diagnosebogens" (Dieling/Hirschfeld 2000, 198) unterstützen das Erfassen und Bewerten von Abweichungen in der Aussprache. Durch mehrmaliges Abhören, auch gemeinsam mit den Lernenden, können Schwierigkeiten gut erkannt und klassifiziert werden. Aktiv geübt werden soll, was die Verständlichkeit am meisten beeinträchtigt. *Methodische Grundsätze* sind u. a. (Dieling/Hirschfeld 2000):

- konsequente Verbindung von Hör- und Aussprechübungen (Beispiele aus Hörübungen nachsprechen, vorlesen und in Kontexten anwenden),
- Veranschaulichung phonetischer Merkmale durch Körperbewegungen (z. B. Zeigen von Melodieverläufen und Vokallängen, rhythmische Bewegungen, Klopfen, Klatschen) oder Abbildungen,
- Vermittlung von Kenntnissen über phonetische Merkmale (z. B. Wortakzentregeln, Regeln zu den Phonem-Graphem-Beziehungen),
- individuelles und konsequentes Bewusstmachen von Ausspracheabweichungen,
- vermeiden von Übungsmonotonie (interessante, abwechslungsreiche und kreative Übungen anbieten, Übungen situativ und kontextgebunden anlegen),
- ausgehen von größeren Spracheinheiten (rhythmisch-melodischen Gruppen), nicht von Einzellauten oder Einzelwörtern,
- Verbindung der Arbeit am Hören und Aussprechen mit Grammatik- und Lexikarbeit,
- ausreichende Automatisierung.

Inwieweit bei der Entwicklung von Hör- und Aussprachefertigkeiten auf das Bewusstwerden bzw. Bewusstmachen von auch in der Muttersprache unbewusst rezipierten und produzierten Klangmerkmalen sowie auf die ihnen zu Grunde liegenden Regularitäten zurückgegriffen werden kann, hängt vor allem vom *Lernalter* ab. Bereits zu Schulbeginn und verstärkt in den folgenden Schuljahren ist ein kognitiv gestütztes Herangehen angebracht, das die nachlassende Imitationsfähigkeit ausgleicht. Zur Bewusstmachung gehören Veranschaulichung und Kenntnisvermittlung (Dieling/Hirschfeld 2000, 35 ff.).

Der schulische Fremdsprachenunterricht stellt ein weiteres Problem dar, denn das (Aussprache-)Erlernen einer weiteren Fremdsprache erfolgt nicht wie bei deutschsprachigen Schülern auf der Basis der Muttersprache. Deutsch ist für nicht-deutschsprachige Schüler die Zweitsprache oder die erste bzw. die zweite, möglicherweise auch die dritte Fremdsprache, die sie zu Beginn des schulischen Fremdsprachenunterrichts meist unvollkommen beherrschen. Sowohl der muttersprachige Hintergrund als auch die Hör- und Aussprachefertigkeiten im Deutschen müssen von den Lehrenden auch in den im Unterricht verwendeten Übungen berücksichtigt werden.

2.4.3 Anforderungen an Lehrende

Der vom Europarat herausgegebene *Gemeinsame europäische Referenzrahmen für Sprachen* (2001), dessen zentrale Themen Mehrsprachigkeit und kulturelle Kompetenz sind, bezieht Phonetik und Kommunikationsfähigkeit in vielen Punkten ausdrücklich mit ein und beschreibt die zu vermittelnden Grundlagen genauer. Hinsichtlich der „Beherrschung der Aussprache und Intonation" (117) wird eine relativ detaillierte Skala für die verschiedenen Lernstufen vorgegeben, phonetische Fertigkeiten werden als Grundlage für die „kommunikativen Sprachprozesse" - das Sprechen und Hören - betrachtet. Im Abschnitt *Phonologische Kompetenz* (117) werden u. a. folgende „Kenntnisse und Fertigkeiten der Wahrnehmung und der Produktion" angeführt:

- lautliche Einheiten (Phoneme) und ihre Realisierung in bestimmten Kontexten (Allophone);
- phonetische (distinktive) Merkmale, z. B. stimmhaft, gerundet, nasal, plosiv;
- phonetische Zusammensetzung von Wörtern, u. a. Silbenstruktur, Wortakzent;
- Satzphonetik (Prosodie): Satzakzent und Satzrhythmus, Intonation;
- phonetische Reduktion: Vokalabschwächung, starke und schwache Formen, Assimilation, Elision.

Lehrende, und zwar nicht nur die Deutschlehrer, müssen im Unterricht mit fremdsprachigen Schülern zusätzliche, in Lehrplänen und Unterrichtsprogrammen in der Regel nicht berücksichtigte Aufgaben erfüllen. Sie sollen:

- die Schüler motivieren und ihnen helfen, die oft langwierigen Prozesse beim Erlernen der deutschen Aussprache zu bewältigen;
- in Abhängigkeit vom Alter der Schüler auf geeignete Art Regeln und Kenntnisse vermitteln, u. a. über die Laut-Buchstaben-Beziehungen, phonetische Merkmale und Strukturen des Deutschen;
- Ausspracheabweichungen erkennen, bewusstmachen und korrigieren können, und zwar feinfühlig und motivierend, zugleich aber wirkungsvoll;
- in der Lage sein, geeignete Übungen auszusuchen bzw. selbst zu entwickeln und für eine ausreichende Automatisierung zu sorgen (Sie müssen also das

didaktisch-methodische Vorgehen im Unterricht oder auch außerhalb des Unterrichts in zusätzlichen Fördermaßnahmen festlegen, d. h. Übungskonzepte für das Hören und Aussprechen entwickeln.);

- Fehleranalysen vornehmen können und sich Kenntnisse über die phonologischen und phonetischen Merkmale der Muttersprache(n) ihrer Schüler aneignen, so dass gezielte Verbesserungen der Hör- und Aussprachefertigkeiten möglich sind;
- sprachliches und sprecherisches Vorbild sein (keine Stimmstörungen, Sprechfehler, regionale Auffälligkeiten aufweisen).

Dies setzt solide sprechwissenschaftliche und sprecherzieherische Kenntnisse und Fähigkeiten voraus. Dazu gehören sowohl fachliche (phonologische, phonetische, rhetorische) als auch didaktisch-methodische Kenntnisse. Lehrende, vor allem Deutschlehrer, sollten zumindest Grundkenntnisse über die Phonologie und Phonetik des Deutschen besitzen (→ Hirschfeld/Stock 2004). Sie sollten über Aussprachestandards (→ Krech et al. 2009) und regionale, situative, emotionale Aussprachevarianten im Deutschen informiert sein. Wünschenswert wären auch Kenntnisse über die phonetischen und phonologischen Grundlagen der Ausgangsprachen ihrer Schüler, zumindest sollten sie wissen, wie und wo sie sich darüber informieren können (→ Hirschfeld et al. 2002 ff.). Didaktisch-methodische Kenntnisse sind notwendig, damit sie Anforderungen wie Lernzielbestimmung, Übungstypologien, Leistungsbewertung und Bewusstmachung gerecht werden können (→ Dieling/Hirschfeld 2000, Hirschfeld 2001, Hirschfeld/Reinke/Stock 2007, Slembek 1995). Neben der bekannten „Papageienmethode" sollten methodische Ansätze für das Anbahnen, Korrigieren und Automatisieren von Hör- und Aussprachefertigkeiten verfügbar sein.

Die spezifischen Probleme von Nichtmuttersprachlern dürfen nicht unberücksichtigt bleiben. Schüler, die das Deutsche als Fremdsprache oder Zweitsprache verwenden und lernen, sollten in ihren Hör- und Aussprachefertigkeiten individuell und systematisch gefördert werden. Eine Annäherung an die sprachlichen und kommunikativen Fertigkeiten deutschsprachiger Schüler kann zu einer besseren Integration innerhalb der Schulklasse, zur Verbesserung der schulischen Leistungen und damit zu besseren Lern-, Ausbildungs- und beruflichen Möglichkeiten führen.

3 Ontogenetische Entwicklung von Stimme und Sprache

3.1 Entwicklung des Hörens

Für die Hörentwicklung des Menschen, die eine Voraussetzung für die störungsfreie Perzeption und Rezeption von Sprache darstellt, ist zunächst die vorgeburtliche Ausbildung des peripheren Hörorgans wesentlich. Das *periphere Hörorgan* hat folgende Struktur:

- äußeres Ohr (Ohrmuschel und Gehörgang: Leitung der Schallwellen zum Mittelohr),
- Trommelfell und Mittelohr (luftgefüllter Hohlraum mit Gehörknöchelchenkette: Hammer, Amboss und Steigbügel: Schallwellen werden als Festkörperschwingungen zum Innenohr weitergeleitet),
- Innenohr (Cochlea, "Schnecke": Wandlung der Festkörperschwingungen in Wellenbewegungen von Lymphflüssigkeit, Erregung von Haarzellen → Probst et al. 2000, 154-163).

Das periphere Hörorgan ist außerordentlich früh entwickelt, von allen Sinnesorganen weist es die schnellste Reifung auf. Bereits in der dritten Schwangerschaftswoche ist bei einer Scheitel-Steiß-Länge des Embryos von nur 3 mm eine so genannte *Ohrplakode* angelegt, aus der sich in der fünften Schwangerschaftswoche eine *Ohrblase* entwickelt, in der 22. Schwangerschaftswoche ist das Innenohr schon voll ausgeprägt und ausdifferenziert. Zum Zeitpunkt der Geburt hat das periphere Hörorgan bereits seine volle Größe erreicht (Wendler et al. 1996, 322). Im ersten Zeitdrittel der Schwangerschaft ist die Wirkung von Erkrankungen der Mutter, die sich auf das Gehör des Kindes auswirken können (insbesondere: Noxen, wie Alkohol und Nikotin, Infektionskrankheiten, Verletzungen durch Gewalteinwirkung), besonders ausgeprägt. Im Unterschied zum peripheren Gehör sind bei der Geburt die *zentralen Hörbahnen* (Weg zum auditorischen Kortex, dem Hörzentrum) zwar auch vorhanden, sie sind jedoch noch nicht voll funktionstüchtig. Beim Neugeborenen ist die Hörbahn zunächst nur bis zur Höhe des Zwischenhirns ausgereift, erst nach dem zweiten Lebensmonat vollzieht sich die Reifung höherer Bahnen, mit dem dritten Lebensmonat erst die Verschaltung der kortikalen Zentren. Bewusstes Erkennen und Verstehen entwickeln sich um die Mitte des ersten Lebensjahres (Wirth 1994, 107). Jedoch sind ab der 22. Schwangerschaftswoche Reaktionen auf akustische Reize in Gestalt von Änderungen der Herzfrequenz oder Bewegungen des Ungeborenen zu beobachten, ebenso sind schon ab der 30. Schwangerschaftswoche Hirnstammpotenziale (zentrale Reaktionen) abgeleitet worden. Nach der Geburt unterscheidet das Kind nicht-menschliche von menschlichen Lauten, es kann die Stimme seiner Mutter von anderen Stimmen unterscheiden (Klann-Delius 1999, 27).

Vollzieht sich diese Entwicklung, bedingt durch vorgeburtliche Schäden (Röteln, Masern, Toxoplasmose, verschiedene Grippeviren), Geburtsschäden (Verletzungen mit Einblutungen in die Cochlea, Hirnblutungen) oder nachgeburtliche Erkrankungen (Meningitis, Mittelohrentzündungen, Mumps, Masern) nicht in normaler Form, ist schnell die Sprachauffassung beeinträchtigt und es entstehen Störungen der Lautbildung, der lexikalischen und/oder grammatisch-syntaktischen Kompetenz bis hin zu einer umfassenden Sprachentwicklungsverzögerung [5.4.1]. Große Bedeutung hat die Lage der *Hörschwelle*. Dies ist die minimale Lautstärke, die der Schall haben muss, um gehört zu werden. Ist diese Schwelle abnorm heraufgesetzt, wird der Schall nicht einfach leiser wahrgenommen. Zusätzlich rücken die Formanten nahe an die Hörschwelle, sie sind kaum mehr hörbar. Die Formanten sind die für einen Laut charakteristischen, prägenden Schallanteile, besonders intensitätsstarke Frequenzgebiete im Schallspektrum, die eine Lautunterscheidung ermöglichen und zudem für den Klangcharakter einer Stimme (z. B. schrill, dunkel, strahlend) verantwortlich sind. Einige Laute können von anderen somit nicht mehr unterschieden werden. Es handelt sich daher gleichzeitig um quantitative und qualitative Einbußen. Der sensibelste Frequenzbereich liegt zwischen etwa 200 Hz und 2,5 kHz, in ihm befinden sich die Formanten der Vokale unseres Phonemsystems. Hördefizite in diesem Gebiet haben besonders ungünstige Auswirkungen auf das Verständnis von gesprochener Sprache. Bei Einbußen in höheren Frequenzfeldern (etwa oberhalb von 5 kHz) können bestimmte hohe Anteile des Konsonantenschalls nicht mehr wahrgenommen werden. Die Auswirkungen auf das Sprachverständnis sind weniger gravierend, denn anhand der tieferfrequenten Schallanteile der Konsonanten ist die Lautunterscheidung teilweise noch möglich, zudem „ergänzt" das Gehör die ausfallenden Informationen bis zu einem gewissen Grade.
Der extreme Fall ist die Gehörlosigkeit. Sie hat zur Folge, dass betroffene Kinder, die gehörlos zur Welt kamen, zwar die Schreiphase normal durchlaufen und in die erste Lallphase [3.2] kommen, dass dann aber in der zweiten Hälfte des ersten Lebensjahres das Lallen allmählich verebbt und die Entwicklung der gesprochenen Sprache ohne besondere Förderung, z. B. ohne eine Cochleaimplantation (Einsatz eines "künstlichen Gehörs"), zum Erliegen käme. Neben einer altersgerechten geistigen Entwicklung ist das normale Hörvermögen die wichtigste Voraussetzung für den Spracherwerb und die Entwicklung des Sprechens.

Im höheren Lebensalter lässt das Hörvermögen normalerweise nach. Während junge Menschen Frequenzen von 16 bis 20.000 Hz wahrnehmen können (unter diesem Frequenzbereich liegender Schall: Infraschall, darüber liegender Schall: Ultraschall), sinkt im Laufe des Lebens vor allem die *obere* Hörgrenze, bei Männern stärker als bei Frauen. Bereits im 4. Lebensjahrzehnt können erste Anzeichen auftreten, sie häufen sich im 5. Jahrzehnt. Mehr als 50% der über 65-

jährigen Männer und 25% der über 65-jährigen Frauen zeigen einen deutlichen Hörverlust über die Folgen des *normalen* Alterungsprozesses hinaus (Probst et al. 2000, 266); dieser Hörverlust hängt neben einer genetischen Disposition vor allem von Alterungsvorgängen auf Zell- und Organebene ab. Bereits 40-jährige Männer weisen im Mittel eine leicht gesenkte altersabhängige Hörschwelle im höheren Frequenzbereich von etwa 8 kHz auf. Hier entstehen Auswirkungen in erster Linie im rezeptiven Bereich, aber u. U. ist auch die Sprachproduktion betroffen. Der typische Fall sind im Alter Lautbildungsstörungen nach Versorgung mit einer Zahnprothese, die der Sprecher auditiv nicht mehr wahrnehmen und korrigieren kann. Sie wirken besonders bei Berufssprechern (Lehrenden, Mediensprechern, Schauspielern) stark störend. Meist handelt es sich um Zischlautstörungen, besonders um Störungen der korrekten Bildung des s-Lautes (Sigmatismen, meist Sigmatismus addentalis) [5.4.2].

Es gibt zahlreiche weitere Hörstörungen, die vor allem das Sprachverständnis, seltener die korrekte Lautbildung betreffen. Die in den letzten Jahrzehnten dramatisch angestiegenen Fälle chronischer Lärmschwerhörigkeiten sind heute weniger dem berufsbedingten Lärm geschuldet als dem Freizeitlärm. Vor allem wirken hohe Schallpegel bei Musikveranstaltungen extrem gehörschädigend. Dabei ist das Problem, dass die ausgelöste Zerstörung von Haarzellen im Innenohr schmerzfrei und somit weitgehend unbemerkt geschieht. Die verursachten Störungen sind für das Verstehen von Sprache durchaus relevant; sie sind vor allem durch einen Hörverlust zwischen 3 und 6 kHz gekennzeichnet und betreffen zwar nicht das Gebiet der Vokalformanten, aber das Konsonantenverständnis. Für den Betroffenen bedeuten sie außerdem neben häufig auftretendem Tinnitus (Ohrgeräusche: Summen, Klingeln, Klirren, Kratzen usw.) vor allem Einbußen der Lautunterscheidung bei Hintergrundlärm.

3.2 Entwicklung der Sprache

Neben einer störungsfreien Hörentwicklung ist in der wichtigsten Phase der Sprachentwicklung, von der Geburt bis etwa zum 4. Lebensjahr, vor allem eine altersgerechte geistige Reifung wesentlich. Sie ist die Voraussetzung für die Konzentrationsfähigkeit und Lernfähigkeit des Kindes. Kinder, deren Sprachentwicklung Auffälligkeiten zeigt, weisen zudem auch häufig Störungen ihrer eigenen Körperwahrnehmung sowie Reizverarbeitungsstörungen auf. Lage- und Gleichgewichtsempfinden sind für die Entwicklung der Grob- und Feinmotorik bedeutsam, diese wiederum spielen für die Bewegungen der Artikulationsorgane eine große Rolle. Altersgerecht ausgebildete Wahrnehmungsfähigkeiten sind als Voraussetzung für die geistige Entwicklung und den Spracherwerb wichtiger als früher angenommen wurde. Fähigkeiten in der taktil-kinästhetischen und visuellen Reizverarbeitung sind beim Kind für die regelrechte Ausbildung sprachlicher Fähigkeiten unerlässlich. Noch bevor das Kind geboren wird, werden mit der Hirnreifung und der Entwicklung des Hörorgans, des Kehlkopfs, der Atmungs- und Sprechorgane im Mutterleib die anatomischen Voraussetzungen für die Sprachentwicklung geschaffen. Diese beginnt unmittelbar nach der Geburt, zum Zeitpunkt, "... wenn Mutter und Kind einen vorhersagbaren Interaktionsrahmen schaffen, welcher als Mikrokosmos für die Kommunikation und die Definition einer gemeinsamen Realität dienen kann. Die Transaktionen, welche in einem solchen Rahmen ... ablaufen, sind die 'Lernmatrix', in welcher das Kind zum Hinweisen und Meinen, zur kommunikativen Verwirklichung seiner Absichten und zu grammatischen Formen gelangt ..." (Bruner 1997, 14 f.).

Die *Theorien des Spracherwerbs* offenbaren konträre Ansichten (→ Klann-Delius 1999). Allein aus der Nachahmung sprachlicher Vorbilder und der selektiven Verstärkung der richtigen Sprachformen (*behavioristisches* Erklärungsmodell: Stimulus – Response – Verstärkung) kann die Sprachentwicklung des Kindes nicht erklärt werden. Danach wäre das Sprechenlernen jeder anderen Form des kindlichen Lernens gleichgestellt; es bedürfte mithin auch keiner speziell linguistischen Erklärung. Die komplexen, schöpferischen, aktiven Leistungen eines Kindes, das sprechen lernt, sind jedoch zu umfassend, um sie mit einem simplen Reiz-Reaktions-Modell zu erklären; das Kind bildet Sätze, die es nie gehört hat, es formt sprachliche Äußerungen, für die es keine Vorbilder haben kann.

Der Tatsache, dass Sprache "... grundsätzlich anderer Natur ... (ist) ... als Verhalten, das durch die Bildung von aneinandergeketteten Responses – oder Verhaltensreaktionen – erklärt werden kann ..." (Szagun 2000, 8), trägt der *nativistische* (nativus: angeboren) Erklärungsansatz Rechnung, dessen Begründer der amerikanische Linguist Noam Chomsky [2.1] ist. Er geht von der Existenz eines spezifisch menschlichen, angeborenen Wissensfundus über die Struktur von Sprache aus. Diese besondere Fähigkeit, mit Sprache umzugehen, könnte man mit einer Art mentaler "Sprachsoftware" vergleichen, die dem Menschen ein angeborenes Programm zur Sprachverarbeitung und -produktion liefert. Das ist jedoch nicht so zu verstehen, dass die jeweilige Muttersprache für die kindliche Sprachentwicklung ganz unerheblich wäre, dass es gleichsam eine universelle "Kindergrammatik" gäbe, deren Bedeutungsrelationen sozusagen "aus der kognitiven Entwicklung" des Kindes ganz "allein ableitbar" (Szagun 2000, 64) wären. Vielmehr liefert die Muttersprache die sprachspezifischen Muster und Regeln (Wortschatz, Morphologie, Syntax). Das Element der Nachahmung ist ebenfalls nicht ohne Bedeutung, es ist jedoch nicht der zentrale Erklärungspunkt des Spracherwerbs.

Die *Etappen der Sprachentwicklung* und ihrer Vorstufen lassen sich nur grob abgrenzen, sie überlappen sich und sind individuell geprägt: Unmittelbar nach der Geburt beginnt die *Schreiphase*, die durch vokalische Bildungen gekennzeichnet ist [3.3]. Schon ab der zweiten Lebenswoche entwickelt sich ein differenziertes Klangmuster der Schreie, neben den Schreien kommen aber auch "ruhig gebildete Grundlaute" (Klann-Delius 1999, 23) vor. Die klangliche Breite der Schreie erweitert sich nun kontinuierlich, sie zeigen unterschiedliche affektive Zustände des Kindes an, und das Schreien geht in die *erste Lallphase* über. In dieser Phase, als deren Beginn der 2. Lebensmonat gelten kann, werden spielerisch mannigfaltige Laute gebildet ("Brabbeln" bzw. "Babbeln"). In den ersten sechs Monaten sind das vor allem vokalähnliche Laute, danach zunehmend und immer systematischer auch Konsonanten [6]. Darüber hinaus aber finden sich auch Lautbildungen, die dem muttersprachlichen Lautsystem völlig fremd sind (bei europäischen Kindern etwa Schnalze oder Laute, die während der Einatmungsphase – inspiratorisch – gebildet werden). Das Kind kombiniert alle drei Funktionskreise [4.1] der Bildung gesprochener Äußerungen: Atmung, Stimmgebung durch die schwingenden Stimmlippen im Kehlkopf sowie Laut- und Klangbildung im Ansatzrohr [4]. In der *zweiten Lallphase* - ab dem 6./7. Lebensmonat - sind häufige Wiederholungen der eigenen Lallsilben charakteristisch ("Iterationen"), die bei vielfältiger Veränderung von Melodie, Lautstärke und Dauer der Laute und Silben in lange "Lallmonologe" münden. Das Kind hört sich selbst und zunehmend auch der Umwelt aufmerksam zu, vergleicht seine kinästhetischen Empfindungen bei der Lautbildung mit den Höreindrücken. Etwa im 8. Lebensmonat setzt parallel dazu eine Reduktion des Lautrepertoires ein: Diejenigen Laute, die das Kind von seiner Umgebung (in erster Linie von der Mutter) ständig hört, werden besonders häufig nachgeahmt und damit verstärkt, die anderen "geraten" ganz allmählich "aus dem Gebrauch". Auch die Melodiebewegungen und Lautstärkeveränderungen werden den Mustern der Erwachsenensprache ähnlicher. Das Lallen wird verdrängt; es überwiegen die nachgeahmten Laute, und die Nachahmung erfolgt immer genauer. Diese Phase wird *Nachahmungsphase* (Echolalie) genannt.

Nach diesen Vorstufen beginnt erst jetzt die eigentliche Phase der Sprachentwicklung. Den Lautkombinationen werden gegen Ende des ersten Lebensjahres oder etwas später Bedeutungen zugeordnet (*Symbolfunktion*). Um den ersten Geburtstag herum beherrscht das Kind meist zwei bis zehn Wörter, dazu zählen auch Wörter der Kindersprache wie "Wauwau" (Wendlandt 2000, 26). In der ersten Hälfte des zweiten Lebensjahres erweitert sich der Wortschatz. Mit nur einem Wort (Einwortsätze) wird eine Frage, eine Bitte, eine Schilderung ausgedrückt: "Auto" kann je nach Intonation [7] heißen, dass das Kind sein Spielzeugauto sieht, dass es das Auto haben möchte, dass es des Autos überdrüssig ist, dass auf der Straße eben ein Auto vorüber gefahren ist usw. Am Ende des zweiten Lebensjahres kann das Kind etwa 20 bis 50 Wörter sprechen. In Anlehnung an die sog. *Lautpyramide* von Wendlandt (25) und weitere Angaben (Wendler et al. 1996, 219-222) kann der zeitliche Verlauf der normalen Sprachentwicklung zwischen dem ersten und sechsten Jahr in Bezug auf die Aneignung des Wortschatzes, der Artikulation und der muttersprachlichen Grammatik im Zusammenhang mit einem wachsenden Sprachverständnis folgendermaßen dargestellt werden:

Entwicklung von Wortschatz, Artikulation und Grammatik

Alter: *ab* etwa … J.	Wortschatz	Artikulation	Syntax und Grammatik
1	erste Wörter, langsames Wachsen	[m, n, b, p]; Beginn "gezielter" Lautbildung	Einwortsätze
1½	20-50 Wörter, Substantive, einfache Verben, Adjektive	weitere Laute: [w, f, t, d] u. a.	1. Fragealter (Fragen: durch Satzmelodie); Zwei- und Dreiwortsätze
2	schnelles Wachsen (etwa 50-200 Wörter); Wortschöpfungen	[k, g, ç, ʁ]	Zunahme der Mehrwortsätze; Endungen (Substantive, Adjektive) noch beliebig, erster Gebrauch von "ich"
2½	weiter rapide Zunahme des Wortschatzes	schwierige Lautverbindungen: [kn, bl, gʁ] usw.	2. Fragealter (mit Fragewörtern: warum, wie was); Bildung einfacher Sätze; erste Nebensätze
3	Wortschatz wächst weiter (1000-2000 Wörter)	Laute der Muttersprache werden beherrscht (Ausnahmen: schwere Konsonantenverbindungen [kl, dʁ]); evtl. altersgemäße physiologische Unflüssigkeiten im Sprechablauf	Bildung komplexer Sätze mit Nebensätzen; schwierige Satzkonstruktionen noch fehlerhaft; Verwendung von Pronomen; Bezeichnung von Farben
4 bis 6	differenzierter Ausdruck durch großen Wortschatz; korrekte Verwendung auch abstrakter Begriffe auf kindlichem Niveau	korrekte Bildung aller Laute	im Wesentlichen: Beherrschung der Grammatik der Muttersprache

Neuere Forschungen bestätigen einen engen Zusammenhang der Entwicklung von Pragmatik (Verwendung von situationsgerechten Ausdrucksformen) und Grammatik. Sie dokumentieren zudem, dass Kinder mit gering entwickelter grammatischer Kompetenz oft auch einen gering entwickelten Wortschatz besitzen (Kauschke 2000, 195). Zweifellos ist jedem Kind ein spezifisches Maß sprachlicher Geschicklichkeit, angelegter Sprachbegabung eigen, das sich gleichermaßen im Erstspracherwerb und im Erwerb von Fremdsprachen zeigt (und oft mit der Musikalität korreliert). Allerdings sind sprachliche Kompetenz und Ausdrucksfähigkeit auch in hohem Maße trainierbar.

3.3 Entwicklung der Stimme

Die Stimmentwicklung beginnt mit der Geburt. Nicht selten wird der sprichwörtliche "erste Schrei" metaphorisch mit dem Beginn des Lebens selbst gleichgesetzt. Diese Metapher ist gut begründet, denn die Bildung eines Schreis durch das Neugeborene beweist, dass Ausatmungsluft durch die Glottis geströmt ist und die Stimmlippen in Bewegung versetzt hat [4.3.1]. Das Kind atmet also, somit funktioniert auch der Gasaustausch und damit die Sauerstoffversorgung des Körpers; das Kind lebt. Im Hinblick auf die sprachliche Kommunikation des Kindes ist dies eine Art Initialzündung für einen Lernprozess: Schon mit dem ersten Schrei als zunächst primitivem Reflexvorgang beginnt die Koordination der beiden Funktionskreise Atmung (Respiration) und Stimmgebung (Phonation) [4.1]. Um die Stimmlippen in Bewegung zu versetzen, ist eine bestimmte Intensität der Ausatmung notwendig, die nicht wesentlich unter- oder überschritten werden kann, ohne die Stimmproduktion zu stören oder gar unmöglich zu machen. Der Säugling "übt" nun und in den folgenden Tagen und Wochen, den Druck und die Strömungsgeschwindigkeit der Ausatmungsluft mit der Spannung der Stimmlippen und ihrer Konsistenz in Übereinstimmung zu bringen. Atemfunktion und Stimmlippenfunktion werden aufeinander abgestimmt. Zugleich hört sich das Kind selbst zu, d. h., die Merkmale der *Produktion* des Schreis (Spannung der Atemmuskulatur, Atemdruck, Spannung der Phonationsmuskulatur, Mundöffnung, Zungenlage, Lippenstellung usw.) und seiner *Perzeption* (Lautstärke, Tonhöhe, Länge, Klangfarbe) werden verglichen und variiert [7.1]. Dabei erfolgt die Rückkopplung nicht nur auditiv (mit Hilfe des Gehörs), sondern auch kinästhetisch (Spüren von Lage-, Druck- und Spannungsverhältnissen sowie von Schwingungsintensitäten). Diese Phase wird als "Schreiperiode" bezeichnet.

Meist wird der erste Schrei des Neugeborenen etwa auf der Tonhöhe des Kammertons a (a^1, 440 Hz) oder etwas darüber gebildet. Der Stimmumfang ist mit fast vier Oktaven zwar beträchtlich (a bis f^4), die meisten stimmlichen Äußerungen bewegen sich aber um nur a^1 (Wendler et al. 1996, 69). Zwischen 0,2 und 2 Sekunden schwankt die Dauer der Schreie, im Mittel beträgt sie 0,5 bis 0,8 Sekunden. Bald zeigen sich Variationen in Lautstärke und Tonhöhe. Der Schrei des Neugeborenen hat einen hellen, "flachen" Klang, der seine Ursache in zwei anatomischen Merkmalen hat: 1. Beim Neugeborenen steht der Kehlkopf noch sehr hoch, der Kehldeckel berührt fast den weichen Gaumen; erst im Laufe der nächsten Monate (etwa nach dem 3. Lebensmonat) senkt er sich. Die hohe Kehlkopfposition erleichtert die Nahrungsaufnahme des Säuglings erheblich, das Kind kann dadurch gleichzeitig atmen und trinken. Allerdings ist dadurch im Verhältnis zum Erwachsenen die Länge des Ansatzrohrs [4.4] wesentlich geringer. 2. Säuglinge haben einen ziemlich flachen, niedrigen Hartgaumen, erst später erhält er seine konkave, "kuppelartige" Form. Aus diesem Grund ist das Volumen der Mundhöhle noch eingeschränkt und die Form des Mundraums (vor allem durch die Zunge) nicht stark variierbar; die erzeugten Laute sind deshalb anfangs ziemlich ähnlich. Sie werden ohne große Zungenhebung gebildet und entsprechen vom Vokalklang her etwa den Lauten [a], [ɛ] und [ə].

Die Stimmlippen werden mit ziemlich großem Druck angeblasen, sie haben gegenüber der Dauer der Öffnungsphase während der Schwingung eine relativ lange und feste Schlussphase. Dies schlägt sich in einem dichten (d. h. nicht behauchten) und kräftigen Klang nieder. Das helle, bei großen Lautstärken unter Umständen recht schrille Timbre der Säuglingsstimme ist akustisch durch eine geringe Intensität des Grundtons und die Dominanz höherer Obertöne gekennzeichnet. Interessanterweise hat auch der sogenannte "dritte Formant" eine große Intensität; er findet sich gleichfalls im Klangspektrum ausgebildeter Sänger und ist dort für die Tragfähigkeit und Durchdringungsfähigkeit der Stimme zuständig.

Bald wird der Klang der Schreie sowohl von den gebildeten Vokalen als auch von der Klangfarbe her differenzierter, er signalisiert dann bereits die Gestimmtheit des Säuglings und hat eine kommunikative Funktion. Schreie, die Lust (Geborgenheit, Wohlbehagen, Freude) anzeigen, sind leiser, weicher, weniger gespannt und tiefer als solche, die auf Unlust (Hunger, Schmerz) hindeuten, diese sind höher, gespannter, durchdringender und schriller. Für Lustschreie sind weiche Stimmeinsätze charakteristisch; Unlustschreie werden oft mit festen, teilweise sogar harten Stimmeinsätzen vollzogen, die die Stimme belasten können (Heiserkeit, manchmal sogar kurzfristiges Stimmversagen).

Im dritten und vierten Lebensmonat teilen Kinder durch ihre Schreie (nun schon in Verbindung mit gelallten Lauten) gezielt ihre Absichten mit, vor allem den Wunsch nach Anwesenheit der Eltern und nach sozialem Kontakt, ebenso Missstimmungen und Aversionen. Die Stimme des Kleinkindes ist tiefer als die Säuglingsstimme, ab dem Alter von zweieinhalb Jahren erweitert sich der Tonumfang nach unten. Im Schulalter sinkt die mittlere Sprechstimmlage [4.3.3] noch weiter auf a oder h ab. Für sieben- bis 14-jährige Kinder wird ein durchschnittlicher Tonumfang von d bis f^2 angegeben (Wendler et al. 1996, 70). Je nach Kehlkopfgröße und Stimmlippenlänge sowie Spannmechanismus der Stimmlippen differenzieren sich nun verschiedene Stimmlagen (Sopran, Mezzosopran, Alt), außerdem wird die Stimme leistungsfähiger.

Weder die Tonumfänge noch die mittleren Sprechstimmlagen sind vor dem Stimmwechsel geschlechtsspezifisch, ebenso nicht die Klangfarbe oder der Bau des Kehlkopfs. Mädchen- und Jungenstimmen sind auditiv im Prinzip nicht zu unterscheiden. Ihren Charakter als *sekundäres Geschlechtsmerkmal* gewinnt die Stimme erst mit der Geschlechtsreifung. Hier macht sie eine grundlegende Wandlung durch, den Stimmwechsel (*Mutation*). Er vollzieht sich bei Knaben meist im Alter von 12 bis 15 Jahren, bei Mädchen durchschnittlich ein Jahr früher, wobei sich erste Anzeichen in Einzelfällen bereits ab dem 9. Lebensjahr bemerkbar machen können. Ausgelöst wird er durch ein deutliches Kehlkopfwachstum, die Stimmlippen nehmen an Länge und Masse zu. Ihr Längenwachstum beträgt bei Knaben etwa 10 mm und führt zu einer Stimmvertiefung von einer Oktave, bei Mädchen etwa 3 bis 4 mm und führt zu einer Stimmvertiefung (die oft nicht bemerkt wird) von nur einer Terz. Manchmal wird fälschlich der Begriff "Stimmbruch" verwendet. Er kennzeichnet einen Effekt, der nur bei einem Fünftel der Knaben beobachtet wird: Die Stimme "bricht" plötzlich aus der hohen Knabenstimme in das tiefe Brustregister "weg", um anschließend wieder in das Fistelregister zurückzukehren. Selbst wenn solche Phänomene auftreten, sind sie meist nach wenigen Wochen verschwunden, die Stimme hat sich am Ende gut stabilisiert und hat nun eine mittlere Sprechstimmlage von etwa G bis H (Männer) bzw. g bis h (Frauen) eingenommen.

In der *Prämutation* tritt ein allmählicher Verlust der hohen Töne auf, die Stimme wird kräftiger und dabei rau, meist währt dieser Zeitraum etwa ein Jahr. Die wichtigste Umbildungszeit der Stimme, die *Mutation i. e. S.*, ist mit nur 10-12 Wochen ein kurzer Zeitraum, in dem sich die Stimme drastisch senkt. Nun folgen weitere 6 bis 12 Monate, in denen sich die neue, tiefe Stimme festigt und in denen sich endgültig die neue Stimmgattung herausbildet, die *Postmutation*.

Anschließend ist die stabile Stimme des Erwachsenenalters erreicht, sie ändert sich über Jahrzehnte nicht mehr (ausgenommen sind natürlich Stimmerkrankungen). Die Frauenstimme erfährt während der Zeit des Klimateriums (45. bis 55. Lebensjahr) durch die hormonelle Veränderungen eine Wandlung, deren Ausmaß individuell sehr verschieden ist: Die höchsten Töne des bisherigen Stimmumfangs sind zunächst nicht mehr problemlos und später gar nicht mehr erreichbar, die mittlere Sprechstimmlage senkt sich, gelegentlich wird die Stimme belegt oder etwas rau. Die Veränderungen sind normal und haben keinen Krankheitswert. Gelegentlich zeigt sich sogar ein vollerer Klang, der interessant und angenehm wirkt.

Diese Veränderungen sind nicht als pathologisch anzusehen, ebenso nicht die eigentlichen Altersveränderungen der Stimme ab dem 60. Lebensjahr. Dabei ist das biologische, nicht das kalendarische Alter entscheidend. Es handelt sich um Veränderungen, die beide Geschlechter mit unterschiedlichen Auswirkungen betreffen: Die Atembewegungen des Brustkorbs vermindern sich, gleichzeitig machen sich durch die Verknöcherung des Knorpelgerüstes (die aber bereits wesentlich früher, etwa ab dem 25. Lebensjahr, beginnt) Elastizitätseinbußen bemerkbar, die Kehlkopfschleimhaut neigt zum Austrocknen, die inneren und äußeren Kehlkopfmuskeln verlieren an Spannkraft, die Spannungsregulation der Stimmlippen gelingt nicht mehr wie früher. Eine Abnahme der stimmlichen Leistungsfähigkeit ist die Folge, der Stimmumfang ist eingeschränkt. Gleichzeitig verändert sich der Stimmklang: Behauchtheit und leichte Rauigkeit kommen vor, manchmal klingt die Stimme zittrig (tremolierend), brüchig oder kippelnd, im Extremfall kann der Stimmklang schrill und scharf werden. Tendenziell wird die Frauenstimme tiefer, die Männerstimme höher. Die abnorm hohe, dünn und blechern klingende Männerstimme ("Greisendiskant") ist jedoch Ausnahme. Überhaupt ist der Ausprägungsgrad der Veränderungen sehr verschieden; viele Menschen, gerade Personen, die nicht in Stimmberufen tätig sind, spüren die Leistungs- und Klangeinschränkungen kaum. Zudem schafft eine gute Sprech- bzw. Gesangstechnik [4] optimale Voraussetzungen, die stimmliche Leistungsfähigkeit lange zu erhalten.

4 Physiologie des Sprechprozesses

4.1 Zusammenwirken der Funktionskreise Atmung, Stimme, Aussprache

Sprechen kann unter verschiedenen Aspekten betrachtet werden, so z. B. aus physikalischer, sozialer oder biologischer Sicht. Hier soll das Sprechen als körperlicher Vorgang näher beschrieben werden. Sprechen wird gesteuert durch psychische, physische und kognitive Vorgänge. Es ist „... als eine Synthese von Respiration, Phonation und Artikulation sowie als ein vom kinästhetisch-reflektorischen und akustischen Analysator überwachter, weitgehend automatisierter Funktionskreis zu verstehen ...“ (Streubel 1982, 25). Das heißt, Sprechen ist erst möglich durch ein koordiniertes Zusammenspiel der Organe der *Funktionskreise* Atmung (Respiration), Stimme (Phonation), Aussprache (Artikulation). Die einzelnen Organe dieser Funktionskreise arbeiten in Bezug auf ihre biologische Funktion im Wesentlichen unabhängig voneinander.

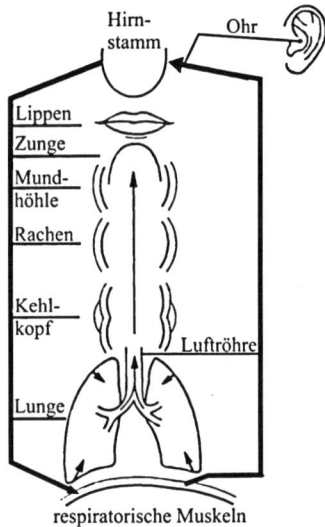

Abb. 1: Zusammenwirken der Funktionskreise (nach Pfau/Streubel 1982)

Beim Sprechen dagegen müssen sie koordiniert und kontrolliert, also gesteuert zusammenwirken. So ist z. B. die Atmung Voraussetzung für die Stimmerzeugung (Primärton) und die Lautbildung (Geräuschquelle für bestimmte Konsonanten). Die Stimme wiederum bildet die Grundlage für die Artikulation (stimmhafte Laute) und die Artikulationsweise beeinflusst Stimmbildung und Stimmklang.

Störungen innerhalb eines Funktionskreises können Störungen in den anderen Funktionskreisen bewirken. So resultiert aus einer fehlerhaften Atmung oder einer verlagerten Artikulation (verlagerter Ansatz) häufig eine gestörte Stimmfunktion. Ziel der Sprecherziehung ist es, Vorgänge innerhalb der Funktionskreise im Interesse einer störungsfreien Kommunikation bewusst zu machen, sie steuern zu lernen und durch Training zu automatisieren. Bei der dabei notwendigen Selbstkontrolle und -korrektur spielt das *funktionelle Hören* [5.2] eine wesentliche Rolle. „Im Unterschied zur sonst vorhandenen akustischen Kontrollfunktion besteht das Wesen des funktionellen Hörens im innerlichen Nachvollziehen eines Fremdproduktes." (Greifenhahn 1982, 94) Durch ständigen Vergleich von Eigen- und Fremdprodukten lernt der Sprecher von ihm Produziertes zu analysieren, zu verarbeiten und zu bewerten und wird so befähigt, fehlerhafte Automatismen umzustellen. Das ist von besonderer Bedeutung für Studierende mit sprechintensiven Berufszielen (z. B. Lehramtsstudierende). Lebenslange stimmliche Berufsfähigkeit setzt ständig bewusstes Sprechen voraus, d. h., während des berufsvorbereitenden Studiums muss eine entsprechende stimmlich-sprecherische Schulung erfolgen. Da Sprechwissenschaft und Sprecherziehung die Funktionskreise Atmung, Stimme, Aussprache immer als Einheit sehen, wird ihr Zusammenspiel in Übungen konsequent beobachtet. So muss z. B. bei Stimmübungen auf physiologische Körperhaltung und Atmung geachtet werden, Artikulationsübungen erfordern ebenso eine Kontrolle stimmlicher Merkmale (u. a. Stimmeinsätze, physiologische Sprechstimmlage).

4.2 Atmung (Respiration)
4.2.1 Vorgang der Atmung

Die Atmung hat die Aufgabe, dem Blut Sauerstoff zuzuführen und damit den Gasaustausch, die Aufnahme von Sauerstoff und die Abgabe von Kohlendioxyd, zu vollziehen. Diese primäre Funktion der Atmung ist lebensnotwendig und wird als *Vitalatmung* bezeichnet. Sie unterscheidet sich in ihrem Ablauf von der *Stimmatmung* (Sekundärfunktion der Atmung). Bei dieser Atmungsform wird eingeatmet, um die für die Stimmerzeugung notwendige Atemluft zur Verfügung zu stellen.

Wichtige Voraussetzung für eine gesunde Atmung ist eine lockere, aufrechte Körperhaltung (Wirbelsäule, Schultergürtel). Nur bei aufgerichteter Wirbelsäule wird die Erweiterung des Brustkorbes und damit die unbehinderte Ausdehnung der Lungen beim Einatmen möglich. Die so beschriebene Haltung ist bei gesunder Normalspannung gegeben. Bei erhöhter Anforderung an die Atemtätigkeit können Aufrichtung und Spannung des Körpers deutlich verstärkt werden, z. B. bei körperlicher (Sport, anstrengende körperliche Arbeit) und stimmlicher Belastung (u. a. lautes Sprechen, Singen). Ein weiterer Aspekt hygienischer Atmung ist der Weg der Atemluft. Es bestehen zwei Möglichkeiten: Mund- und Nasenatmung. Durch die Beschaffenheit der Nase und ihrer verzweigten Hohlräume ist es möglich, die durch die Nase eingeatmete Luft anzuwärmen, anzufeuchten (Schutz vor Austrocknung der Atemwege), von Schmutzpartikeln zu reinigen und partiell von Keimen zu befreien, so dass die Atemluft in hygienischem Zustand den weiteren Atemweg passiert und die Lunge erreicht. Außerdem bewirkt die Nasenatmung eine Atemvertiefung, die den Vorgang der Atmung begünstigt. Bei der Mundatmung werden diese Funktionen nicht oder nur in geringem Maße erfüllt. Deshalb sollte vor allem bei kalter und trockener Luft die Nasenatmung bevorzugt werden.

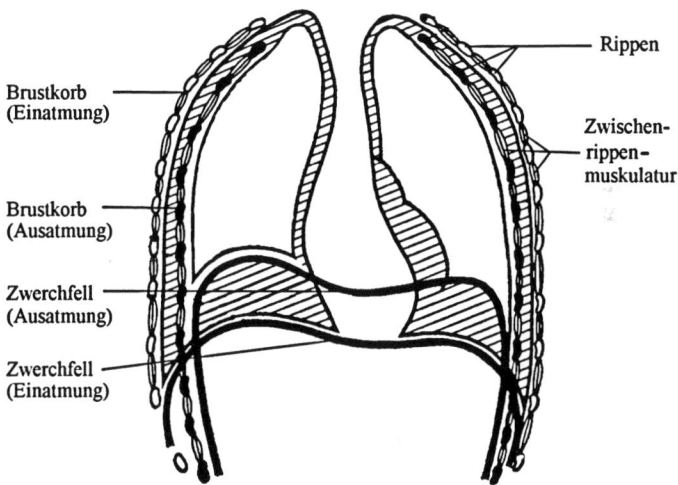

Abb. 2: Kombinierte Atmung (nach Spalteholz/Spanner 1959/60)

Der Atemvorgang gliedert sich in die Phasen Einatmung, Ausatmung und Atempause. Eine wesentliche Rolle bei der Atmung spielt das Zwerchfell, eine Muskel-Sehnen-Platte, die den Brust- vom Bauchraum trennt und in ihrem Zentrum zum Brustbein hin aufgewölbt ist [Abb. 2]. Durch die Kontraktion der Zwerchfellmuskulatur senkt sich das Zwerchfell beim Einatmen, verdrängt die darunter liegenden Organe, und die Bauchwand wölbt sich nach außen. Die Senkung des Zwerchfells bewirkt die Erweiterung des Brustraumes um etwa ein Drittel nach unten. Fast gleichzeitig kontrahiert die Zwischenrippenmuskulatur, die Rippenbögen heben sich, wodurch eine weitere Dehnung des Brustraumes seitlich und nach vorn erreicht wird. Die Lunge folgt dieser Erweiterungsbewegung und dehnt sich entsprechend aus. Durch den so entstehenden Unterdruck in der Lunge wird Luft angesaugt und die entstandene Druckdifferenz ausgeglichen. Beim Ausatemvorgang erschlafft die Einatmungsmuskulatur, das Zwerchfell steigt nach oben, Bauchwand und Brustkorb gehen in ihre Ausgangsstellung zurück. Der Brustraum verkleinert sich, die Atemluft strömt aus. Die Atmungsorgane arbeiten somit nach dem physikalischen Prinzip des Blasebalgs. Nach der Ausatmung erfolgt im Zustand der Ruhe und Entspannung (ausgeprägt im Schlaf) eine Atempause, die unerlässlich ist für die Entspannung und Erholung der Atmungsmuskulatur und damit für die Leistungsfähigkeit des Gesamtorganismus. Der so beschriebene Vorgang der Atmung wird als *kombinierte Atmung* bezeichnet, ist also eine Kombination aus Zwerchfell- und Brustatmung. Gebräuchlich sind auch die Begriffe Tiefatmung (Schweinsberg 1946, 103), Brust-/Bauchatmung (Seidner/Wendler 1978, 48), Zwerchfell-/Flankenatmung und Vollatmung (Preu/Stötzer 1989, 25).

Weitere Unterschiede des Atemvorganges ergeben sich aus der jeweiligen Funktion von Vital- und Stimmatmung. Die Vitalatmung verläuft unbewusst, durch den Bedarf an Sauerstoff im Blut gesteuert. Im Ruhezustand ist der Sauerstoffbedarf gering, bei körperlicher Leistung entsprechend erhöht. Die Stimmatmung verläuft bei bewusstem Sprechen willensmäßig gesteuert. Sie ist eine Form der Leistungsatmung. Sowohl bei der Vitalatmung als auch bei der Stimmatmung verläuft dieser Prozess mit unterschiedlichen Spannungsgraden. Weniger Spannung ist beim ruhigen Gespräch und beim Vortrag nötig. Das Sprechen in größeren Räumen, vor größerem Zuhörerkreis, im Freien, lautes Sprechen, Rufen und Singen erfordert ein höheres Maß an Spannung.

4.2.2 Besonderheiten der Stimmatmung

Während die Vitalatmung unbewusst verläuft, ist die Stimmatmung ein bewusst gesteuerter Vorgang. Für Berufssprecher und Sänger ist es nötig, die Stimmatmung zu trainieren, ihre Abläufe zu automatisieren und dies durch gezielte Atemübungen zu unterstützen und zu verstärken. Wirkungsvolles, effektives, hörer- und situationsbezogenes Sprechen erfordert die Fähigkeit, die kombinierte Atmung anwenden und bewusst steuern zu können. Das bedeutet, die Einatmung muss tief, geräuschlos und ggf. sehr schnell erfolgen können. Beim Sprechen und Singen wird vorwiegend durch den Mund geatmet. Bei ruhiger Sprechweise und bei längeren Pausen ist auch hier Nasenatmung zu bevorzugen. Das Verhältnis von Ein- und Ausatmung beträgt bei der Vitalatmung im Durchschnitt 1 : 1,2, bei der Stimmatmung 1 : 8 (Seidner/Wendler 1978, 53). Durch Atemtraining kann dieses Verhältnis bei entsprechender Anforderung zugunsten der Ausatmungsdauer wesentlich erweitert werden. Die Atmung muss der Sinngliederung des Textes bzw. des Gesprochenen angepasst sein. Zwischenatmung innerhalb der Sinneinheiten [7.1.2] kann die Sinnstruktur eines Textes teilweise oder ganz zerstören. Ebenso wichtig ist es, gegebene Strukturierungspausen tatsächlich zur Atmung zu nutzen, um bei längeren Sinneinheiten der Gefahr des völligen Luftverbrauchs und des Sprechens mit unhygienischem Stimmdruck zu entgehen. Diese Bedingungen der Stimmatmung zu erfüllen und sprechwirksam umzusetzen, muss das Ziel aller beruflich geforderten Sprecher sein. Das verlangt von ihnen und noch ausgeprägter von Sängern die bewusste und durch Übung zu automatisierende Steuerung des Ausatmungsluftstromes. Es erfordert die Fähigkeit, die Ausatmungsluft zu regulieren und zu dosieren, um die Stimmgebung mit Minimalluft vollziehen zu können und damit ein ausgeglichenes Verhältnis von Ausatmungsluftdruck und Stimmlippenspannung zu erreichen [4.3.1]. Diese Atemtechnik wird als *Atemstütze* bezeichnet. Vereinfacht ausgedrückt ist die Atemstütze die zeitweilige Beibehaltung der Einatmungsstellung bzw. Einatmungsspannung während des Sprechens, also während der Ausatmung. Von besonderer Bedeutung ist die Atemstütze für die Kraftstimme (Rufen und längeres lautes Sprechen) und das Singen. Der Ausatmungsluftstrom wirkt dabei wie eine tragende Säule für die Stimme, gewährleistet und erhöht ihre Stabilität und Tragfähigkeit. Darüber hinaus hilft die Atemstütze, den Ausatmungsluftdruck auf den Kehlkopf gering zu halten und ihn vor unangemessener Belastung zu schützen. Der geringe Druck wiederum hat zur Folge, dass die Ausatemluft ökonomisch genutzt wird, sie „reicht länger" – Tonhaltedauer und Sinngliederung werden günstig beeinflusst. Das Sprechen wird so verständlich, hörerbezogen und erleichtert die Sinnerfassung durch den Hörer. Darüber hinaus verstärken Sicherheit, klangliche Resonanz, Modulationsfähigkeit und Variabilität der Stimme auch den emotionalen Aspekt des Sprechens.

4.2.3 Häufige Atemfehlleistungen

Die problematischste Atemfehlleistung ist die Hochatmung. Weitere Atemfehlleistungen sind deutlich hörbare, flache und hastige Einatmung und häufiges *Zwischenatmen* beim Sprechen. Letztere können zwar auch isoliert auftreten, sind aber in der Regel Folge und Begleiterscheinung der Hochatmung. *Hochatmung* ist vor allem bei verstärkter körperlicher Belastung, beim Sprechen und Singen und bei physischer und psychischer Verspannung zu beobachten; Fehlhaltungen des Körpers und einengende Kleidung begünstigen sie. Hochatmung ist äußerlich durch deutlich sichtbares Heben der Schultern und des oberen Brustkorbes erkennbar. Ausgeprägte Hochatmung führt in der Regel zu einer Konträrbewegung des Zwerchfells, d. h., das Zwerchfell wird beim Einatmen nach oben gezogen, die Bauchdecke bewegt sich nach innen und der Ausdehnungsraum für die Lungen wird deutlich verkleinert. Hochatmung bedeutet geringes Atemvolumen (nur der obere Teil der Lunge wird belüftet) und damit unzureichende Sauerstoffversorgung des Blutes. Sie erfordert eine höhere Atemfrequenz mit der Folge schneller Ermüdung der Atemmuskulatur und möglicher Atemnot. Vor allem kann die notwendige Atempause nicht eingehalten werden.

Für die Stimmgesundheit stellt die Hochatmung ein deutliches Risiko dar. Das Hochziehen des Schultergürtels und des oberen Brustkorbes bewirkt eine Verspannung der Hals- und damit der Kehlkopfmuskulatur (u. U. mit deutlichem Druckempfinden für den Sprecher), wodurch die Schwingungsfähigkeit der Stimmlippen [4.3.1] beeinträchtigt wird. Der unverhältnismäßige Druck auf die Kehlkopfmuskulatur bewirkt zudem einen unnatürlichen Kehlkopfhochstand. Dadurch wird der Raum oberhalb des Kehlkopfes verkleinert, die Resonanz eingeschränkt und der Stimmklang verändert. Das Regulieren des Ausatmungsluftstromes im Sinne der Atemstütze ist bei der Hochatmung nicht möglich. Atemstütze setzt kombinierte Atmung voraus, weil sie nur durch Tiefstand und Spannung des Zwerchfells und Spannung der vorgewölbten Bauchdecke sowie der Flankenmuskeln zu erzeugen ist. Diese Bedingungen sind bei Hochatmung nicht gegeben. Hochatmung führt zur schnellen Ermüdung der Stimme, u. U. zur Sprechunlust und zur Verminderung des Hörerkontaktes. Lebenslange stimmliche Leistungsfähigkeit ist in Frage gestellt. Funktionelle stimmliche Fehlleistungen und Stimmstörungen stehen in einem ursächlichen Zusammenhang mit unhygienischer Atmung [5.3.2].

4.3 Stimme (Phonation)
4.3.1 Stimmerzeugung

Das stimmerzeugende Organ, der Kehlkopf (Larynx), erfüllt eine Doppelfunktion. Seine Primärfunktion besteht in der Schutzfunktion. Seine Sekundärfunktion ist die der Stimmerzeugung (Phonation).

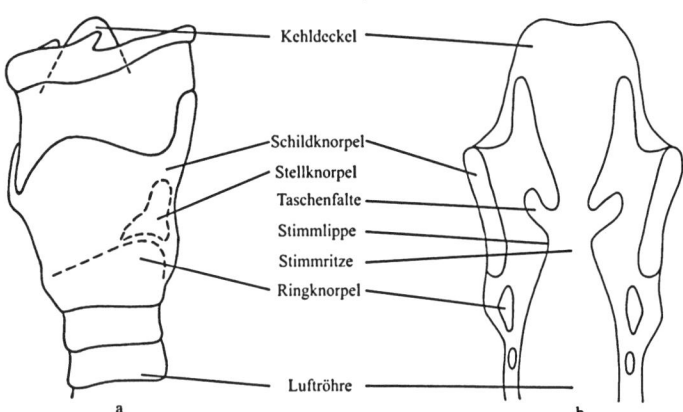

Abb. 3: Kehlkopf, a – Außenansicht (seitlich), b – Längsschnitt

Der Kehlkopf [Abb. 3] sitzt unmittelbar auf der Luftröhre auf und schützt die tiefer gelegenen Atemwege vor dem Eindringen von Nahrung, Flüssigkeit und Fremdkörpern. Er besteht aus dem Schildknorpel, dem Ringknorpel und den Stellknorpeln, die durch Gelenke und Bänder miteinander verbunden sind. Der größte Knorpel, der Schildknorpel, schützt den Kehlkopf. Der direkt auf der Luftröhre aufsitzende Ringknorpel bildet die Basis des Kehlkopfes. Auf der breiten Seite des Ringknorpels, die nach hinten zeigt, befinden sich die beiden Stellknorpel. Das Zusammenspiel der Bewegungen aller Knorpel und verschiedener Muskeln (Spannapparat des Kehlkopfes) verändert die Spannung der Stimmlippen. Die innere Kehlkopfmuskulatur ermöglicht eine Verengung oder Erweiterung des Raumes zwischen den Stimmlippen (Stimmritze oder Glottis) sowie eine unterschiedliche Spannung und Form der Stimmlippen. Die äußere Kehlkopfmuskulatur kann den gesamten Kehlkopf in seiner Lage verändern. Beim Schlucken kommt es zur Aufwärtsbewegung, beim Gähnen und bei tiefer Einatmung zur Abwärtsbewegung. Der Kehldeckel ist beim Atmen nach oben gestellt, so dass die Luft ungehindert ein- und ausströmen kann. Beim Schlucken verschließt er den Kehlkopf (Schutzfunktion des Kehlkopfes).

Die Stimmlippen sind wulstige, lippenartige, in ihrer Masse verschiebbare Gebilde. Ihr Name weist auf ihre Funktion hin. Sie bestehen aus dem Stimmmuskel, Bindegewebe und Schleimhaut. Die Stimmlippen verlaufen waagerecht zwischen der Innenseite des Schildknorpels und den Stellknorpeln. Durch die Bewegung der Stellknorpel verändert sich der Abstand der Stimmlippen zueinander und damit die Form der Glottis [4.3.2, Abb. 4].

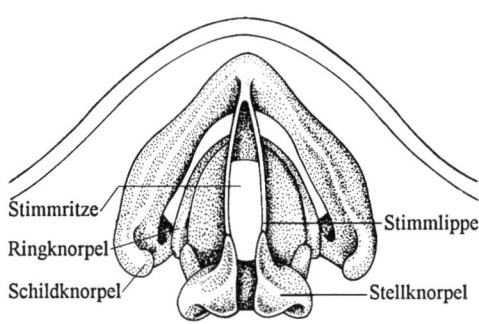

Abb. 4: Schematisierte Stimmritzenaufsicht (nach Pfau/Streubel 1982)

Es gibt verschiedene Theorien der Stimmerzeugung. Die heute verbreitete ist die *muskel-elastische Stimmlippenschwingungstheorie* (Wendler et al. 1996, 64). Der Sprechimpuls bewirkt, dass sich die Stimmlippen bis auf einen schmalen

elliptischen Spalt schließen und so die Stimmstellung einnehmen [4.3.2, Abb. 6].
Diese Bewegung wird durch Nervenimpulse (kortikale Steuerung) ausgelöst.
Unterhalb der Glottis staut sich die Ausatemluft. Es entsteht der *subglottische Druck*. Dieser Druck drängt die Stimmlippen wellenförmig aufwärts und auseinander (Auswärtsschwingung). Durch die geöffnete Glottis entweicht die Luft, der subglottische Druck sinkt. Bereits während der Öffnung nähern sich die Stimmlippen im unteren Teil der Glottis, d. h., sie beginnen, sich auf Grund des Druckabfalls und ihrer Eigenelastizität wieder zu schließen (Einwärtsschwingung). Dieser Vorgang wiederholt sich in schneller Abfolge, die Stimmlippen schwingen. Die Frequenz der Schwingungen ist so hoch, dass der Schwingungsvorgang mit bloßem Auge nicht zu erkennen ist. Es entsteht der so genannte *Primärton*. Er wird im Ansatzrohr [Abb. 8] resonatorisch verstärkt und verändert [4.4].

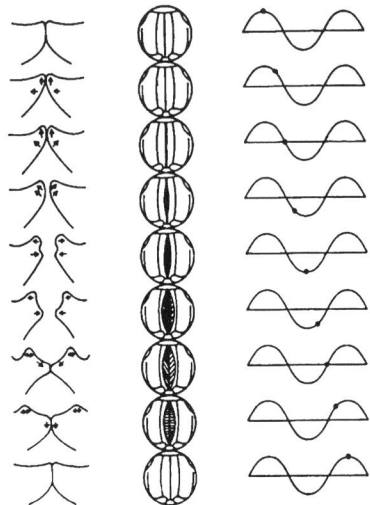

Abb. 5: Bewegungsablauf der Stimmlippen (Wendler/Seidner 1977, 62)

Merkmale der Stimme sind Stimmstärke, Tonhöhe und Klangfarbe. Die Lautstärke der Stimme (Stimmstärke) wird hauptsächlich durch den subglottischen Druck bestimmt: je höher der subglottische Druck um so höher die Stimmstärke. Unterschiedliche Kommunikationssituationen erfordern unterschiedliche Spannungs- und Lautstärkestufen [4.2]. Das reicht vom leisen Sprechen bis hin zur Ruf- und Kommandostimme. Bessere Verständlichkeit wird jedoch nicht ausschließlich über eine Erhöhung der Stimmstärke erreicht, sondern insbesondere über eine deutliche Artikulation [4.4]. Die Änderung der Tonhöhe basiert im

Wesentlichen auf verschiedenen Einstellungen des Spannapparates. Steigerung der Stimmlippenspannung führt zur Tonerhöhung, Spannungsabnahme zur Stimmsenkung. Die gesunde menschliche Stimme klingt klar, resonanzreich, mühelos. Sie ist dynamisch und melodisch variabel. Kommt es jedoch bei der Stimmerzeugung zu funktionellen Fehlleistungen, kann ein unphysiologischer Stimmklang (z. B. behaucht, angestrengt, verlagert, knarrend) entstehen, woraus wiederum Stimmstörungen resultieren können, die die kommunikative Leistung und Wirkung des Sprechers mindern [5.3].

4.3.2 Stimmeinsätze

Der Begriff Stimmeinsatz bezeichnet den Übergang der Stimmlippen vom schwingungslosen in den schwingenden Zustand. Die Grundlage hierfür bilden die unterschiedlichen Glottisformen.

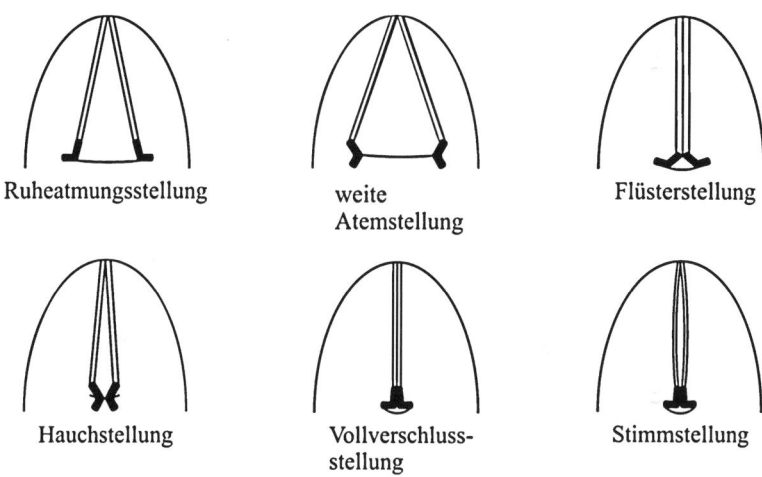

Abb. 6: Glottisformen

Während ruhiger Einatmung bildet die Glottis ein spitzes Dreieck, die Ruhestellung oder mittlere Atemstellung. Ist der Luftbedarf erhöht, erweitert sich die Glottis zur weiten Atemstellung. Die Hauchstellung ist charakterisiert durch eine Verengung der Glottis zu einer schmalen Spindelform. Bei der Stimmstellung werden die Stimmlippen bis auf einen schmalen, elliptischen Spalt geschlossen. In der Vollverschlussstellung dagegen sind die Stimmlippen völlig geschlossen. Auch bei der Flüsterstellung (hygienisches Flüstern) sind die Stimmlippen geschlossen, lediglich zwischen den Stellknorpeln bleibt ein kleines Dreieck geöffnet [Abb. 6].

Für das Deutsche sind drei Stimmeinsätze charakteristisch: der gehauchte, der weiche und der feste Stimmeinsatz. Beim *gehauchten Stimmeinsatz* gehen die Stimmlippen relativ langsam von der Atem- in die Stimmstellung über. Dabei reibt sich die Ausatemluft an den sich schließenden Stimmlippen, wodurch ein Hauchgeräusch entsteht, das so lange anhält, bis sich die Stimmlippen in Stimmstellung befinden und zu schwingen beginnen. Dieser Einsatz wird in der deutschen Sprache beim Phonem /h/ im Wort- und Silbenanlaut vor Vokalen (z. B. *h*olen, ab*h*olen) und bei behauchten Fortis-Verschlusslauten im Anlaut vor Vokal (z. B. *P*eter, *T*on, *k*ann) verwendet [6.2.2]. Ständiges behauchtes Sprechen kann jedoch zu Stimmstörungen führen [5.3]. Auch beim unhygienischen Flüstern ist die Glottis leicht geöffnet, so dass sich die Luft an der Schleimhautoberfläche der Stimmlippen reibt. Die Schleimhaut trocknet dadurch übermäßig aus und wird anfälliger für Entzündungen. Es ist somit ein Trugschluss anzunehmen, dass Flüstern (z. B. bei Erkältung) die Stimme schont. Besser ist es, in solchen Situationen, wenig und mit geringer Lautstärke zu sprechen, mit Schonstimme zu sprechen.

Beim *weichen Stimmeinsatz* schließen sich die Stimmlippen schnell bis auf einen schmalen elliptischen Spalt (Stimmstellung). Gleichzeitig steigt der subglottische Druck und die Stimmlippen werden in gleichmäßige Schwingungen versetzt. Dieser Einsatz ist stimmhygienisch am günstigsten, weil die Stimme weich einsetzt, d. h., keine Hauch- oder Knackgeräusche entstehen. Dieser Stimmeinsatz empfiehlt sich daher insbesondere für Einsprech- und Einsingübungen. Verwendung findet der weiche Stimmeinsatz in der deutschen Sprache bei stimmhaften Konsonanten im Anlaut (z. B. *m*alen, *l*esen, *b*aden) und nach stimmlosen Engelauten (z. B. *f*inden, *Sch*ale, *Ch*emie).

Charakteristisch für den *festen Stimmeinsatz* (Glottisschlageinsatz) ist das Schwingen der Stimmlippen aus der Vollverschlussstellung, d. h., die Stimmlippen liegen fest aneinander und werden durch die angestaute Ausatemluft gesprengt (Glottisschlag). Dabei entsteht ein Knacklaut. Der Glottisschlageinsatz tritt im Deutschen bei anlautendem Vokal auf (z. B. *a*rbeiten, be*a*rbeiten). Je nach Stärke des Verschlusses der Stimmlippen vor der Sprengung kann zwischen hygienischem und unhygienischem Glottisschlageinsatz unterschieden werden. Während beim hygienischen Glottisschlageinsatz die Stimmlippen unverspannt aneinander liegen und ein geringer Atemdruck genügt, um die Stimmlippen auseinander zu bewegen, sind beim unhygienischen Glottisschlageinsatz die Stimmlippen fest zusammengepresst und können nur durch erhöhten Atemdruck gesprengt werden. Diese unhygienische Variante des festen Stimmeinsatzes schädigt die Stimme, sie klingt gepresst und hart (harter Stimmeinsatz). Auch beim Räuspern werden die Stimmlippen aus einem Pressverschluss explosionsartig gesprengt, was auf Dauer die Stimme belastet und damit zu gestörter

Stimmfunktion führen kann [5.1, 2.3, 4.6]. Außerdem kommt es durch die Schleimhautreizung zu erneuter Schleimproduktion und damit erneuter Beeinträchtigung der Stimme, d. h., Räuspern provoziert Räuspern. Stimmschonender bei Räusperzwang ist Schlucken oder vorsichtiges Husten.

Obwohl im Deutschen die Stimmabsätze (Übergang der Stimmlippen vom schwingenden in den schwingungslosen Zustand) phonologisch nicht von Bedeutung sind, kann es auch hier zu stimmlichen Fehlleistungen kommen. Wie bei den Stimmeinsätzen werden drei Arten unterschieden: gehaucht, weich, fest (hart). Beim gehauchten Stimmabsatz öffnet sich die Glottis, die Stimmlippen hören auf zu schwingen. Dabei reibt sich die austretende Luft an den Stimmlippen und wird als Hauchgeräusch hörbar. Im Deutschen sollte dieser Stimmabsatz nur bei der Behauchung von Fortis-Verschlusslauten (z. B. Lo*b*, ho*pp*, bal*d*, Hu*t*, We*g*, Musi*k*) verwendet werden.

Der weiche Stimmabsatz ist dadurch gekennzeichnet, dass während des Öffnens der Glottis die Schwingungen der Stimmlippen relativ schnell enden und kein Hauch- oder Knarrgeräusch hörbar wird. Dieser stimmhygienisch günstige Stimmabsatz wird in der deutschen Sprache beim Ausklingen von stimmhaften Konsonanten und Vokalen (z. B. lah*m*, To*n*, Jen*a*, Sol*o*) verwendet.

Beim festen Stimmabsatz wird die Glottis bei Beendigung der Stimmgebung fest verschlossen. Die Phonation endet ohne Geräusch. Der harte Stimmabsatz ist für die Stimme unhygienisch, „... da bei gepresster Art des Absetzens der Stimme ein Hinweis auf pathologisches Atemdruck- und Muskelspannungsverhalten gegeben wird" (Streubel 1982, 43). Hörbar werden diese stimmschädigenden Verspannungen durch ein gepresstes Abknarrgeräusch. Ursache hierfür ist oftmals unökonomische Atemführung.

4.3.3 Physiologische Sprechstimmlage

Die physiologische Sprechstimmlage (Indifferenzlage, physiologischer Sprechstimmbereich) ist der Tonhöhenbereich, in dem die Stimme mit minimalem Kraftaufwand erzeugt wird. Atemdruck und Spannung der Kehlkopfmuskulatur sind gering. In diesem Bereich kann lange, ausdauernd und mühelos gesprochen werden, die Stimme ermüdet kaum. Die physiologische Sprechstimmlage liegt im unteren Drittel des gesamten Stimmumfanges, umfasst etwa 4-5 Töne, eine Quarte bis Quinte, und wird nach unten durch die Lösungstiefe begrenzt [Abb. 7]. Sie ist individuell unterschiedlich und hängt u. a. ab vom Geschlecht, vom Alter, von der Form und Größe des Kehlkopfes und der Resonanzräume. Jeder Mensch hat seine eigene physiologische Sprechstimmlage. In dieser Lage befindet sich der Kehlkopf in entspannter Tiefstellung, was eine Verlängerung des Ansatzrohres und damit eine optimale Resonanz der Stimme zur Folge hat. Die Kehlkopfmuskulatur ist relativ entspannt, ein geringer Atemdruck reicht aus, um die Stimmlippen in Schwingung zu versetzen. Die Stimmlippen schwingen mit größter Amplitude, wodurch auch über längere Zeit resonanzreiches, lautes Sprechen möglich ist. Hinzu kommt, dass eine resonanzreiche Stimme tragfähiger ist und damit eine geringere Lautstärke ausreicht, um den Raum zu füllen.

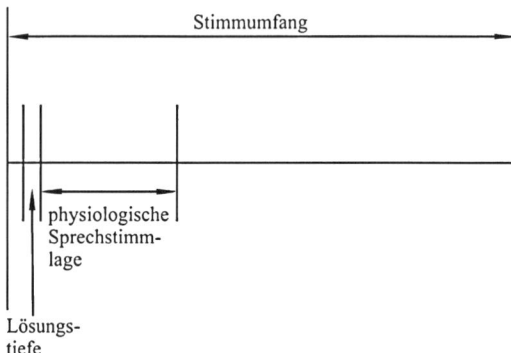

Abb. 7: Physiologische Sprechstimmlage

In der physiologischen Sprechstimmlage ist die Stimme modulationsfähiger und ausdrucksstärker. Das wirkt sich besonders günstig auf den Hörerkontakt aus. Die angenehme Stimmlage erleichtert das Zuhören und das Erfassen des Inhalts, die Zuhörer ermüden weniger schnell.
Häufig wird durch eine Erhöhung der Lautstärke, so z. B. beim Sprechen in großen Räumen, beim Sprechen unter Störschall oder beim Sprechen über größere Distanzen, die physiologische Sprechstimmlage verlassen. Auch Sprechen unter emotionaler Belastung wie Ärger, Unsicherheit, Angst oder Wut kann zu einem Überschreiten dieser Lage führen. Ursache für eine permanent überhöhte Stimme können auch falsche stimmliche Vorbilder sein. Wird die gesunde Sprechstimmlage überschritten, verspannen sowohl Kehlkopfmuskulatur als auch Stimmlippen. Es kommt zu einer Aufwärtsbewegung des Kehlkopfes, wodurch das Ansatzrohr verkleinert und damit die Resonanzwirkung verringert wird. Wenn die physiologische Sprechstimmlage häufig oder sogar ständig verlassen wird, sind subjektive Beschwerden wie stimmliche Ermüdung, Sprechunlust, Räusperzwang, Trockenheits- und Druckgefühl die Folge. Unter Umständen kann ein ständiges Verlassen dieser Lage Stimmstörungen mit Stimmklangveränderungen wie Heiserkeit hervorrufen [5.1, 3.3]. Außerdem beeinträchtigt eine überhöhte Stimme den Kontakt zum Hörer massiv. Durch unbewussten *funktionellen Nachvollzug* ahmt er innerlich die ungesunde angespannte Sprechweise nach, wodurch auch bei ihm Verspannungen im Kehlkopf, u. U. verbunden mit Räusperzwang und Schmerzempfindungen, entstehen können. Das Zuhören wird als anstrengend und unangenehm empfunden. Die Konzentration des Hö-

rers lässt nach, er wird unaufmerksam. Das ist besonders problematisch für die Lehrsituation (Schule). Die Schüler sind abgelenkt, unaufmerksam, die Lautstärke steigt. Infolgedessen kann es auch zu Disziplinschwierigkeiten kommen. Die Anspannung des Lehrers nimmt zu. Viele Lehrende versuchen, durch noch lauteres Sprechen die Klasse zur Aufmerksamkeit zu zwingen, was wiederum häufig mit einer weiteren Stimmerhöhung verbunden ist.

Besonders in sprechintensiven Berufen ist es wichtig, die eigene physiologische Sprechstimmlage zu kennen, um ein Verlassen bemerken und immer wieder in sie zurückkehren zu können. Eine Methode, die sich in der Praxis bewährt hat, ist die so genannte Kaumethode (→ Krech 1959, 397 ff.). Beim Kauen eines wohlschmeckenden Essens (später ist die Vorstellung davon ausreichend) lässt man die Stimme mitbrummen. So entstehen sinnlose Silben wie mnjom, njem, bljam [4.5]. Die Stimme klingt entspannt und resonanzreich und befindet sich etwa an der unteren Grenze der physiologischen Sprechstimmlage. Eine andere Möglichkeit, die individuelle Lage zu finden, sind Gleitübungen [4.5], bei denen die Stimme aus einer mittleren in eine entspannte tiefere Stimmlage absinkt. Durch Auflegen der Hand auf den Brustkorb kann die Resonanz kontrolliert werden. Befindet sich die Stimme im Bereich der physiologischen Sprechstimmlage, ist die Brustresonanz deutlich und die Vibrationen sind intensiver zu spüren. Auch ruhiges Zählen, gleichgültiges Sprechen („ja, ja", „gut", „so") oder wohliges Brummen („hm, das schmeckt") kann beim Finden der gesunden Sprechstimmlage helfen. Insbesondere beim lauten Sprechen sollte bewusst auf das Einhalten der physiologischen Sprechstimmlage geachtet werden, Tonerhöhungen sind zu vermeiden. „Eine optimale Klanggestaltung beim Sprechen ist abhängig von der Ausformung und Weite im Bereich des Ansatzrohres, der Lockerheit der Sprechorgane, der Einhaltung der physiologischen Sprechstimmlage und so von einem ausgewogenen Verhältnis zwischen subglottischem Druck und Stimmlippenspannung." (Suttner 1982, 108)

4.4 Aussprache (Artikulation)

Artikulation bezeichnet die Bildung der Sprachlaute im Ansatzrohr bzw. „...alle in den Ansatzräumen ablaufenden Bewegungsvorgänge, die Laute hervorbringen oder ausformen" (Wendler et al. 1996, 60). Zum *Ansatzrohr* gehören alle Hohlräume oberhalb der Stimmlippen: der obere Kehlraum, der Rachenraum, die Mundhöhle einschließlich des Mundvorhofes und die Nasenhöhlen [Abb. 8]. Die Lautbildung erfolgt durch ein koordiniertes Zusammenwirken von Atmung, Stimmgebung und Formung des Ansatzrohres [4.1]. Durch die Bewegung der *Artikulationsorgane* (hauptsächlich Lippen, Unterkiefer, Zunge, Gaumensegel) und der daraus resultierenden unterschiedlichen Form des Ansatzrohres wird der

Primärton resonatorisch verändert [4.3.1], es entstehen unterschiedliche Klänge und Geräusche und somit die Sprachlaute, z. B.:

- Vokal [a:]: Lippen hochrund geöffnet, weiter Zahnreihenabstand, Zunge liegt flach im Mund, Zungenspitzenkontakt mit den unteren Schneidezähnen, Gaumensegel gehoben;
- Vokal [o:]: Lippen eng gerundet und vorgestülpt, mittlerer Zahnreihenabstand, Hinterzunge wölbt sich zum weichen Gaumen auf, Zungenspitzenkontakt mit den unteren Schneidezähnen, Gaumensegel gehoben;
- Nasal [m]: Lippen locker verschlossen, kleiner Zahnreihenabstand, Zunge liegt flach im Mund, Zungenspitzenkontakt mit den unteren Schneidezähnen, Gaumensegel gesenkt.

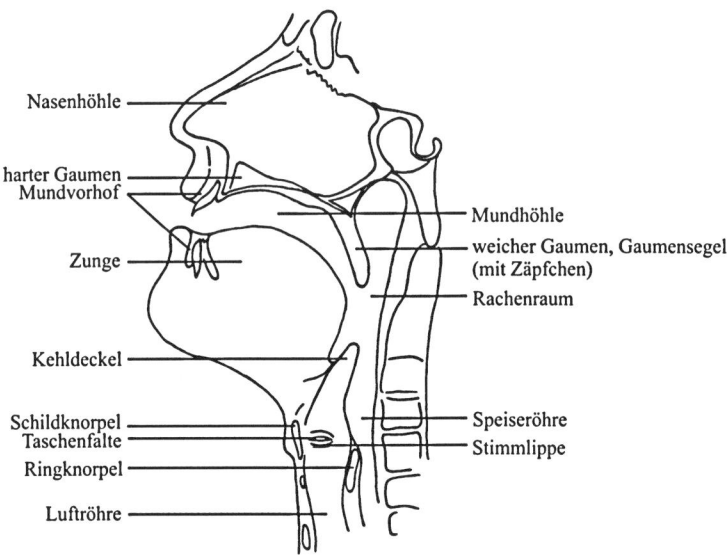

Abb. 8: Ansatzrohr (nach Essen 1966)

Die Bildung der Sprachlaute ist in jeder Sprache durch charakteristische phonetische Merkmale (allgemeine Artikulationsmerkmale) gekennzeichnet. Für die deutsche Standardaussprache [6.1] gelten folgende *allgemeine Artikulationsmerkmale*:

- Die deutsche Standardaussprache ist durch eine kräftige, aber elastische Artikulation gekennzeichnet, die sich aus einer relativen Spannung der Artikulationsmuskulatur und dem Ausatemdruck ergibt. Im Vergleich zum Deutschen existiert z. B. im Russischen oder Englischen eine geringere und im Französischen eine höhere Artikulationsspannung.
- Die Lippen haben die Tendenz zu einer runden bzw. ovalen Einstellung. Lippenbreitzug wie z. B. im Obersächsischen sollte vermieden werden. Eine bes-

sere Resonanzwirkung wird durch das Abheben der Lippen von den Zähnen (Verlängerung des Ansatzrohres, Nutzung des Mundvorhofes) erreicht.

- Durch die Bewegung des Unterkiefers in vertikaler Richtung entstehen unterschiedlich große Öffnungsweiten, auch als Zahnreihenabstand oder Mundöffnung bezeichnet. Beim Vokal i ist die Öffnung am kleinsten, bei a am größten. Zu geringe Öffnungsweite bzw. Zahnreihenschluss führt zu undeutlicher („genuschelter") Aussprache, belastet die Stimme und vermindert ihre Raumwirksamkeit (Abstrahleffekt) [4.1, 4.3.1].
- Die Zungenspitze liegt bei allen Vokalen und bei den meisten Konsonanten locker hinter den unteren Schneidezähnen (Zungenspitzenkontakt). Eine Rückverlagerung der Zunge wirkt lautverdumpfend und stimmbelastend [4.1].
- Das Gaumensegel trennt den Mund- vom Nasenraum. Außer bei den Nasalen [6.2.2] ist es mehr oder weniger stark gehoben.
- Der Kehlkopf befindet sich in seiner natürlichen entspannten Tiefstellung. Ein durch Verspannungen hervorgerufener Kehlkopfhochstand führt zu einer Verkleinerung des Ansatzrohres und damit zu negativen Auswirkungen auf die Stimm- und Klangqualität [4.3.3].

Optimale Resonanzwirkung erfordert die volle Ausnutzung der Artikulationsbewegungen, da so das Ansatzrohr erweitert wird. Durch eine bessere Lautung erreicht der Sprecher eine bessere Verständlichkeit, der Zuhörer kann dem Gesprochenen leichter folgen. Eine gute Artikulation wirkt sich zudem positiv auf die Stimme aus. Da der Abstrahleffekt besser ist, reicht auch eine geringere Stimmstärke für das Verstehen aus. Bei bewusster Artikulation wird die Stimme geschont und entlastet, die Gefahr von Stimmstörungen verringert. Der Stimmklang wird resonanzreicher und variabler, was sich ebenfalls positiv auf den Hörerkontakt auswirkt [7.1.7].

4.5 Übungen

Körperliche Lockerungs- und Entspannungsübungen

Z: Vorbereitung und Unterstützung der Übungen zur Atmung, Stimmbildung und Artikulation

Ü 1 Konzentrative Entspannung (nach Jacobson 1929)
Z: Körperbewusstsein entwickeln, Wechsel von Spannung und Entspannung erleben, Muskelgruppen bewusst anspannen und lockern lernen
A: Bequem liegen oder sitzen, Augen schließen, auf gleichmäßige, ruhige Atmung achten; Abfolge bei jeder Muskelgruppe: Anspannen - Spannung 5-7 Sek. halten - Loslassen, Lockern - Nachspüren (Pause, etwa 30 Sek.).

Jede Muskelgruppe zweimal anspannen und lockern:
- Rechte Hand (Linkshänder linke Hand) zur Faust ballen.
- Rechter Oberarm (Linkshänder linker Oberarm) auf Unterlage (im Liegen) oder an den Oberkörper (im Sitzen) drücken.
- Linke Hand (Linkshänder rechte Hand) zur Faust ballen.
- Linker Oberarm (Linkshänder rechter Oberarm) auf Unterlage oder an den Oberkörper drücken.
- Stirn runzeln, Augenbrauen zusammenziehen.
- Augen fest zusammenkneifen, Nase rümpfen.
- Zähne aufeinander beißen (nicht zu fest) und Mundwinkel zur Seite ziehen (Zunge locker lassen).
- Zunge gegen den Gaumen pressen.
- Lippen spitzen und zusammenpressen.
- Schulterblätter hinten zusammendrücken oder Schultergelenke nach vorn ziehen.
- Schultern hochziehen.
- Bauch fest nach innen ziehen oder nach außen drücken.
- Gesäß- und Beckenbodenmuskulatur fest anspannen (Gesäß zusammenkneifen).
- Oberschenkel spannen (Knie durch- und Fußspitzen vom Körper wegdrücken).
- Unterschenkel spannen (Knie durchdrücken und Fuß nach oben ziehen).
- Füße nach innen drehen und Zehen zusammenkrallen.

Rücknahme: Entspannung noch für kurze Zeit genießen, dann dehnen und recken, Augen öffnen und langsam hinsetzen oder aufstehen.

! Wichtig: Regelmäßiges Üben (mindestens jeden zweiten Tag, 10 - 20 Minuten), Training nicht ohne Rücknahme beenden (Gefahr: Schwindelgefühl).

Ü 2

Z: Abbau von Fehlspannungen, Entspannung bewusst herbeiführen und empfinden, Körpergefühl entwickeln

A: Bequem sitzen ("Droschkenkutscherhaltung" oder gerade mit leicht geneigtem Kopf), Augen schließen, ruhig atmen, spüren, wie sich der Körper im Atemrhythmus dehnt und entspannt.

In Gedanken von den Füßen aufwärts durch den Körper wandern und dabei wahrgenommene Spannungen lösen, "Festes loslassen".

- Die Füße stehen fest auf dem Boden, aber ohne Druck; spüren der Auflageflächen von Fersen, Ballen, Zehen; spüren, wie das Blut in den Zehen zirkuliert, wie es in den Zehenspitzen zu kribbeln beginnt.

- Aufwärts über Waden, Knie, Oberschenkel zum Gesäß; spüren der Auflagefläche auf dem Stuhl, locker lassen. Füße, Beine, Gesäß sind ganz locker, entspannt und schwer.
- Langsam an der Wirbelsäule nach oben wandern, ganz langsam: Wirbel für Wirbel, erspürte Spannungen lösen.
- Schultern entspannen, Oberarme, Ellbogen, Unterarme, weiter bis in die Hände wandern. Hände hängen locker nach unten; spüren, wie sie schwer werden, wie das Blut in den Fingern zirkuliert, es in den Fingerspitzen zu kribbeln beginnt und sich ein Gefühl der Wärme einstellt.
- Langsam zurück zum Nacken wandern, entspannen, die Last des Kopfes als leichtes Ziehen spüren. Bei stärkeren Spannungen genau auf diesen Punkt konzentrieren und dorthin ausatmen (Spannung "wegatmen").
- Über Hinterkopf und Scheitel zur Stirn wandern. Stirn, Augen, Wangen, Lippen, Kinn, Unterkiefer, Hals, Zunge lockern. Die Zunge fällt im Mund nach vorn und ist auch im hinteren Bereich ganz locker.
- Gesichtsmuskulatur hängt schwer nach unten (Vorstellung: wird immer länger, Lippen werden immer dicker).
- Ganz ruhig atmen, wieder spüren, wie sich der Körper im Atemrhythmus dehnt und entspannt (Gefühl, bei der Ausatmung immer tiefer zu sinken), tief in den Körper hineinlauschen; versuchen, den Herzschlag zu spüren.

Einige Sekunden so verharren, dann Hände fest zu Fäusten ballen, tief einatmen, bei der Ausatmung Arme mit einem Ruck nach oben bis in die Fingerspitzen strecken, dabei die Augen öffnen, diese Bewegung 2x wiederholen, danach räkeln, Schultern und Nacken bewegen.

Variante: auf dem Rücken liegen, Arme neben dem Körper, nach oben geöffnete Hände.

! Kopf nicht zu stark neigen (Verspannungen).
Bei Rücken- und Nackenproblemen nicht die Droschkenkutscherhaltung einnehmen.

Ü 3
Z: Körper bewusst entspannen, Abbau von Fehlspannungen, Aufbau einer gesunden Normalspannung
A: Arme nach oben strecken – fallen lassen.
Schultern anheben – fallen lassen.
Arme und Schultern kreisen im Wechsel nach vorn und hinten.
Arme schwingen – auspendeln lassen.
Körper nach vorn fallen lassen – Wirbel für Wirbel aufrichten (bis alle Brustwirbel aufgerichtet sind, den Kopf locker hängen lassen).

Ü 4

Z: Wie oben und Bewusstmachen einer physiologischen Körperhaltung

A: Aufrecht stehen, Körpergewicht leicht auf Fußballen verlagern.
Wirbelsäule strecken (natürliche Krümmungen bleiben erhalten).
Knie sind locker, nicht nach hinten durchdrücken.
Becken aufrichten (kein Hohlkreuz!).
Bauch locker lassen, nicht einziehen.
Arme hängen locker nach unten.
Schultern seitlich leicht zurücknehmen.
Kopf aufrichten.
Entspannen Sie jetzt Ihren Körper und wiederholen Sie den Spannungsaufbau.

Atemübungen

Ü 5

Z: Beobachten des Atemvorgangs

A: Aufrechte Haltung einnehmen und ausatmen.
Sie spüren (und sehen), wie sich Ihre Bauchdecke beim Einatmen wölbt und wie sie beim Ausatmen sinkt.

!   Vermeiden Sie ein Anheben der Schultern!

Ü 6

Z: Gefühl für den Zusammenhang von Bauchdeckenbewegung und Atemvorgang bewusst machen

A: Im Stehen die Hände auf den Bauch legen, anhaltendes Ausatmen auf *s* oder *sch*, beobachten, was mit der Bauchdecke geschieht: sie sich nach der Ausatmungsphase wieder vorwölbt und dadurch Einatmung bewirkt wird.

Ü 7

Z: Steuerbarkeit der Ausatmung bewusst machen

A: Luft bei leicht geöffneten Lippen sanft auspusten, Lippen mehrfach schließen und wieder öffnen, also Ausatemstrom unterbrechen.

Ü 8   Atemfedern

Z: Gefühl für den Einatmungsvorgang verstärken (schnelles, tiefes, geräuschloses Einatmen)

A: Gleicher Ausatmungsvorgang wie bei Übung 6, am Ende der Ausatmung kurze Atempause, danach die Bauchdecke bewusst schnell nach vorn federn.

Ü 9

Z: Gefühl für den Zusammenhang von Bauchdeckenbewegung mit Ein- und Ausatmung weiter verstärken

A: Atemluft in drei kurzen, kräftigen Atemstößen auf *f, f, f* ausatmen und in unmittelbarer Folge, im gleichen Rhythmus bleibend, wieder in drei abgesetzten Atemzügen durch die Nase schnüffelnd einatmen.

Varianten: stufenweises Einatmen auch durch den Mund oder die drei Einatemzüge auf einen langen Atemzug zusammenlegen (vorwiegend durch die Nase, aber auch durch den Mund).

Ü 10 Atemwurf

Z: Bewusstes Steuern der Ausatmung für Kraftstimme, elastisches Abfedern der Bauchdecke (Einatmung bewirkend) beobachten und erspüren

A: Luft (wie beim Ausblasen einer Kerze) in kurzen, kräftigen Atemstößen mit schnellem Einziehen der Bauchdecke auf *p, t, k* oder *f, s, sch* etwa im Sekundentakt abgeben und den Vorgang mehrfach wiederholen.

Ü 11 Atemstütze

Z: Atemstütze bewusst machen und trainieren

A: Kräftiges, anhaltendes Ausatmen auf *ps, ks, s,* oder *f,* Ausatemstrom zwei bis drei Mal durch Schließen der Lippen unterbrechen, dabei die Spannung der Atemmuskulatur halten und erspüren.

Varianten: Ausatmen auf *ps, ks, s* oder *f,* aber mit kräftigem, behauchtem *t* abschließen, Abfedern (Vorschnellen) der Bauchdecke beobachten oder beide Hände an die Flanken anlegen, einatmen und mit gespannter Bauchdecke langsam zählen, Bauchdecken- und Flankenspannung dabei erspüren.

Ü 12 Atemwurf und Atemstütze

Z: Bewusstmachen der Ausatmung in verschiedenen Spannungsstufen, Erspüren unterschiedlicher Spannungen

A: Mit der Vorstellung ausatmen, ein Streichholz – eine dicke Kerze – die Kerzen einer Geburtstagstorte auszublasen.

Ü 13 Atemstütze

Z: Stützeffekt erspüren, Auswirkung der Atemstütze auf die Länge eines gehaltenen Stimmtones erfahren

A: Einatmen, dabei die Arme über den Kopf heben und die Hände greifend weit nach oben strecken.

Auf den Zehenspitzen stehend den Körper kräftig dehnen.

Bilden eines Stimmtons (Summen oder Vokal [u:]).

Arme langsam bis in Schulterhöhe senken (Handflächen nach oben, Arme kräftig gestreckt). In dieser Haltung verharren, dabei den Ton möglichst lange halten. Bei Nachlassen des Stützeffektes Arme locker nach unten führen und Ton ausklingen lassen.

! Erst bei Beherrschung der Tiefatmung durchführen, Gefahr der Hochatmung.

Entspannungs-, Lockerungs-, Formungsübungen

Z: Abbau von Fehlspannungen, Lockerung der Artikulationsmuskulatur, Aufbau einer gesunden Normalspannung, Erspüren unterschiedlicher Spannungsgrade, Vorverlagerung der Artikulation

Ü 14

A: Zähne zusammenbeißen – Unterkiefer locker fallen lassen (mehrmals im Wechsel).
Zunge gegen den Gaumen pressen – locker lassen (mehrmals im Wechsel).
Zunge herausstrecken und auf den Lippen kreisen lassen (ohne und mit Stimmton).
Zunge nach rechts und links in den Mundwinkeln herausstrecken.
Zunge abwechselnd herausstrecken und zurückziehen.
Wangen aufblasen und Luft hin- und herschaukeln.
Lippen runden und stark stülpen („Schnute machen") – locker lassen.

Ü 15 Wangenzupfen
A: Hand auf den Mund legen. Daumen der Hand abspreizen.
Wangen mit den Fingerspitzen fest fassen, schnell nach vorn zupfen und loslassen. Mund leicht geöffnet. Stimme mitklingen lassen.
In schneller Folge wiederholen.

Ü 16 Kieferschütteln
A: Oberkörper, Arme und Kopf locker nach unten hängen lassen, Mund leicht öffnen. Kopf kräftig hin- und herschütteln, so dass Lippen und Wangen flattern (ohne und mit Stimmton).
! Schwindelgefahr

Ü 17 Unterkieferlockerungsübung
Z: Wie oben und Öffnungsweite vergrößern
A: In schneller Folge mehrfach die Silbenreihen *na, na, na; ja, ja, ja; wa, wa, wa* artikulieren, dabei den Unterkiefer locker und weit nach unten fallen lassen.

Handrücken unter das Kinn halten: Öffnungsweite kontrollieren (Hand mit dem Kinn bei jeder Silbe nach unten schieben).

! Mundwinkel und Wangen locker lassen.

Ü 18 Glöckchenübung
A: Lippen leicht öffnen, Zunge herausstrecken.
Mit der Zungenspitze zwischen den Mundwinkeln schnell hin- und her-pendeln (wie der Klöppel einer Glocke).
Stimme locker mitklingen lassen.

Ü 19 Pleuelübung
A: Zungenspitze fest hinter die unteren Schneidezähne legen. Zungenkörper schnell aus dem Mund heraus und wieder zurückfedern.

Ü 20 Zungenschleuderübung
A: Silben (*blom, blam, blum* usw.) artikulieren, Wangen leicht aufblähen, Lippen liegen locker aufeinander. Jeweils beim [l] mit der Zunge die Lip-pen sprengen. Stellen Sie sich vor, dass Sie die Laute mit der Zunge aus dem Mund schleudern.

Ü 21 Lippenflattern
Z: Wie oben und Lockerung des Stimmapparates
A: Lippen liegen locker aufeinander. Lippen leicht stülpen („Schnute ma-chen") und anfeuchten. Kräftig ausatmen. Lippen werden dadurch zum Flattern gebracht.
Übung mit oder ohne Stimmbeteiligung durchführen (ohne Stimme klingt es wie das Schnauben eines Pferdes, mit Stimme wie ein Motorrad).
Das Vibrieren der Lippen ist in der gesamten unteren Gesichtshälfte zu spüren.
Variante: Stimme von oben nach unten gleiten lassen.

! Lippen nicht aufeinander pressen und breit ziehen (nicht lächeln).

Ü 22 Lippenblähübung
Z: Wie oben und Formung der Vokale
A: Lippen liegen locker aufeinander, Wangen leicht aufblähen.
Folgende Silben sprechen:
ba-ba-ba-ba, ba-ba-ba-bo, ba-ba-ba-bu ... oder
bla-bla-bla-bla, bla-bla-bla-blo, bla-bla-bla-blu ...
Letzter Vokal wechselt und wird akzentuiert und sehr deutlich gespro-chen.
Anzahl der Silben vor dem betonten Vokal kann variiert werden.

! Lippen nicht zu fest verschließen.

Ü 23 Formungsübung

Z: Wie Ü 22

A: Silbenfolgen sprechen: *mananan**u**, mananan**o**, mananan**a**, mananan**e**,* *mananan**i**.*
Deutliche Ausformung des letzten Vokals.
Variante: *manan**u**, manan**o**, manan**a**, manan**e**, manan**i**.*

Ü 24 Gähnübung

Z: Tiefstellen des Kehlkopfes, Weitung des Ansatzrohres, Resonanzräume schaffen

A: Mit geschlossenem Mund gähnen (so genanntes „Höflichkeitsgähnen"). Um ein Gähnen auszulösen, Zunge für einen Moment an den Gaumen drücken, tief durch die Nase einatmen.

Ü 25 Stöhnen/Seufzen

A: Bewusst tief einatmen. Mit offenem Mund und fallendem Stimmton ausatmen.

Resonanzübungen

Z: Lockerung, optimale Nutzung der Resonanzräume, Erweitern des Stimmvolumens und Erhöhen der Tragfähigkeit, physiologische Stimmbildung

Ü 26 Kauübungen/Kauphonation

Z: Wie oben, außerdem Finden und Einpendeln der physiologischen Sprechstimmlage

A: Verbindung von lustbetontem Kauen und Stimmerzeugung.
Zunächst mit realem Kaugut (Apfel, Kaugummi) üben. Langsam und mit Genuss kauen, später reicht die Vorstellung genussvollen Kauens.
Stimme während des Kauens mitbrummen lassen.
Mund hin und wieder leicht öffnen, Zunge zwischen den Zahnreihen und über die Lippen streichen lassen. So entstehen sinnlose Silben (Kausilben) wie *mnjom, mnjam, mnjäm, njam, njom, ljom, mlum, jläum* (anfangs vorwiegend gerundete Vokale, später weitere). Tonhöhe gleitend verändern (in Annäherung an eine natürliche Sprechmelodie).
Wörter und Sätze einfügen (Atmen, 2-3 Kausilben, Wort oder Wortgruppe anfügen), z. B.:
njom-njam-mein, mnjum-mnjem-Name,
mljom-mnjum-mein Name,
mnjom-mnjom-mnjom-Meister Müller mahle mir-mnjom-mnjom-mnjom- *meine Metze Mehl-mnjom-mnjom-mnjom-meine Mutter muss mir morgen-* *mnjom-mnjom-mnjom-Mehlmus machen.*

Vokale in den Kausilben variieren.
Üben Sie mit immer längeren Texten (Prosa und Lyrik) und reduzieren
Sie die Kausilben.

Textbeispiele/Lyrik

Über allen Gipfeln
Ist Ruh;
In allen Wipfeln
Spürest du
Kaum einen Hauch;
Die Vögelein schweigen im Walde.
Warte nur, balde
Ruhest du auch.
(Goethe, J. W.: Ein Gleiches)

Der Mond ist aufgegangen,
die goldnen Sternlein prangen
am Himmel hell und klar;
der Wald steht schwarz und
schweiget,
und aus den Wiesen steiget
der weiße Nebel wunderbar.
(aus Claudius, M.: Abendlied)

Singet leise, leise, leise,
singt ein flüsternd Wiegenlied,
von dem Monde lernt die Weise,
der so still am Himmel zieht.

Singt ein Lied, so süß gelinde,
wie die Quellen auf den Kieseln,
wie die Bienen um die Linde
summen, murmeln, flüstern, rieseln.
(Brentano, C.: Wiegenlied)

Textbeispiele/Prosa

Eine wunderbare Heiterkeit hat meine ganze Seele eingenommen, gleich den süßen Frühlingsmorgen, die ich mit ganzem Herzen genieße. Ich bin so allein und freue mich so meines Lebens in dieser Gegend, die für solche Seelen geschaffen ist wie die meine. Ich bin so glücklich mein Bester, so ganz in dem Gefühl von ruhigem Dasein versunken, dass meine Kunst darunter leidet. Ich könnte jetzt nicht zeichnen, nicht einen Strich, und bin niemals ein größerer Maler gewesen als in diesen Augenblicken.
(aus Goethe, J. W.: Die Leiden des jungen Werther)

Regentag

Die Wolken hingen wie Wischlappen über den Bäumen; eine große Hand schien sie auszudrücken, und das ausgepresste Wasser tropfte auf die Birkenblätter. Kleine Tropfen strebten zueinander, vereinigten sich und fielen herab.
Das Moos sog sich voll wie ein Schwamm. Eine Wildtaube ließ sich's unter die Flügel regnen. Wir saßen den Sonntag lang unter Tannen, sahen in den Regen und hörten den See mit dem Himmel reden.
(Strittmatter, E.)

Ein blauer, ruhiger See, tief umrahmt von Bergen, die ewiger Schnee deckt. Ein dunkler Saum von Gärten schmiegt sich reich gefaltet bis ans Wasser hinab. Weiße Häuschen, die aus Zucker gegossen zu sein scheinen, blicken vom Ufer in das Wasser hinunter. Ringsum gleicht alles dem friedlichen Traum eines Kindes.

Es ist ganz früh am Morgen. Von den Berghängen steigt ein sanfter Blumengeruch empor. Eben ist die Sonne aufgegangen. Auf den Blättern der Bäume, auf den Halmen der Gräser glänzen noch Tautropfen. Wie ein großes Band zieht sich die Landstraße durch einen Engpass hin. Sie ist mit Steinen gepflastert und scheint doch weich zu sein wie Samt, über den man mit der Hand hinstreichen möchte.
(aus Gorki, M.: Es ist vollbracht)

Die Villa lag hart am Meer. In den stillen, dämmerreichen Piniengängen atmete die satte Kraft der salzhaltigen Seeluft, und eine leichte beständige Brise spielte um die Orangenbäume und streifte hie und da, wie mit vorsichtigen Fingern, eine farbenbunte Blüte herab. Die sonnenumglänzten Fernen, Hügel, aus denen zierliche Häuser wie weiße Perlen hervorblitzen, ein meilenweiter Leuchtturm, der einer Kerze gleich steil emporschoss. Alles schimmerte in scharfen, abgegrenzten Konturen und war, ein leuchtendes Mosaik, in den tiefblauen Azur des Äthers eingesenkt. Das Meer, in das nur selten weit, weit in der Ferne, weiße Funken fielen, die schimmernden Segel von einsamen Schiffen, schmiegte sich mit der beweglichen Weise seiner Wogen an die Stufenterrassen an, von der sich die Villa erhob, um immer tiefer in das Grün eines weiten, schattendunklen Gartens zu steigen und sich dort in den müden, märchenstillen Parks zu verlieren.
Von dem schlafenden Hause, auf dem die Vormittagshitze lastete, lief ein schmaler, kiesbedeckter Weg wie eine weiße Linie zu dem kühlen Aussichtspunkte, unter dem die Wogen in wilden, unaufhörlichen Anstürmen grollten und hie und da schimmernde Wasseratome heraufstäubten, die beim grellen Sonnenlichte im regenbogenfunkelnden Glanz von Diamanten prahlten. Dort brachen sich die leuchtenden Sonnenpfeile teils an den Pinienwichseln, die dicht beisammen wie im vertrauten Gespräche standen, teils hielt sie ein weit ausgespannter japanischer Schirm ab, auf dem lustige Gestalten mit scharfen, unangenehmen Farben festgehalten waren.
(aus Zweig, St.: Vergessene Träume)

Der verwachsene Weg führt durch einen alten Kiefernwald. Er steht auf Sandhügeln, die einander mit der Regelmäßigkeit breiter Dünen ablösen. Diese Hügel sind die Überreste von Moränen aus der Eiszeit. Oben auf den Hügeln blühen Glockenblumen in Mengen, während die Täler ganz mit Farnkraut zugewachsen sind. Die Farnblätter sind auf der Unterseite mit Sporen bedeckt, die wie rötlicher Staub aussehen.
Der Wald ist hier nicht dicht. Man hat eine weite Durchsicht. Die Bäume sind ganz in Sonne getaucht. Dieser Wald bildet nur einen schmalen Streifen (er ist nicht mehr als zwei Kilometer breit), und hinter ihm erstreckt sich eine Sandebene, wo, im Winde blickend und wogend, das Korn reift. Hinter dieser Ebene erstreckt sich, soweit das Auge reicht, alter, dichter Hochwald. Über die Ebene ziehen besonders prächtige Wolken hin. Vielleicht scheint das nur so, weil man hier den ganzen Himmel in seiner Weite sieht. Wenn man durch die Ebene hindurch will, muss man einen der mit Kletten bestandenen Feldraine zwischen den Kornfeldern nehmen. Hier und da sieht man auf den Rainen in großen Inseln die blauen, festen Becher der Buschglocken. ... Dann kommt ein Stückchen feuchter Birkenwald mit Mooskissen, die wie smaragdner Samt glänzen. Hier riecht es immer nach abgefallenem Laub, das noch vom vorigen Herbst am Boden liegt. ...
Oben auf dem Sandberg eine zweite Ruhepause. Ich setze mich auf die heißen Nadeln. Alles, was man anrührt, ist trocken und warm: die alten und längst leer gewordenen Kiefernzapfen, die gelben, durchsichtigen und die wie Pergament raschelnden blättri-

gen Rinden der jungen Kiefern, die bis ins Mark durchwärmten Baustümpfe, jedes ra-
schelnde, duftende Zweigchen. Selbst die Blättchen der Erdbeere sind warm.
Den alten Baumstumpf kann man einfach mit den Fingern auseinander brechen und
sich eine Handvoll brauner, heißer Krümel auf die Hand streuen. Mittagsglut, Stille.
Ein friedlicher Tag eines strohreif gewordenen Sommers.
(aus Paustowski, K.: Die goldene Rose)

Ü 27 Summübungen
Z: Wie Ü 26
A: Lippen liegen locker aufeinander.
     Nasal [m] aus einer mittleren in eine entspannte tiefere Stimmlage abwärts
     summen.
     Nasal [m] mit Vokalen kombinieren, Silben bilden:
     z. B.: mom, mom-mom, mom-mom-mom, mom-mäm-müm-mam, mom-
     mom-müm-müm-mam-mam u. ä.
     Danach Silbenfolgen mit Wörtern verbinden:
     z. B. *mom-mom-mom-Mond, mam-mam-mam-malen, müm-müm-müm-*
     müde, mäm-mäm-mäm-Mädchen, mim-mim-mim-Miene u. ä.
     Erspüren Sie die Vibrationen (Resonanz) an den Lippen (leichtes Krib-
     beln), den Wangenknochen und den Nasenflügeln (Finger locker aufle-
     gen) und im Brustraum (Hand locker auf das Brustbein legen).
     Weiter mit Sätzen und Texten [Ü 26].
!   Lockerheit der Kopf- und Halsmuskulatur beachten.

Lautstärkesteigerungs- und Kraftstimmübungen

Z: Größte stimmliche Leistungsfähigkeit mit geringstem Kraftaufwand und
     geringster Spannung der Kehlkopfmuskulatur, Stimmkonditionierung, Er-
     höhung der stimmlichen Belastbarkeit, Training der Atmung und des
     Glottisschlageinsatzes

Ü 28 Atemwurf und Kraftstimme
Z: Wie oben sowie lockere Federung und Tiefstellung des Kehlkopfes, Wei-
     tung der Resonanzräume, Vorübung für Kommandostimme
A: Grundlage: Gähnübungen, Beherrschen des Atemwurfs.
     Ausatmen, einatmen (Bauchdecke hebt sich).
     Silben *hopp, wopp* oder ähnliche artikulieren. Beim Vokal die Bauchde-
     cke schnell und kräftig nach innen federn (Bauch einziehen, gleiche Be-
     wegung erfolgt unbewusst beim Lachen, Husten, Niesen). Vokal betont
     kurz artikulieren.
     Bewegung mit der Hand kontrollieren. Beobachten und erspüren, wie die
     Bauchdecke in ihre Ausgangslage zurückfedert.

Nun mehrere Silben nacheinander sprechen (Silben variieren):
hopp-hopp-hopp,
hupp-hepp-hüpp,
wopp-wupp-wepp,
dopp-dupp-depp,
Zuletzt Silben mit vokalischem Anlaut (Glottisschlageinsatz), z. B. *opp-upp-epp-üpp.*
Sie sollten das Gefühl haben, dass die Stimme „aus dem Bauch kommt".
Sie können die Übungen auch mit Körperbewegungen verbinden.
Stellen Sie sich z. B. vor, Sie prellen einen Ball und artikulieren im gleichen Rhythmus die Silbe *hopp.*
Sie können dabei auch rhythmisch in den Knien federn.
! Schultern nicht hochziehen (Hochatmung vermeiden).
Physiologische Sprechstimmlage einhalten (nicht höher werden).
Harte Stimmeinsätze vermeiden (Vokal im Anlaut nicht pressen).

Ü 29 Übungen zur Kommandostimme
Z: Wie oben und optimale Stimmstärke
A: Voraussetzung: Beherrschen des Atemwurfs.
Zunächst einsilbige Wörter laut sprechen, z. B. *„Los!", „Lauf!", „Halt!", „Komm!".*
Bauchdecke dabei (wie in Ü 28) beim Vokal ruckartig einziehen.
Nun mehrsilbige Wörter und kurze Wortgruppen sprechen.
Atemwurf erfolgt jeweils auf dem Vokal der betonten Silbe, z. B.
„Peter!", „Achtung!", „Aufpassen!", „Loslassen!", „Platz da!", „Komm her!", „Pass auf!", „Bleib stehn!", „Lauf los!"
! Physiologische Sprechstimmlage einhalten (nicht höher werden).
Harte Stimmeinsätze vermeiden (Vokal im Anlaut nicht pressen).

Ü 30 Steigerungsübungen
Z: Wie oben und Sprechen auf großen Atembogen, Anwendung der Atemstütze
A: Voraussetzung: Beherrschen der Atemstütze.
Mehrere Silben aneinander gebunden auf einen Atem (Atembogen) sprechen, dabei Lautstärke steigern.
Letzte Silbe akzentuieren wie bei Lippenblähübungen. Bauchdecke gespannt halten (Atemstütze), z. B.
ba-ba-ba-ba, blo-blo-blo-blo, ja-ja-ja-ja, da-do-du-da, so-sa-so-sa ...
Nun schließen Sie an die Silbenfolgen Wörter an, z. B. *ba-ba-ba-baden, ja-ja-ja-jagen...*
! Bei Lautstärkesteigerung auf das Einhalten der physiologischen Sprechstimmlage achten (nicht höher werden).

Ü 31 Rufübungen

A: Voraussetzung: Beherrschen der Atemstütze und der Steigerungsübungen.
Bauchdecke straff halten (Atemstütze).
Betont langsam und deutlich sprechen.
Vorstellung: Über eine größere räumliche Distanz oder Störlärm rufen:
Peter, komm her! – Du sollst herkommen! – Mach die Tür zu! – Bring den
Ball mit! – Hallo, warte mal! – Ich komme gleich!

! Physiologische Sprechstimmlage einhalten (nicht höher werden).

Ü 32 Übungen in verschiedenen Spannungsstufen

Z: Wie oben und Bewusstmachen der Spannung und des Atemdrucks [Ü 12]
in unterschiedlichen Kommunikationssituationen

A: Sätze in folgenden verschiedenen Spannungs-/Lautstärkestufen sprechen:
1. Stufe: Gesprächspartner ist in unmittelbarer Nähe.
2. Stufe: Gesprächspartner steht in geringer Entfernung, z. B. in der
anderen Ecke des Raumes, normale Störgeräusche.
3. Stufe: Kraftstimme: Gesprächspartner ist weit entfernt oder starke
Störgeräusche.
Lass das! – Hör auf! – Komm her! – Pass auf! – Guck mal, da! – Ruf noch
lauter!

! Stimme nicht „treppenartig" heben, terminale Satzmelodie verwenden
(„Punkt sprechen"). Harte Stimmeinsätze vermeiden.

Ü 33

Z: Festigen der Kraftstimme

A: Sprechen Sie die folgenden Texte mit großer Lautstärke.
Vorstellung: starker Störlärm.
Sprechen Sie betont langsam und sehr deutlich.

Situation 1: Auf dem Bahnsteig
Vorsicht, der Zug fährt ein!
Tretet bitte vom Bahnsteig zurück!
Beim Einsteigen nicht drängeln!
Achtet darauf, das richtige Abteil zu belegen!
Die Plätze 42 bis 50 sind reserviert.
Am Bahnhof Nordplatz müssen wir umsteigen.
Wartet dort bitte am Gleis 11!

Kinder, unser Zug kommt gleich.
Nehmt eure Sachen!
Achtet darauf, dass ihr nichts vergesst und stehen lasst!
Wir gehen alle in ein Abteil!
Leipzig ist Endstation.
Seht in die Richtung, aus der der Zug kommt!
Drängelt nicht!

Wartet, bis der Zug hält!
Stellt euch in Zweierreihe auf!

Situation 2: Baustelle, große Gruppe von Schülern
Bitte mal herhören!
Wir werden uns jetzt für eine Stunde trennen.
Bitte bildet Dreiergruppen, in denen mindestens einer eine Uhr dabei hat!
Bitte alle in der näheren Umgebung bleiben!
Und nicht vergessen, in einer Stunde treffen wir uns dann hier wieder!
Alles klar, oder sind noch Fragen?
Gut, keine.
Also bis dann und vergesst die Uhrzeit nicht!
Viertel drei sind alle wieder hier am Eingang!

Hört mir bitte alle gut zu!
Jeder überprüft, ob er die Notfallnummer eingesteckt hat!
Keiner geht alleine!
Immer mindestens zu dritt bleiben!
Passt bitte gut auf eure Wertsachen und euer Geld auf!
Lasst nichts liegen!
Wir treffen uns 17.30 Uhr wieder genau hier!
Habt ihr alles verstanden, oder hat noch jemand Fragen?

Situation 3: Auf dem Bahnhof, Wegbeschreibung
Sie wollen zur Universität?
Da gehen Sie am besten gleich hier durch die Halle – zum Bahnhofsvorplatz.
Einige Straßenbahnen fahren zum Augustusplatz.
Dort finden Sie auch die Uni.
Der Weg ist aber nicht besonders weit.
Sie können auch zu Fuß gehen.
Gehen Sie einfach über die beiden Fußgängerampeln.
Dann brauchen Sie nur der Goethestraße zu folgen.
Sie kommen direkt am Augustusplatz an.
Rechter Hand liegen die Universitätsgebäude.
Sie finden sie ganz leicht.

Situation 4: Wegbeschreibung, extremer Verkehrslärm
Sie suchen den Nordbahnhof?
Ich kenne den Weg nicht ganz genau.
Sie gehen geradeaus bis zur nächsten Querstraße.
Sehen Sie die Haltestelle?
Dort steigen Sie in die Linie fünf.
Die dritte Station ist der Hauptbahnhof.
Die Bahn hält genau davor.
Von da aus ist es wohl am besten, Sie fahren mit der S-Bahn.
Das müssten drei oder vier Stationen sein.
Was das für eine Linie ist, weiß ich nicht.
Fragen Sie im Hauptbahnhof nach.

! Physiologische Sprechstimmlage einhalten (nicht höher werden). Harte Stimmeinsätze vermeiden. Atemstütze bewusst kontrollieren.

Komplexübungen

Z: Stimmkonditionierung: Menschen in sprechintensiven Berufen sollten regelmäßig ihre Stimme trainieren, so dass diese größeren stimmlichen Belastungen standhält und Stimmstörungen vermieden werden. Dabei sind die allgemeinen stimmhygienischen Maßnahmen zu beachten [4.6].

A: Beginnen Sie das regelmäßige Training mit körperlichen Lockerungs- und Entspannungsübungen [Ü 1–Ü 4]. Daran schließen sich Übungen zur Körperhaltung und Atmung [Ü 4–Ü 13] an, gefolgt von Lockerungs- und Formungsübungen [Ü 14–Ü 25] über Resonanzübungen [Ü 26–Ü 27] bis hin zu Kraftstimmübungen [Ü 28–Ü 33]. Den Abschluss einer Trainingseinheit sollten immer Übungen zur Lockerung und Entspannung [Ü 1–Ü 3] bilden.

Die folgenden Übungskomplexe zeigen Möglichkeiten für das Stimmtraining auf. Variieren Sie die Übungen gemäß Ihren individuellen Bedürfnissen.

Variante 1: Ü 3, Ü 4, Ü 6, Ü 10, Ü 14, Ü 16, Ü 27, Ü 28, Ü 29, Ü 33, Ü 21, Ü 25, Ü 2

Variante 2: Ü 3, Ü 7, Ü 11, Ü 12, Ü 24, Ü 15, Ü 22, Ü 23, Ü 28, Ü 32, Ü 15, Ü 18, Ü 3

! Keine zu langen Trainingseinheiten, möglichst häufig und regelmäßig üben.

Atmung – Stimme – Aussprache

Funktionskreis	unphysiologisch	physiologisch
Atmung (Respiration)	Hochatmung hörbare Einatmung Zwischenatmung ⇓ geringe Tonhaltedauer sinnwidrige Gliederung nicht kontaktgünstig	kombinierte Atmung nicht hör- und sichtbar Atemstütze ⇓ lange Tonhaltedauer sinnentsprechend kontaktgünstig
Stimme (Phonation)	verlagert verspannt überhöht pathologische Einsätze ⇓ belegt, behaucht, heiser nicht belastbar geringe Resonanz wenig modulationsfähig nicht kontaktgünstig	voll, kräftig physiologische Sprech- stimmlage physiologische Einsätze ⇓ klar belastbar gute Resonanz modulationsfähig kontaktgünstig
Aussprache (Artikulation)	geringe Ausformung geringe Öffnungsweite verlagert ⇓ undeutlich stimmbelastend nicht variabel nicht kontaktgünstig	gute Ausformung gute Öffnungsweite nicht verlagert ⇓ deutlich stimmentlastend situativ angemessen kontaktgünstig

unibuch leipzig

niversitätsbuchhandlung Leipzig
NL der Goethe + Schweitzer GmbH
chweitzer Fachinformationen
niversitätsstraße 20, 04109 Leipzig
el.: (0341) 216370, Fax (0341) 21637101
t.Nr.: 103/5730/0247, Ust-ID: DE119263102
G Düsseldorf HRB 14628

undennummer 0

99658   10.10.2016 10:19:11

prechwissenschaft/Sprecherziehung
enke, Siegrun (Hrsg.)
1 Expl. 9783631623688   19,80=   19,80 EUR

                                   19,80 EUR

etto	7,0% =	18,50 EUR
ust	7,0% =	1,30 EUR

----
unne   19,80 EUR

C-Karte   19,80 EUR

eistungsdatum entspricht Rechnungsdatum

**** Vielen Dank *****

ail: leipzig§schweitzer-online.de
ternet: www.schweitzer-online.de
öffnete Software und CDs sind
n Umtausch ausgeschlossen!

Empfehlungen zur Stimmhygiene

Für Angehörige sprechintensiver Berufe ist die Stimme das wichtigste „Handwerkszeug". Jeder kann ohne großen Aufwand zur Gesunderhaltung seiner Stimme beitragen.

Achten Sie auf:

- aufrechte unverspannte *Körperhaltung* (auch im Sitzen),
- bewusst gesteuerte *Atmung* (kombinierte Atmung, Atemstütze),
- unverspannte, nicht rückverlagerte *Stimmgebung* und Einhalten der physiologischen *Sprechstimmlage* (individueller gesunder Tonhöhenbereich),
- deutlich ausgeformte *Aussprache*, ausreichende Öffnungsweite (Zahnreihenabstand).

Beachten Sie auch die folgenden Hinweise:

- Vor längerem Sprechen sollten Sie Ihren Sprechapparat „anwärmen", sich *einsprechen* (Entspannungs-, Atem-, Lockerungs-, Lautstärkesteigerungsübungen).
- Die *Kehlkopfschleimhaut* ist sehr empfindlich und trocknet leicht aus.
- Sorgen Sie für ausreichende Luftfeuchtigkeit im Raum (regelmäßig lüften).
- Trinken Sie ausreichend (Achtung: Kaffee und schwarzer Tee können die Stimmlippen austrocknen, Milch kann verschleimen.).
- Bei gelegentlichem Trockenheitsgefühl oder bei Hustenreiz helfen mentholfreie Lutschtabletten (z. B. Emser Salz).
- Rauchen reizt die Stimmlippen und kann zu dauerhaften organischen Schäden führen.

- *Psychische Beeinträchtigungen* können sich ungünstig auf die Stimme auswirken, sie unter Umständen schädigen.
- Eignen Sie sich Entspannungstechniken an.
- Bemühen Sie sich, auch in schwierigen, angespannten Situationen bewusst „in den Bauch" zu atmen, langsam und ruhig zu sprechen und die Stimme nicht zu überhöhen.

- *Räuspern* Sie sich nicht, wenn Ihre Stimme belegt ist („Frosch im Hals"). Schonender ist: Schlucken, Trinken, Lutschen oder vorsichtiges Husten.

- Häufiges oder längeres *Flüstern* belastet die Stimme. Flüstern Sie keinesfalls, „um die Stimme zu schonen" (z. B. bei Erkältung). Sprechen Sie dann so wenig wie möglich und mit geringer Lautstärke (Schonstimme).

- Passen Sie Ihre *Lautstärke* immer der Sprechsituation an. Viele Berufssprecher sprechen häufig zu laut. Besser ist es, deutlich zu artikulieren, klar zu gliedern und langsam zu sprechen.

Beginnende stimmliche Fehlfunktionen können Sie an folgenden Symptomen erkennen:

- Trockenheitsgefühl,
- Räusperzwang,
- Fremdkörper-/Kloßgefühl,
- Spannungsgefühl,
- schnelle stimmliche Ermüdung („Sprechunlust", Sprechen strengt an),
- Heiserkeit,
- Brennen,
- Schmerzen.

Sollten Sie nach Sprechbelastung solche Symptome oder länger als 14 Tage andauernde Heiserkeit bemerken, suchen Sie unbedingt einen Phoniater (Facharzt für Stimm- und Sprachheilkunde) oder einen Facharzt für HNO-Heilkunde auf.

5 Pathologie des Sprechprozesses

5.1 Begriff

Störungen des Sprechens gliedern sich in Stimm-, Sprach- und Sprechstörungen. Hier soll ein Überblick über ausgewählte Störungsbilder gegeben werden, die einerseits im Hinblick auf die Ausübung eines sprechintensiven Berufes relevant sind und andererseits zukünftige Lehrer befähigen sollen, diese Störungen bei Kindern und Jugendlichen zu erkennen und besser zu verstehen, um daraus ein angemessenes Verhalten gegenüber den Betroffenen, deren Eltern und Mitschülern zu entwickeln.

Die Leitsymptome jeder *Stimmstörung* sind Klangveränderungen und eingeschränkte Leistungsfähigkeit, häufig verbunden mit einer Reihe von Missempfindungen. Die Stimme klingt z. B. heiser, belegt, rau, kratzig, und sie ermüdet schnell. Zudem stören Trockenheit, Schmerzen, Kloßgefühl im Hals oder ein ständiger Räusperzwang. Die Ursachen für Stimmstörungen können mannigfaltig sein. Bei primär organischen Stimmstörungen ist eine organische Veränderung (besonders der Stimmlippen) festzustellen (z. B. Entzündungen, Polypen, Missbildungen, schwache Kehlkopfkonstitution). In der Folge stellen sich in den meisten Fällen Funktionseinschränkungen ein. Es gibt aber auch Stimmstörungen, die ihre Ursache allein in einem falschen Stimmgebrauch haben, also funktionell bedingt sind. Mitunter können auf Grund einer solchen falschen Stimmfunktion organische Veränderungen entstehen (z. B. Stimmlippenknötchen). Es handelt sich dann also um eine funktionelle Störung mit sekundären organischen Veränderungen. Daneben gibt es Stimmstörungen, die sich im Zusammenhang mit der stimmlichen Entwicklung ausbilden (z. B. Mutationsstimmstörungen). Zudem können Stimmstörungen auch ausschließlich psychische Ursachen haben (z. B. psychogene Aphonie).

Sprach- und Sprechstörungen werden in der Literatur unterschiedlich definiert. In Anlehnung an Becker/Sovák (1983, 18) soll hier unter *Sprach-' und Sprechstörungen* das völlige oder teilweise Unvermögen eines Menschen verstanden werden, die Laut- oder/und Schriftsprache nach Inhalt und Form normgerecht zu gebrauchen, so dass die Erkenntnistätigkeit eingeschränkt, die Verständigung behindert oder die soziale Wirksamkeit eines Menschen eingeschränkt wird. „Nicht hinzuzuzählen sind entwicklungsbedingte Störungen. Als solche werden Fehlleistungen bezeichnet, die im Sprachlernprozess über eine gewisse Zeitdauer bestehen und dann spontan korrigiert werden." (Lemke 1988, 25 f.) Die Altersgrenze wird verschieden angegeben [3.2]. Zu unterscheiden ist zwischen Störungen der Lautbildung, einschließlich lexikalischer und grammatischer Defizite (z. B. Sprachentwicklungsverzögerung) und Störungen des Redeflusses (z. B. Stottern).

5.2 Diagnostik und Therapie

Die Diagnostik von Stimmstörungen gehört in die Hand des HNO-Arztes, bei Sprechberufen möglichst in die eines Facharztes für Sprach-, Stimm- und kindliche Hörstörungen bzw. eines Facharztes für Phoniatrie und Pädaudiologie. Diese praktizieren an jeder Universitäts-HNO-Klinik oder auch in eigener Niederlassung und arbeiten unmittelbar mit Klinischen Sprechwissenschaftlern, Stimm- und Sprachheilpädagogen oder Logopäden zusammen.
Bei einer Erkrankung der Stimme sollte, nach einer nur kurzen Zeit der Selbstbehandlung, der Weg möglichst bald zum Facharzt führen, der im Bedarfsfall an eine Spezialabteilung oder -praxis für Stimm-, Sprach- und kindliche Hörstörungen weiter überweisen wird. Wer einen Sprechberuf ausübt, sollte wissen, dass eine längere Selbsttherapie nicht einen Lokalbefund ersetzt, mit dem sowohl die organischen als auch die funktionellen Parameter genau abgeklärt werden, um danach die therapeutischen Maßnahmen auszurichten. Das kann auch ein Hausarzt nicht leisten, weil er den Kehlkopf nicht einsehen kann. Es ist zudem besser, im aktuellen Fall eine kurze Zeit mit Stimmruhe und weiteren Maßnahmen in Kauf zu nehmen, als z. B. mit einem Infekt weiter zu unterrichten und sich u. U. eine schwerwiegende Stimmstörung zuzuziehen.

Ziel einer Stimmfunktionstherapie ist der Abbau der vorhandenen Fehlhaltungen im Bereich der Funktionskreise Atmung, Stimme, Aussprache und damit, unter Berücksichtigung der beruflichen Anforderungen und individuellen Möglichkeiten, die Wiederherstellung der stimmlichen Leistungsfähigkeit. Neben Entspannungsübungen wird an den Bereichen Körperhaltung, Atmung, Lockerung, Resonanz, Kräftigung und an einem optimalen artikulatorischen, nach vorn verlagerten Ansatz [4.4] gearbeitet. Ein wichtiger Bestandteil der Übungstherapie ist die Anleitung zum *funktionellen Hören* [4.1]. Die Methoden der Stimmtherapie unterscheiden sich insgesamt nicht grundsätzlich von denen der Sprecherziehung. In der Therapie steht jedoch nicht die Ausbildung und weitere Vervollkommnung der Stimme im Vordergrund, sondern der rehabilitative Aspekt.
Entgegen der früheren Meinung, dass die *Stimmtherapie bei Kindern* ausschließlich in der Aufklärung des Kindes und der Eltern bezüglich notwendiger Sprechhygiene sowie im Ausstellen einer Singbefreiung bestehen sollte, wird heute durchaus für eine aktive Übungstherapie plädiert. Man sollte bei derartigen Auffälligkeiten nicht warten, sondern das Gespräch mit den Eltern suchen, damit möglichst bald eine entsprechende Diagnostik eingeleitet werden kann. In der Regel wird dann auch eine Singbefreiung ausgestellt, damit das Kind die Stimme gezielt schonen kann und keine Nachteile durch die Zensierung des Singens erleidet.
In den genannten Einrichtungen werden ebenfalls-Sprach- und Sprechstörungen hinsichtlich aller für die jeweilige Störung geltenden Parameter diagnostiziert

und therapiert. Die Diagnostik einer kindlichen Sprachstörung gestaltet sich auf Grund der Komplexität aller Ursachen und Erscheinungsformen als besonders aufwändig. Vor jeder vertiefenden Diagnostik der sprachlichen Ausfälle muss zunächst eine ausführliche Hördiagnostik durchgeführt werden. Die Therapie hängt vom Umfang und Schweregrad der jeweiligen Störung ab und kann in bestimmten Fällen äußerst langwierig sein.

Nach einer Verordnung durch den Facharzt werden Stimm-, Sprach- und Sprechtherapien in der Regel von an Kliniken angestellten oder in eigener Praxis niedergelassenen Therapeuten durchgeführt. Das können Klinische Sprechwissenschaftler, Stimm- und Sprachheilpädagogen, Logopäden, Klinische Linguisten und andere von den Krankenkassen anerkannte Berufsgruppen sein. Die Kosten werden nach festgelegten Heilmittelrichtlinien bei entsprechender Zuzahlung des erwachsenen Patienten von den Krankenkassen übernommen.

5.3   Häufige Stimmstörungen
5.3.1   Organisch bedingte Stimmstörungen

Organische Stimmstörungen können angeboren sein. Ein eher kleiner Kehlkopf z. B. bietet keine günstigen Voraussetzungen für eine sprechintensive Tätigkeit als Lehrer. Das Gleiche gilt für Missbildungen wie Kehlkopfschiefstand oder Asymmetrien im Kehlkopfbereich. Meist sind organische Störungen jedoch erworbene Störungen.

Entzündungen
Im Zusammenhang mit einem Erkältungsinfekt kommt es in vielen Fällen durch eine akute Entzündung des Kehlkopfes (*Laryngitis*) zu erheblichen stimmlichen Beschwerden. Neben den bekannten Erkältungssymptomen treten auch stimmliche Defizite auf. Die Stimme klingt heiser bis völlig tonlos, das Sprechen strengt an.
Durch einen mit der Erkältung verbundenen Schnupfen wird die nasale Resonanz verändert (die Stimme klingt „verstopft") und damit das klangliche Ergebnis zusätzlich beeinflusst. Zudem schaffen Schluckbeschwerden durch eine Rachenentzündung (*Pharyngitis*) oder eine Mandelentzündung (*Tonsillitis*) Missempfindungen. Häufig sind diese Symptome vor den stimmlichen zu bemerken. Betroffene empfinden den stimmlichen Zustand zwar als lästig und unangenehm, sehen aber keinen Grund, deswegen zum Arzt zu gehen. Ursächlich lassen sich die stimmlichen Einschränkungen dadurch erklären, dass die Stimmlippen gerötet sein können, anschwellen und es zu vermehrter Schleimauflagerung kommt. Dadurch werden die physiologischen Schwingungsverhältnisse gestört, die Stimme wird heiser.

Auch wenn nicht bei jeder kleinen Erkältung, zumal wenn sie ohne Fieber verläuft, der Arzt aufgesucht werden muss, sollte im Sprechberuf und bei anhalten-
den Beschwerden bzw. bemerkbaren Leistungseinschränkungen nicht länger als
eine Woche damit gewartet werden. Dies ist deshalb so wichtig, weil sich nicht
selten aus einer unzureichend behandelten Erkältung eine funktionelle Störung
entwickelt. Häufig tritt dies schon ein, wenn über mehrere Tage mit einer Laryngitis die Sprechtätigkeit weiter ausgeübt wird. Diese funktionellen Störungen
bleiben in der Regel länger bestehen und bedürfen einer weit aufwändigeren
Therapie als eine professionell geleitete Infektbehandlung.

Sollte der Arzt im Rahmen der Behandlung für einige Tage Stimmruhe verord-
nen, dann sollte diese Verordnung wörtlich genommen werden, d. h., es darf
während dieser Zeit nicht gesprochen und auch nicht geflüstert werden. Zudem
sollten zukünftige Musiklehrer das Hören von Musik einschränken, da beim Hören das sogenannte „innere Sprechen" ausgelöst wird, bei dem in sehr geringem
Maße auch Stimmlippenbewegungen vollzogen werden. Aus diesem Grunde
sollten sie während der Zeit der Stimmruhe auch vermeiden, intensiv Noten zu
lesen oder zu lernen. Wenn Kinder eine Erkältung haben, aber noch am Unterricht teilnehmen dürfen, so sollte der Lehrer sie während dieser Zeit (auch ohne
ärztliches Attest) vom Singen freistellen und darauf achten, dass sie nicht extra-
laut sprechen oder gar schreien. Besser wäre es jedoch, das Kind würde für einige Tage zu Hause bleiben, vor allem nicht zu zeitig wieder die Schule besuchen.

Stimmlippenknötchen
Diese organischen Veränderungen entstehen ausschließlich durch falschen
Stimmgebrauch und sind ein häufiges Störungsbild im Lehrerberuf. Als sekundäre organische Veränderung auf Grund einer funktionellen Dysphonie treten
für den Betroffenen neben Leistungsminderung und Heiserkeit in der Regel die
Symptome auf, wie sie bei der funktionellen Dysphonie beschrieben werden.
Durch eine hohe Sprechbelastung, auch durch zu lautes bzw. unangemessen lautes Sprechen bilden sich kleine Verdickungen an den Stimmlippen, die immer
doppelseitig auftreten.

Für zukünftige Lehrer ist es notwendig zu wissen, dass auch Kinder sehr häufig
hyperfunktionelle Stimmstörungen [5.3.2] haben. Der Begriff „Schreiknötchen"
weist besonders darauf hin. Es sind im Allgemeinen die lebhaften, aufgeschlos-
senen Kinder, die ständig etwas zu erzählen haben und sich damit meist auch
sehr lautstark durchsetzen. Die noch zarten Stimmlippen der Kinder halten dieser Belastung nicht stand, die manchmal noch durch Sportarten verstärkt wird,
die zu starkem Stimmeinsatz herausfordern (z. B. Fußball). Dann können schon
im jungen Alter, häufig schon im Kindergartenalter, Stimmlippenknötchen entstehen. Jungen sind davon häufiger betroffen als Mädchen. In der Regel bilden
sich diese Knötchen während der Mutation zurück. Zu stimmlichen Leistungs-
minderungen kommt es bei Kindern nur in extremen Fällen.

Stimmlippenpolypen und -ödeme

Diese Organveränderungen bemerkt der Patient in der Regel nicht sofort, sondern häufig erst nach Wochen oder Monaten ihres Bestehens. Die Stimme ist unterschiedlich stark heiser, und zunehmend wird eine stimmliche Ermüdung schon nach wenigen Unterrichtsstunden empfunden, die auch nicht durch Erholung am Wochenende ausgeglichen werden kann.

Polypen der Stimmlippen sind in der Regel gutartige Veränderungen an den Stimmlippen, die meist einseitig auftreten. Die Entstehungsursachen sind noch nicht vollständig aufgeklärt. Abgesehen von einer Disposition zu dieser Neubildung gehen sie jedoch häufig einher mit stimmlicher Überlastung, chronischen Entzündungen und Rauchen. So sind 80 % der Betroffenen starke Raucher (Wendler et al. 1996, 135).

Ödeme der Stimmlippen können sehr verschiedene Ursachen haben. So treten sie u. a. als Bestrahlungsfolgen oder auch als Folge von Allergien auf. Besonders hingewiesen werden muss aber auf das so genannte *Reinke-Ödem*, für das auf Grund einer chronischen Entzündung in der Kombination mit starkem Rauchen besonders Frauen prädestiniert sind und das häufig bei Lehrerinnen vorkommt, da ein hohe Sprechbelastung verstärkend wirkt.

Die beschriebenen Organveränderungen werden obligatorisch mit einer Stimmfunktionstherapie behandelt, um die immer vorhandenen Fehlfunktionen abzubauen. Zwingend operativ entfernt werden Polypen, woran sich eine Stimmübungsbehandlung anschließen sollte. Bei Ödemen und Knötchen bevorzugt man häufig eine sogenannte „Sandwich-Therapie". Sie beginnt mit einer Übungstherapie. Entsprechend den Rückbildungstendenzen der organischen Veränderungen wird über die Notwendigkeit einer Operation entschieden. Ist eine mikrolaryngoskopische Abtragung durch den Arzt nötig, so schließt sich daran eine weitere Übungstherapie an, in der das bisher Erarbeitete unter nun günstigeren organischen Verhältnissen fortgesetzt und abgeschlossen wird [5.2].

Stimmlippenlähmungen

Ein Patient mit einer Stimmlippenlähmung (*Stimmlippenparese*) befindet sich meist schon vor Eintreten der Lähmung in ärztlicher Kontrolle, weil bei einer Schilddrüsenoperation als einer der häufigsten Ursachen für eine Lähmung bereits vor der Operation die Funktionsfähigkeit der Stimmlippen beurteilt wird. Bei einer Schilddrüsenoperation sind mechanische Ursachen für die Lähmung verantwortlich, weil der sehr empfindliche Nerv, der die Stimmlippen versorgt (Nervus recurrens), im Operationsgebiet verläuft. Es kommt aber auch vor, dass nach einem, meist harmlos verlaufenden oder kaum bemerkten, Infekt die Stimme besonders schwach oder behaucht bestehen bleibt. In diesem Fall muss vermutet werden, dass ein Virus den Nerv geschädigt hat. Auch ein Zeckenbiss

kann als Ursache in Frage kommen. Da eine Stimmlippenlähmung für den Patienten fast immer ein spürbarer Einschnitt in sein Leben bedeutet, sucht er in der Regel den Arzt von sich aus auf. Allerdings muss auch ohne das Vorliegen subjektiver Symptome dringend empfohlen werden, bei einem Zeckenbiss zum Hausarzt zu gehen, um eine medikamentöse Therapie einleiten zu lassen.
Zu unterscheiden sind einseitige und doppelseitige Lähmungen. Während bei der einseitigen Lähmung die schlechte Stimmqualität im Vordergrund steht, ist es bei der doppelseitigen Stimmlippenlähmung das Problem der Atemnot. Da sich beide Stimmlippen nicht bewegen, können sie sich auch nicht ausreichend zur Einatmung öffnen, sondern bilden einen schmalen Spalt. Therapeutisch wird daher bei einseitiger Lähmung eine bessere Stimme angestrebt, bei der doppelseitigen hingegen die Sicherung der notwendigen Luftzufuhr.

5.3.2 Funktionell bedingte Stimmstörungen

Funktionelle Dysphonie
Funktionelle Dysphonien sind ein sehr häufiges Störungsbild, besonders bei Menschen, die in einem Sprechberuf tätig sind. Die Betroffenen bemerken, dass ihre Stimme heiser und angestrengt ist und auch die anderen Parameter des Stimmbefundes [5.2] den Kriterien einer normalen gesunden Stimme nicht mehr genügen, z. B. wird die Lehrerstimme schon nach wenigen Unterrichtsstunden kraftlos, und es bedarf zunehmend erheblicher Anstrengungen, um den beruflichen Anforderungen gerecht zu werden. Zusätzlich zu den möglicherweise ohnehin erheblichen psychischen und physischen Leistungsanforderungen kommt es häufig zu negativen emotionalen Reflexionen, weil das eigentliche „Handwerkszeug" für die Sprechtätigkeit nicht mehr zur Verfügung steht. Dies kann nur bis zu einem gewissen Grad kompensiert werden. Wenn das subjektive Wohlbefinden deutlich beeinträchtigt ist, was bis zu Versagens- und Existenzängsten führen kann, dann hat die Störung Krankheitswert erreicht.
Je nach dem von der Norm abweichenden Krafteinsatz bei der Stimmerzeugung wird die häufigere *hyperfunktionelle* (zu viel Kraft) und die selten isoliert auftretende *hypofunktionelle* (zu wenig Kraft) *Dysphonie* unterschieden. Nicht selten sind aber auch Mischformen. Auf die meist hyperfunktionellen Dysphonien mit Stimmlippenknötchen bei Kindern wurde bereits hingewiesen [5.3.1]. Der Organbefund einer funktionellen Dysphonie zeigt eine große Variabilität von vollkommen unauffällig über leichte Rötungen als Folge der Überlastung, Schleimauflagerungen bis hin zu Stimmlippenknötchen [5.3.1]. Der stroboskopische Befund [5.2] jedoch zeigt fast immer Abweichungen. Der Stimmbefund weist in der Regel typische Merkmale auf, die fakultativ vorhanden sein können:

• leichte bis starke Heiserkeitsgrade,
• meist angestrengte und nach hinten verlagerte Stimmgebung [4.3.1],

- harte, manchmal auch behauchte Vokaleinsätze [4.3.2],
- verkürzte Tonhaltedauer,
- verminderter Stimmumfang, besonders an der oberen Grenze,
- geringes oder nicht vorhandenes Schwelltonvermögen,
- unökonomische und nicht physiologische Phonationsatmung (Hochatmung, verkürzte Phonationsphasen) [4.2],
- verspannte Artikulationsmuskulatur [4.4],
- Lippenbreitzug, geringe Kieferöffnungsweiten [4.4].

Gesamttonus und Körperhaltung wirken bekanntermaßen auf die Stimmerzeugung. Verspannungen von Hals, Schultern und Extremitäten weisen auf eine hyperfunktionelle Genese, schlechte Aufrichtung und Spannungsarmut des gesamten Körpers auf eine hypofunktionelle Grundhaltung hin. Ursächlich kann es zu dieser Symptomatik kommen, wenn das Gleichgewicht zwischen individuellen stimmlichen Voraussetzungen (Konstitution, Ausbildung) und beruflichen oder privaten Leistungsanforderungen an die Stimme nicht mehr gewährleistet ist. Daraus ergibt sich ein multikausales Entstehungsgefüge der funktionellen Dysphonien mit einer großen interindividuellen Bandbreite, so dass sich erst im Verlauf der Therapie zeigt, welche Anteile die genannten Faktoren beim Entstehen des Krankheitsbildes haben. In einem Sprechberuf ist der falsche Stimmgebrauch eine sehr häufige Ursache für eine funktionelle Dysphonie, so z. B. wenn der Lehrer keine gute Sprechtechnik hat. Dazu kommt oft falsches stimmliches Verhalten (zu lautes und/oder zu langes Sprechen, die Stimme auch in den Pausen nicht zur Ruhe kommen lassen). Manches zusätzliche Pausengespräch ist verzichtbar, für die Stimme sind aber schon kleine Ruhepausen sehr wichtig. Oft wird auch das methodische Vorgehen nicht auf die stimmlichen Anforderungen abgestimmt. Der Lehrer muss z. B. keine Texte vortragen, die auch Schüler lesen könnten, und der Sportlehrer muss nicht alle Kommandos verbal geben.
Es geht also bei der Vermeidung von Stimmstörungen um eine gute Pflege des „Werkzeugs Stimme", damit der enge Zusammenhang zwischen konstitutionellen organischen Voraussetzungen, individuell-psychischen und sozialen Faktoren nicht irgendwann die gesamte Persönlichkeitsentfaltung einschränkt und der Lehrer allein aus stimmlicher Leistungsminderung erhebliche berufliche Probleme bekommt.

Psychogene Aphonie und psychogene Dysphonie
Besondere Formen funktioneller Stimmstörungen sind die psychogene Aphonie und die psychogene Dysphonie. Der Patient kann bei der *psychogenen Aphonie* meist ganz plötzlich oder innerhalb weniger Stunden nicht mehr klanghaft sprechen. Er ist vollkommen unfähig, einen Ton zu erzeugen, flüstert oder versucht, pressend Stimme zu erzeugen, bleibt aber tonlos. Der Kehlkopfbefund ist unauf-

fällig. Oft haben die Patienten einen längeren frustranen Behandlungsweg hinter sich mit verschiedenen Medikamentengaben, Arbeitsausfallzeiten und dem zunehmenden Bewusstsein, dass eine sehr schwere Störung vorliegt. Irgendwann kommen die Patienten nach vielen Arztbesuchen doch in eine Spezialabteilung für Stimm- und Sprachstörungen, wo der erfahrene Therapeut mit geeigneten Methoden die Stimmerzeugung wieder möglich machen, die Stimme wieder „holen" kann. Dies gelingt meist in einer Sitzung. Die *psychogene Dysphonie*, bei der noch eine heisere, behauchte, häufig auch brüchige Stimme zu hören ist, wird entsprechend ihrer Symptomatik wie eine funktionelle Dysphonie behandelt [5.2].

Im Unterschied zu der bei jeder anderen Stimmstörung möglichen psychischen Mitbeteiligung sind diese Störungen ausschließlich psychisch bedingt. Beide Störungen können durch lang andauernde, aber auch durch akute psychische Belastungen verursacht werden, die sich an der Stimme als körperlichem „Ventil" anlagern. Selbstverständlich muss die psychische Genese während der Therapie thematisiert werden, wobei im Einzelfall zu entscheiden ist, ob noch eine psychotherapeutische Mitbehandlung angezeigt ist. Die psychogenen Stimmstörungen entziehen sich bezüglich ihrer Vermeidung dem direkten Bemühen des Patienten. Gleichwohl lässt sich durch allgemeine Psychohygiene, so z. B. durch rechtzeitiges Bemühen um Konfliktlösung bei erkannten persönlichen Problemen, manchen Folgeschäden im körperlichen Bereich vorbeugen.

Mutationsfistelstimme und unvollständige Mutation
Die Dauer der Mutation ist sehr unterschiedlich, endgültig ist sie z. T. erst nach zwei bis drei Jahren abgeschlossen [3.3]. Wenn jedoch zwischen dem 13. und dem 15. Lebensjahr keinerlei Anzeichen einer beginnenden Mutation erkennbar sind, sollte man die Eltern darauf hinweisen und einen Arztbesuch anregen, damit organische Störungen ausgeschlossen werden können.

Bei der *Mutationsfistelstimme* bemerken die männlichen Patienten oder ihr soziales Umfeld, dass die Stimme trotz abgeschlossener Pubertät sehr hoch, ähnlich einer Kinderstimme klingt, was natürlich zu Selbstwertproblemen führt. Die *unvollständige Mutation* wird weitaus weniger, häufig gar nicht bemerkt, weil die Stimme zwar abgesunken ist, allerdings nicht die volle Tiefe der männlichen Stimme erreicht. Häufig wird diese Symptomatik erst nach Jahren festgestellt, wenn das Beschwerdebild einer sekundär entstandenen funktionellen Dysphonie vorliegt. Mutationsstörungen bei Frauen treten gelegentlich mit Symptomen geringer Heiserkeit und Brüchigkeit auf, vor allem bei konstitutionell kleinen Stimmen. Seltener ist bei Frauen die so genannte *perverse Mutation* mit einer Vertiefung der Stimme bis in die Männerlage, die in der Regel hormonelle Ursachen hat. Sofern abgesichert ist, dass keine pathologischen Verhältnisse organisch-hormoneller Art vorliegen, sind Mutationsstörungen fehlende oder falsche funktionelle Anpassungen an die neuen Größenverhältnisse des gewachsenen

Kehlkopfes. Begleitet sein können diese Erscheinungen aber auch von psychischen Aspekten. So spricht man von besonderer Mutterbindung, aber auch einer gewissen Scheu vor dem Erwachsenwerden oder anderen psychischen Hintergründen.

Die Funktionstherapie ist bei der Mutationsfistelstimme im Allgemeinen sehr erfolgreich, so dass die Stimme häufig schon nach wenigen Tagen konstant in der Männerlage benutzt wird. Die Absenkung um nur wenige Töne bei der unvollständigen Mutation ist, wenn sie mit einer Hyperfunktion verbunden ist, sehr viel therapieaufwändiger, zudem prognostisch nicht so günstig. Präventiv lassen sich diese Störungen bis zu einem gewissen Grade vermeiden, wenn der Stimmwechsel mit Gelassenheit, aber aufmerksam verfolgt wird, was auch für die Beobachtung der Schüler gilt. Bei Beurteilungsunsicherheit über Dauer und Stimmqualität in dieser Zeit [3.3] sollte ein Phoniater oder HNO-Arzt aufgesucht werden. Singen ist während der Mutation möglich, allerdings sollte intensive Chorarbeit vermieden, kein Druck auf die Schüler ausgeübt, schon gar nicht die Leistung zensiert werden.

5.4 Häufige Sprach- und Sprechstörungen
5.4.1 Sprachentwicklungsverzögerung

Ein Kind mit einer Sprachentwicklungsverzögerung (SEV) wird in der Regel im Vorschulalter durch eine von der Norm [3.2] abweichende Sprache auffällig. Die Störung erstreckt sich individuell von einem völligen Ausbleiben der Sprachentwicklung oder deren starker Verlangsamung über mehr oder minder schwere Störungen der Grammatik (Dysgrammatismus) und Defizite im Wortschatz bis zu schweren Lautbildungsstörungen oder auch nur der Störung eines Einzellautes. Eine Vielzahl von Ursachen, so z. B. sprachliche Minderbegabung, Wahrnehmungsschwächen, Intelligenzschäden, Milieuschäden können zu einer SEV führen.

Bis zum Schuleintritt sollten alle Lautbildungsstörungen abgebaut und ein altersgemäßer Wortschatz ohne grammatische Fehlleistungen [3.2] vorhanden sein. Nicht immer sind jedoch die Eltern aufmerksam genug und in der Lage, die notwendigen Untersuchungen und Therapien rechtzeitig zu veranlassen, so dass die Störungen mit Schulbeginn noch nicht behoben sind. Daher kommt dem Lehrer eine besondere Verantwortung in der Beobachtung der Kinder und der Zusammenarbeit mit den Eltern zu.

5.4.2 Stammeln

Stammeln (Dyslalie) bezeichnet die Unfähigkeit, Sprachlaute normgerecht zu bilden oder als Phonem anzuwenden. Es tritt zumeist im Vorschulalter auf und kann einzelne oder mehrere Lautgruppen betreffen. Vorübergehende entwicklungsbedingte Lautfehlbildungen (*physiologisches Stammeln*), die während der Zeit des Spracherwerbs [3.2] spontan korrigiert werden, zählen nicht zu den pathologischen Störungen. Stammeln kann als Symptom einer SEV [5.4.1] auftreten, aber auch als eine Teilleistungsstörung, die u. a. durch Wahrnehmungs- und Kognitionsschwächen, aber auch durch Schwierigkeiten bei der Programmierung und Ausführung lautlicher Abläufe bedingt sein kann (Wendler et al. 1996, 232).

„Da die s-Laute zu den schwierigsten Lauten des Deutschen zählen ..., nehmen Sigmatismen unter den Dyslalien einen breiten Raum ein. Sigmatismen sind Fehlbildungen der s-Laute und deren Lautverbindungen ... Es erscheint nicht angebracht, auch Fehlbildungen anderer Zischlaute (sch, ch) hinzuzuzählen, ... da ihre Bildungsweise von der des s-Lautes verschieden ist ... Häufig treten s-Fehler bei ansonsten völlig korrekter Zischlautbildung auf." (Lemke 1988, 32) Von den vielfältigen Formen des Sigmatismus seien hier lediglich die häufigsten genannt.

- Der häufigste s-Fehler im Erwachsenenalter ist der *Sigmatismus addentalis*. Die Zungenspitze berührt die Hinterfläche der oberen Schneidezähne, die Rinnenbildung unterbleibt. Der Laut klingt unscharf und stumpf.

- Beim *Sigmatismus interdentalis* wird die Zungenspitze zwischen obere und untere Schneidezähne geschoben. Die Luft kann nicht zentriert entweichen und es entsteht ein verwaschenes, dumpfes Geräusch. Zudem ist diese Fehlbildung auch optisch auffällig.

- Der stark auffallende *Sigmatismus lateralis* ist durch fehlende Rinnenbildung im Zungenrücken gekennzeichnet. Die Luft entweicht seitlich über Zunge und Zähne in die Wangentasche und ein unangenehm „schlürfendes" Geräusch entsteht. Hinzu kommt die starke optische Auffälligkeit, da meist der Mundwinkel nach dieser Seite zurückgezogen wird.

Die Indikation zu einer Therapie ist bei allen Sigmatismen gegeben, jedoch muss berücksichtigt werden, dass der durchaus als Fehlbildung wahrzunehmende Sigmatismus addentalis im Laufe der letzten Jahre eine relativ hohe gesellschaftliche Akzeptanz erreicht hat und häufig nicht mehr als Fehler registriert wird. Da dieser Artikulationsfehler auch in den Medien, selbst bei Berufssprechern wie Schauspielern und Moderatoren, zunehmend toleriert wird, ist bei den Betroffenen die Motivation zu einer Behebung des s-Fehlers sehr unterschiedlich ausgeprägt. Gleichwohl sollten derartige Entwicklungen nicht als Qualitätsmerkmal angesehen werden, und es ist auch bei diesem Sigmatismus eine Therapie zu erwägen, weil die genannte gesellschaftliche Akzeptanz keine Regel ist und im Einzelfall durchaus berufliche Nachteile entstehen können. Zudem sollte bei Tätigkeiten im Bildungsbereich auch immer die Vorbildwirkung gegenüber den Schülern berücksichtigt werden, so dass jedem Betroffenen zum Abbau dieser Fehlleistung zu raten ist, was sich bei den stark auffälligen anderen s-Laut-Störungen ohnehin von selbst gebietet.

5.4.3 Redeflussstörungen

Stottern (Balbuties)

Stottern ist eine sehr auffällige Störung des Sprechablaufs, deren Ursache trotz vieler Versuche zur Theoriebildung noch nicht wirklich geklärt ist. Es entsteht im Allgemeinen im Alter von zwei bis fünf Jahren, also in einem Zeitraum, in dem das Kind sich körperlich, geistig, sprachlich und emotional besonders schnell entwickelt und ein starkes Mitteilungsbedürfnis hat, dem die Fähigkeit zur Strukturierung der Sprache noch nicht genügt. Dadurch kommt es zu Auffälligkeiten im Redefluss, die sich in den meisten Fällen bei richtiger Begleitung wieder verlieren. Die Kinder haben auch im Allgemeinen kein Störungsbewusstsein. In diesem Zusammenhang wird häufig von *„physiologischem Stottern"* gesprochen. Die Bezeichnung ist jedoch nicht ganz unproblematisch, da auch Menschen, die ihr Leben lang stottern werden, in dieser Phase ihre ersten Symptome haben. Die Erklärungsversuche für die Ursache des Stotterns reichen u. a. von somatischen über Neurose- bis zu Lerntheorien, ebenso wie versucht wurde, über psychoanalytische Betrachtungsweisen dem Phänomen näher zu kommen (→ Wendler et al. 1996, 275 ff.). Wirklich schlüssig lässt sich bisher mit keiner Theorie erklären, warum ein Kind ein bleibendes Stottern entwickelt und ein anderes nicht.

In der neueren Literatur wird das Stottern in Kern- und Begleitsymptome eingeteilt. *Kernsymptome* sind Repetitionen (mehrfache Wiederholung von Anfangslauten, -silben oder -wörtern), Prolongationen (Dehnungen der Anfangslaute) und Blockierungen (Unterbrechung des Redeflusses durch Blocks in der Artikulation oder des Atemflusses), die z. T. unter erheblicher Sprechanstrengung und gesamtkörperlicher Beteiligung gelöst werden. Dabei u. a. auftretende mimische Mitbewegungen, Beteiligung der Hände und Füße, Abbrechen des Blickkontaktes zum Hörer, Einschieben von Flickwörtern oder phrasenhaften Satzteilen bezeichnet man als *Begleitsymptome.* In der Gesamtsymptomatik finden sich auch Mischformen aller Symptome, so dass das Erscheinungsbild des Stotterns sehr vielfältig und individuell sehr unterschiedlich ausgeprägt ist (→ Bitsch 2007, 22 ff., Sandrieser/Schneider 2008, 10 ff.).

In der Praxis ist aber die frühere Einteilung nach klonisch (Wiederholungen), tonisch (stoßartige Atmung, gepresste Stimmgebung und Begleitsymptome s.o.) sowie deren Mischformen durchaus noch gängig. Bei einem manifesten Stottern entwickeln die Betroffenen ein starkes Störungsbewusstsein bis hin zur Sprechangst. Sie versuchen, besonders kritische Laute zu umgehen, unternehmen den meist vergeblichen Versuch, auf andere Wörter auszuweichen und vermeiden schließlich im ständigen Kampf mit diesem Teufelskreis bestimmte Sprechsituationen überhaupt (Telefonieren, Sprechen vor Fremden).

So mannigfaltig wie die Erklärungsversuche für die Entstehungsursachen der Störung sind auch die Therapieansätze und -methoden. Im Wesentlichen werden jedoch zwei Ziele verfolgt, nämlich die Förderung des flüssigen Sprechens sowie die Abwendung des Leidensdrucks bzw. die Stärkung des Selbstbewusstseins. Der Stotterer möchte und soll Hilfen bekommen, um die äußeren Abläufe von Atmung, Stimme und Aussprache ruhiger fließen zu lassen, soll sich aber auch gleichermaßen mit seiner Störung so auseinandersetzen und quasi identifizieren, dass er mit dem Ziel „flüssig stottern" selbstbewusst ein neues Verhältnis zu sich und seiner Störung findet. In einigen Spezialkliniken und Kureinrichtungen werden Intensivkurse über einige Wochen durchgeführt, deren Kosten meist auch von den Krankenkassen übernommen werden. Vorsicht ist geboten bei, häufig über die Medien verbreiteten, Methoden und Kursen, die in relativ kurzer Zeit Heilung versprechen. Stotterer versuchen in ihrer schwierigen und subjektiv manchmal auch verzweifelten Situation alles, um die Störung „loszuwerden", was nur allzu verständlich ist. Daher ist vorherige fachkundige Beratung zu empfehlen, z. B. in Kliniken mit Abteilungen für Sprachtherapie oder durch von den Krankenkassen anerkannte niedergelassene Sprachtherapeuten, um nicht für sehr viel Geld möglicherweise Besserung, dann aber doch auch wieder Frustrationen zu erleben [5.2].

Von großer Bedeutung ist das Verhalten der Umwelt, was für Eltern, Lehrer und Mitschüler gleichermaßen gilt. Nie sollte ein Stotterer aufgefordert werden, die stotternd gesprochene Äußerung zu wiederholen, damit es beim zweiten Mal besser geht. Dies wird ohnehin nur selten gelingen, kann vielmehr das Störungsbewusstsein verstärken. Als sehr belastend werden von den Betroffenen Bemerkungen zur Sprechweise des Stotternden, Unverständnis oder gar Hänseleien empfunden. Stottern ist keine schuldhafte Angelegenheit! Es ist also sehr wichtig, dass Lehrer die anderen Kinder der Klasse über die Störung aufklären und darauf achten, dass negative Reaktionen unterbleiben. Stotterer reagieren auch sehr unterschiedlich auf sprachliche Hilfen. Ist der eine froh, dass ihm über ein bestimmtes Wort hinweggeholfen wird, fühlt sich der andere gekränkt. Er weiß ja das Wort, kann es nur nicht aussprechen. Auch diskretes Wegschauen ist dem Stotterer eher unangenehm, da er um seine Störung weiß, die sein Leben so sehr dominiert, und möchte, dass man ihm kommunikativ offen begegnet, also auch den Blickkontakt nicht scheut. Auf jeden Fall sollte sich der Lehrer mit den Eltern in Verbindung setzen, die auf dem Therapieweg des Kindes viele Verhaltenshinweise erhalten haben. Zudem werden von der Selbsthilfevereinigung der Stotterer (Bundesvereinigung Stotterer-Selbsthilfe e. V.) eine Reihe von Merkblättern herausgegeben, die über das richtige Verhalten gegenüber stotternden Kindern und Jugendlichen aufklären. Im Einzelfall sollte auch nach der Einschulung in eine Regelschule durchaus noch die Umschulung in eine Sprachheilschule erwogen werden.

Poltern (Tumultus sermonis)

Die Symptome des Polterns zeigen Ähnlichkeiten mit denen des Stotterns, so dass sie von Laien häufig gleichgesetzt werden. Auffallend wird die Störung durch die Wiederholung einzelner Silben, Wörter oder kurzer Sprechphrasen bei sehr überhastetem Sprechtempo. Es werden Silben oder Wörter ausgelassen bzw. sie verschmelzen, so dass der Hörer manchmal nur die erste und letzte Silbe einer Phrase versteht. Es kommt auch zu Unflüssigkeiten, allerdings keinen Blockierungen wie beim Stottern. Zusätzlich können Störungen der sprachlichen Strukturierung auftreten. Die Aussprache wirkt verwaschen und dadurch schwer verständlich, die Sprechmelodie monoton. Darüber hinaus wird bei Polterern häufig eine gewisse Unmusikalität sowie Konzentrations- und Aufmerksamkeitsschwäche beobachtet. Alle Symptome sind inkonstant. Abgesehen von diesen Verschiedenheiten unterscheiden sich Poltern und Stottern jedoch vor allem dadurch, dass Polterer keinerlei Leidensdruck haben. Ihre Sprechweise ist ihnen meist gleichgültig. Daher ist eine Therapie zwar möglich, aber prognostisch eher ungünstig. Dennoch sollten Lehrer versuchen, auf die Kinder einzuwirken, indem sie diese zum Bemühen um ein langsameres Sprechtempo und deutliche Aussprache ermuntern, weil der Kommunikationsprozess mit Polterern erschwert und für den Hörer sehr anstrengend ist.

5.4.4 Nasalitätsstörungen

Nasalitätsstörungen (Rhinophonien/Rhinolalien) können sowohl beim Stimmklang *(Rhinophonie)* als auch bei der Sprachlautbildung *(Rhinolalie)* auffallen. Bei beiden Störungen liegen die nasalen Anteile der Stimme oder Sprache nicht im Normbereich, wobei jeweils eine offene und eine geschlossene Form unterschieden werden.

Rhinophonie

Das *offene Näseln (Hyperrhinophonie)* ist an einem mehr oder minder auffälligen, häufig aber stark nasalen Klang erkennbar. Durch die Inaktivität des weichen Gaumens wird beim Artikulieren der Nasenraum nur unzureichend abgeschlossen, so dass fast die gesamte Luft durch die Nase entweicht.
Das *geschlossene Näseln (Hyporhinophonie)* ist gekennzeichnet durch eine verminderte nasale Resonanz, die Stimme klingt „verstopft". Die Ursache für diese Störung liegt, bei unbehinderter Nasenatmung, vorwiegend in einer falschen Sprechgewohnheit mit starkem Druck des Gaumensegels.

Rhinolalie

Bei der *offenen Rhinolalie (Rhinolalia aperta)* wird bei den Verschlusslauten [p, t, k] und [b, d, g] der Nasenraum durch das Gaumensegel nicht ausreichend abgeschlossen und es entsteht ein deutlich auffälliger „nasaler Durchschlag". Häufig sind auch die Engelaute (z. B. Zischlaute, f) betroffen. Immer geht diese Art der Artikulationsstörung mit einer Hyperrhinophonie einher.

Bei der *geschlossenen Rhinolalie (Rhinolalia clausa)* imponiert, einhergehend mit einer Hyporhinophonie, eine verminderte Resonanz bei den Nasallauten. Die Nasallaute [m, n, ŋ] klingen wie [b, d, g].

Sowohl die Rhinophonie als auch die Rhinolalie können organisch (z. B. anatomische Veränderungen der Nasengänge, Rachenmandeln, Lähmungen des Gaumensegels, Lippen-Kiefer-Gaumen-Spalten), aber auch rein funktionell, im Sinne einer individuellen Gewohnheitshaltung oder einer solchen nach Operationen im Mund-Nase-Rachen-Bereich (z. B. Entfernung großer Rachen- oder Gaumenmandeln) bedingt sein. Direkte Einflussnahme des Lehrers auf die Störung ist kaum möglich. Wird der Schüler aber wegen der Störung therapiert, sollte der Lehrer sich im Gespräch mit den Eltern und dem Schüler kundig machen, wie er den Schüler im Alltag unterstützen kann.

5.5 Lese-Rechtschreib-Schwäche und Auditive Verarbeitungs- und Wahrnehmungsstörung

Lese-Rechtschreib-Schwäche (Legasthenie)

Bei der Lese-Rechtschreib-Schwäche (LRS) handelt es sich um eine ausgeprägte Lernstörung, die sich isoliert auf das Lesen und Schreiben bezieht und nicht durch mangelnde Intelligenz oder Lernbereitschaft zu erklären ist. Die Symptome sind u. a. eine geringe Geschwindigkeit beim Lesen, häufiges Stocken, Auslassen und Vertauschen von Buchstaben, Silben und Wörtern und ein unzureichendes Gedächtnis für das Gelesene. Beim Schreiben, besonders nach Diktat, fällt eine hohe Fehlerzahl auf, die Wörter sind, bei inkonstanten Fehlern, lückenhaft, Grammatik und Interpunktion werden schlecht beherrscht.

Eine ebenso isolierte Störung ist die *Dyskalkulie,* die sich ausschließlich auf den Erwerb mathematischer Fertigkeiten bezieht. Aufmerksamkeit ist geboten, wenn das Kind lange bei den Rechenaufgaben grübelt statt zu rechnen, wenn es übermäßig erschöpft ist bei den Hausaufgaben, bereits Erlerntes schnell vergisst und eine ausgeprägte Angst vor dem Mathematikunterricht entwickelt.

Der Lehrer sollte bezüglich dieser Defizite besonders aufmerksam sein, weil häufig allein durch ihn die entscheidenden Maßnahmen eingeleitet werden müssen. Bei Verdacht auf LRS erfolgt im ersten Halbjahr der 2. Klasse die Diagnostik, die nach standardisierten Testverfahren von Sprachheillehrern oder ausgebildeten LRS-Lehrern in enger Zusammenarbeit mit dem schulpsychologischen Dienst oder speziellen Beratungsstellen durchgeführt wird.

Ob die Möglichkeit oder die Notwendigkeit besteht, das Kind in eine LRS-Klasse aufzunehmen, oder ob andere Förderprogramme gewählt werden, muss individuell entschieden werden. Es hängt auch von den äußeren Bedingungen und den Rahmenrichtlinien zur schulischen Förderung ab, die in den einzelnen Bundesländern unterschiedlich sind. Für betroffene Kinder, Eltern und Lehrer bietet der Bundesverband Legasthenie und Dyskalkulie e. V. (BVL) Beratung und Hilfe an. Denn auch wenn die Lese-Rechtschreib-Schwäche nicht wirklich heilbar ist, kann sich der Betroffene beruflich gut entwickeln, wenn die Störung rechtzeitig erkannt wird, sehr früh entsprechende Fördermaßnahmen eingeleitet werden und das Kind sich vor allem aufgehoben und verstanden fühlt.

Auditive Verarbeitungs- und Wahrnehmungsstörung (AVWS)

Die *Auditive Verarbeitungs- und Wahrnehmungsstörung*, die von vielen Autoren als konditionierend für die Lese-Rechtschreib-Schwäche angesehen wird, gerät bei Vorschulkindern, aber auch bei Schulkindern zunehmend in den Blickpunkt der Aufmerksamkeit. Die betroffenen Kinder können Höreindrücke nur begrenzt aufnehmen und speichern. Dadurch sind sie im Alltag ständig überfordert und fallen auf durch Unaufmerksamkeit, mangelnde Konzentration, schnelle Ablenkbarkeit, Verhaltensauffälligkeiten. Das reicht bis hin zur Annahme der Umwelt, sie seien intelligenzgemindert. Sie ziehen sich zurück oder reagieren aggressiv. Bezüglich Grammatik und semantischer Zusammenhänge haben sie schlechte Leistungen, z. T. treten auch phonologische Störungen [2.3] auf. Problematisch gestaltet sich das Erkennen von Ursache und Wirkung, denn die genannten Symptome sind auch bei Aufmerksamkeits-Defizit-Syndromen (ADS), Sprachentwicklungsverzögerungen (SEV), Lese-Rechtschreib-Schwäche sowie Verhaltensauffälligkeiten zu finden. Zudem können die Symptome der AVWS isoliert oder kombiniert mit diesen Störungsbildern auftreten.

Auch wenn die AVWS hinsichtlich ihrer Entstehung, aber besonders hinsichtlich ihrer validen Diagnostik, z. T. sehr kontrovers diskutiert wird, besteht Übereinstimmung dahingehend, dass es sich um eine Störung handelt, die in folgenden auditiv-sprachlichen Bereichen auftreten kann:

- Aufmerksamkeit (speziell im Hinblick auf fehlende oder spezifische Geräusche),
- Speicherung (Laute und Wörter in richtiger Reihenfolge hören, auditive Aufmerksamkeit),
- Lokalisation (Richtungshören),
- Diskrimination (Ähnlichkeiten und Unterschiede von Sprachlauten erkennen),
- Selektion (Sprache im Störgeräusch erkennen),
- Analyse (Zahl der gehörten Silben im Wort oder Zahl der Wörter im Satz erkennen),
- Synthese (Laute zu Wörtern zusammenfügen),
- Ergänzung (fehlende Laute im Wort ergänzen).

Die Therapie wird von Sprachtherapeuten durchgeführt und bezieht sich nicht isoliert auf ein „Trainieren" der Teilleistungsstörung. Vielmehr wird ein allgemeines sprachtherapeutisches Konzept unter kommunikativem Aspekt verfolgt, in dem die auditiven Aufmerksamkeits- und Wahrnehmungsdefizite in besonderem Maße berücksichtigt werden.

5.6 Arbeitsblätter

Häufige Störungen des Sprechens

Stimmstörungen (Dysphonien):
typische Merkmale: Klangveränderung (z. B. heiser, behaucht, rau, belegt),
Leistungseinschränkung (Stimme ermüdet schnell),
subjektive Beschwerden: Trockenheits-, Fremdkörper-/Kloß-, Spannungsgefühl,
Schmerzen, Räusperzwang, Sprechen strengt an.

Primär und sekundär organisch bedingte Störungsbilder:
- Missbildungen wie Kehlkopfschiefstand, Asymmetrien im Kehlkopfbereich; zu kleiner Kehlkopf,
- Entzündung des Kehlkopfes (Laryngitis),
  Ursache: Erkältungsinfekt,
- Stimmlippenlähmungen,
  Ursache: Schilddrüsenoperation, Infekte, zentrale Lähmungen,
- Stimmlippenpolypen,
  Ursache: chronische Entzündungen, häufig in Verbindung mit stimmlicher Überlastung, Rauchen,
- Stimmlippenödeme,
  Ursache: Bestrahlungsfolgen, Allergien, chronische Entzündung in Kombination mit Rauchen (Frauen besonders prädestiniert),
- Stimmlippenknötchen,
  Ursache: falscher Stimmgebrauch, Hyperfunktionelle Dysphonie.

Funktionell bedingte Störungsbilder:
- Hyperfunktionelle (Ursache: Überspannung) und Hypofunktionelle (Ursache: Unterspannung) Dysphonie,
  typische Merkmale:
  - leichte bis starke Heiserkeitsgrade,
  - meist angestrengte und nach hinten verlagerte Stimmgebung,
  - harte, manchmal auch behauchte Vokaleinsätze,
  - verkürzte Tonhaltedauer,
  - verminderter Stimmumfang,
  - geringes oder nicht vorhandenes Schwelltonvermögen,
  - unökonomische und unphysiologische Phonationsatmung,
  - verspannte Artikulationsmuskulatur,
  - Lippenbreitzug, geringe Kieferöffnungsweite,
  - Verspannungen von Hals, Schultern, Extremitäten (Hyperfunktion), schlechte Aufrichtung und Spannungsarmut des gesamten Körpers (Hypofunktion),

- Psychogene Dysphonie/Aphonie,
  Ursache: psychische Fehlhaltungen,
- Mutationsstimmstörungen (Mutationsfistelstimme, unvollständige Mutation),
  Ursache: fehlende oder falsche funktionelle Anpassung, stimmliche Überbelastung, psychische Faktoren.

Sprach- und Sprechstörungen:

Begriff: verminderte Fähigkeit, die Laut- oder/und Schriftsprache normgerecht zu gebrauchen, so dass Verständigung behindert, Erkenntnistätigkeit oder soziale Wirksamkeit eingeschränkt werden.

Ursache: organisch (z. B. Störungen des ZNS, Hörstörungen, Defekte der Artikulationsorgane) oder funktionell (z. B. motorische Ungeschicklichkeit, phonematische Differenzierungsschwäche, falsche Vorbilder während des Spracherwerbs).

Sprachentwicklungsverzögerung:
Ursache: sprachliche Minderbegabung, Wahrnehmungsschwäche, Intelligenzschäden, Milieuschäden.

Stammeln (Dyslalie):
Unfähigkeit, Sprachlaute normgerecht zu bilden oder als Phonem anzuwenden; besonders häufig (auch im Erwachsenenalter) Fehlbildungen der s-Laute und deren Lautverbindungen (Sigmatismen), vor allem:
- Sigmatismus addentalis,
- Sigmatismus interdentalis,
- Sigmatismus lateralis,

Nasalitätsstörungen (Rhinophonien/Rhinolalien):
- Rhinophonie: abnormer nasaler Stimmklang,
  Hyperrhinophonie (zu viel nasaler Beiklang),
  Hyporhinophonie (zu wenig nasaler Beiklang),
- Rhinolalie: abnorme nasale Sprachlautbildung,
  offenes Näseln (Rhinolalia aperta),
  geschlossenes Näseln (Rhinolalia clausa).

Redeflussstörungen
- Stottern (Balbuties),
  - Kernsymptome (Wiederholungen, Dehnungen, Blockierungen)
  - Begleitsymptome (u. a. mimische und gesamtkörperliche Mitbewegungen)
- Mischformen,
- Poltern (Tumultus sermonis)

Merkmal	Stottern	Poltern
Störungsbewusstsein	vorhanden	nicht vorhanden
Haltung des Sprechers gegenüber seiner Sprechweise	unsicher, ängstlich, unglücklich	uninteressiert
bei Aufmerksamkeitszuwendung	schlechter	besser
bei wichtigen Mitteilungen	schlechter	besser
gegenüber Fremden und Vorgesetzten	schlechter	besser
bei Ablenkung, in entspannten Situationen, gegenüber vertrauten Personen	besser	schlechter

Lese-Rechtschreib-Schwäche (Legasthenie):
Symptome beim Lesen:
• geringe Geschwindigkeit beim Lesen, häufiges Stocken,
• Auslassen und Vertauschen von Buchstaben, Silben und Wörtern,
• unzureichendes Gedächtnis für das Gelesene.
Symptome beim Schreiben:
• hohe Fehlerzahl bei Diktaten,
• Wörter lückenhaft,
• Fehler bei Grammatik und Interpunktion.

Auditive Verarbeitungs- und Wahrnehmungsstörung:
Höreindrücke können nur begrenzt aufgenommen und gespeichert werden, konditionierend für LRS.
Symptome:
• Unaufmerksamkeit, mangelnde Konzentration, schnelle Ablenkbarkeit,
• Verhaltensauffälligkeiten,
• schlechte Leistungen bezüglich Grammatik und Semantik,
• phonologische Störungen.

6   Standardaussprache

6.1 Begriff

Während die Regeln der Orthografie – des richtigen Schreibens – im Verlauf der Schulausbildung systematisch erarbeitet, trainiert und Verstöße konsequent sanktioniert werden, spielt das Thema Orthoepie – richtige Aussprache – im schulischen Alltag kaum eine Rolle. Sie wird bei der Benotung mündlicher Leistungen nicht bzw. nur in Ausnahmefällen berücksichtigt. Auch erwachsene Sprecher entscheiden daher die Frage nach „richtiger" Aussprache eher intuitiv auf der Grundlage von Gewohntem, häufig Gehörtem und nicht auf der Grundlage systematisch erlernter Regeln. Der Terminus Artikulation oder Aussprache benennt i. e. S. die Bildung der Sprachlaute [4.4], i. w. S. ein wesentliches Merkmal der Sprech(er)wirkung [7.1.7, 8.3]. In diesem Kontext erscheinen Attribute wie „richtig" oder „falsch" als ungeeignet für die Beurteilung der Aussprache. Die *eine* richtige Aussprache gibt es nicht. Trägt sie dagegen, unabhängig vom konkreten Kommunikationsereignis, die Merkmale

- physiologisch, somit ohne unnötige Belastungen für die Stimme,
- klar, somit mühelos verständlich, und zwar unabhängig von der territorialen Herkunft der Kommunikationspartner,
- situativ angemessen, somit variabel gebraucht,
- natürlich, somit weder nachlässig noch gekünstelt,
- ästhetisch, somit ansprechend,

wird die Artikulation die Kommunikation günstig beeinflussen. Standardsprachliche Aussprachevarianten erfüllen diese Kriterien und sind daher zu empfehlen.

Der Begriff *Standardaussprache* bezeichnet die gesprochene Form der Standardsprache oder Literatursprache. Am Standard orientierte Lautbildung entspricht den allgemeinen Artikulationsmerkmalen [4.4] des Deutschen und kann damit als physiologisch bezeichnet werden. Die Standardaussprache besitzt überregionale Gültigkeit, ist also innerhalb einer Sprachgemeinschaft allgemein verständlich und gilt auch aus diesem Grund als verbindlich für die öffentliche Kommunikation (z. B. für Medien, Bühne, Schule, Hochschule, Politik, Wirtschaft). Sie ist kodifiziert, d. h., ihre Normen sind festgelegt (z. B. in Aussprachewörterbüchern).
Diese Normen sind nicht starr. Sie weisen vielmehr in Form s*tilistischer Varianten* oder Formstufen eine Variationsbreite auf, die es dem Sprecher ermöglicht, sich situativ angemessen [8.2] zu artikulieren und damit trotz formbewusster Aussprache natürlich bzw. ungekünstelt auf Zuhörer zu wirken. Stilistische Varianten untergliedern sich in die gehobene (Formstufe 1) und die gemäßigte Formstufe (Formstufe 2).

- Die *gehobene Formstufe* kommt hauptsächlich zur Anwendung, wenn Texte künstlerisch oder rednerisch reproduziert werden, so beispielsweise bei der Manuskriptrede, der freien Rede mit höherem Spannungsgrad (Fest- und Feierrede, Laudatio), bei Rezitationen oder Prosalesungen von Texten mit höherem Spannungsgrad bzw. auf einer höheren sprachstilistischen Ebene. Darüber hinaus trägt sie unter bestimmten situativen Bedingungen (Sprechen vor größerem Hörerkreis, in großen Räumen, unter Störlärm) zur Sicherung der Verständlichkeit bei.
- Die *gemäßigte Formstufe* tritt wesentlich häufiger auf. Typische Anwendungsgebiete sind das Gespräch im privaten und offiziellen Bereich und die Rede mit geringerem Spannungsgrad (z. B. Lehrervortrag, Kurzvortrag oder Rede vor kleinerem Hörerkreis). In Abhängigkeit von Grundhaltung und Spannungsgrad (z. B. scherzhaft, ironisch) des Textes kann sie auch für Rezitation und Prosalesung angemessen sein [7.1.7].

Innerhalb ein und derselben Äußerung kann ein Wechsel zwischen beiden Ebenen stattfinden (z. B. Vorlesen eines literarischen Textes mit mehreren handelnden Personen, Zitate in Vorträgen, Hervorhebung bedeutsamer Fakten, Ausdruck von Wertungen). Von Formstufe 1 zu Formstufe 2 nehmen Reduktionen und Assimilationen zu. Reduktionen bezeichnen Lautschwächungen bis hin zur Elision (Ausfall eines Lautes), Assimilationen Lautangleichungen [6.2.3].

Neben den stilistischen Varianten der Standardaussprache existieren weitere Ausspracheformen, die u. a. in der regionalen Herkunft (regionale Varianten) oder in individuellen Besonderheiten (ideolektale Varianten) des Sprechers begründet sein können.
- *Regionale Varianten* bezeichnen typische regional begrenzt auftretende Ausspracheformen. Dazu zählen z. B. die Verdumpfung und Entrundung der Vokale im mitteldeutschen Sprachraum, die Aussprache des [ts] als [s] und des Suffix' -er als [a] im Gebiet um Berlin, die Dehnung kurzer Vokale vor r im nordwestdeutschen Sprachraum oder die Aussprache des Graphems <ch> als [k] im Anlaut (Chemie, China) im süddeutschen Sprachraum. Mundarten oder Dialekte werden vergleichsweise selten gesprochen und zeigen nicht nur im Bereich der Lautrealisation und Intonation deutliche Abweichungen vom Standard. Sie bilden ein komplexes Gefüge mit z. T. eigener Lexik und Grammatik.
- *Ideolektale Varianten* treten unabhängig von der Zugehörigkeit zu einem bestimmten Sprachraum bei einzelnen Sprechern auf. Die Ursachen sind mannigfaltig, z. B. falsche sprachliche Vorbilder (Eltern, Lehrer, verehrte Personen des öffentlichen Lebens), individuelle Befindlichkeiten und Haltungen. Typische Merkmale sind geringe Formung und geringe Öffnungsweite (Nuscheln). Die Aussprache wirkt häufig nachlässig, verwaschen, der Sprecher

uninteressiert. Ideolektale Abweichungen entstehen in Form einer Marotte oder eines Klischees jedoch auch bei durchaus bewusster Aussprache. Sprach- und Sprechstörungen [5.4] hingegen stellen nicht einfache ideolektale Abweichungen dar, sondern pathologische Veränderungen, die fachgerecht diagnostiziert und therapiert werden müssen.

Daneben finden sich von den Normen der deutschen Aussprache abweichende Formen bei Nichtmuttersprachlern (*interferenzbedingte Aussprachefehler*). Typische Aussprachemerkmale der Muttersprache werden auf das Deutsche, die Fremdsprache, übertragen (Interferenz [2.4.1]). Jede Sprache bildet im Laufe der Entwicklung ein spezifisches System mit definierten Merkmalen, Regularitäten und Zuordnungen. Das betrifft zum einen übergreifende Kriterien, darunter die allgemeinen Artikulationsmerkmale der jeweiligen Sprache. So kennt das Deutsche z. B. keine Nasalvokale wie das Französische, keine Palatalisierung wie das Russische oder keine langen Konsonanten wie das Italienische. In manchen Sprachen existieren keine langen Vokale, oder die Bestimmung der Vokalqualität und -quantität folgt gänzlich anderen Regeln als im Deutschen.
Zum anderen betrifft das auch spezifische Kriterien wie z. B. konkrete Graphem-Phonem-Allophon-Beziehungen (wie ein bestimmter Buchstabe bzw. eine Buchstabenverbindung ausgesprochen wird), z. B.:

- eu: niederländisch [ø],
- c: englisch vor e, i, y [s], sonst [k],
- ch: portugiesisch [ʃ], bulgarisch [x], englisch in Namen griechischer Herkunft [k], sonst [tʃ], spanisch [tʃ],
- ck: polnisch [tsk],
- g: italienisch vor e und i [dʒ], sonst [g],
- h: französisch stumm und nicht wie im Deutschen als Hauchlaut [h].

Solche muttersprachlichen „Gewohnheiten" werden auf die jeweilige Fremdsprache übertragen und führen zu den beschriebenen interferenzbedingten Aussprachefehlern.

6.2 Lautsystem der deutschen Sprache
6.2.1 Vokale

Vokale sind Öffnungslaute, d. h. im Ansatzrohr werden keine Hemmstellen gebildet, an denen sich die ausströmende Luft staut oder reibt. Zum Vokalsystem des Deutschen zählen sowohl Monophthonge (die Grundvokale a, e, i, o, u und die Umlaute ä, ö, ü) als auch Diphthonge (ei, au, eu). Diphthonge nehmen eine Sonderstellung ein. Neben spezifischen Einzelmerkmalen besitzen deutsche Vokale typische Grundmerkmale:

- runde bzw. ovale Lippeneinstellung (kein Lippenbreitzug),
- locker von den Zähnen abgehobene Lippen,
- Zungenspitzenkontakt mit den unteren Schneidezähnen,
- gehobenes Gaumensegel (Nasenraum abgeschlossen),
- stimmhaft.

Stehen Vokale im Silbenanlaut, werden sie stets neu eingesetzt (Vokalneueinsatz), d. h. Silbengrenzen werden nicht verschliffen, sondern die neue Silbe beginnt mit einem festen Stimmeinsatz [4.3.2]: nicht Theater, sondern The | ater (→ Krech et al. 2009, 52 ff.). Im Deutschen treten 16 Vokalphoneme und drei Diphthonge auf, zuzüglich der vokalischen Realisierung des Phonems /r/, des vokalischen bzw. vokalisierten r [ɐ], [ᵊ].

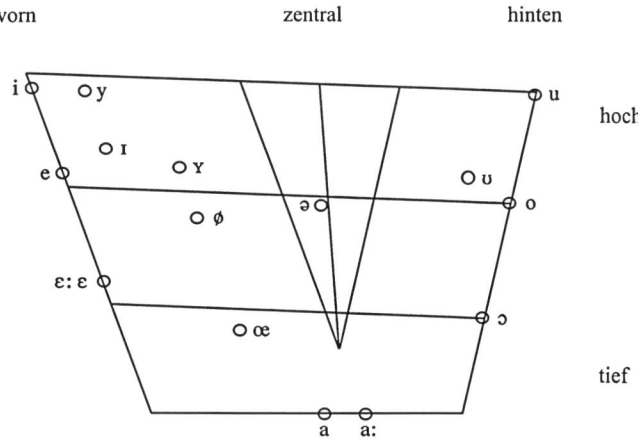

Abb. 9: Vokale: Grad und Richtung der Zungenhebung (nach Stelzig et al. 1976)

Vokale unterscheiden sich hinsichtlich ihrer *Qualität* (enge gespannte und weite ungespannte Vokale) und ihrer *Quantität* (lange und kurze Vokale). Bei weiten ungespannten Vokalen ist die Öffnungsweite [4.4] größer als bei engen gespannten Vokalen. In den meisten Fällen bedingen Qualität und Quantität einander, enge Vokale sind im Deutschen im Regelfall lang und weite Vokale kurz. Ausnahmen von dieser Regel treten bei den e-Lauten und dem a-Laut sowie bei eingedeutschten Wörtern auf. Akzent, Silbe und Schreibweise bestimmen Qualität und Quantität eines Vokals. Als Grundregel gilt:
- In offenen Silben werden enge Vokale gesprochen, in geschlossenen Silben weite Vokale. Eine geschlossene Silbe endet auf einen Konsonanten. Silben gelten nur dann als geschlossen, wenn keine flektierten oder abgeleiteten Formen des Wortes möglich sind, bei denen sie offen ist (Band, Kind, aber nicht: Wut, denn wü-ten). Eine offene Silbe endet auf einen Vokal oder wird

durch Flexion bzw. Ableitung zur offenen Silbe (ge-ben, auch: Lob, denn lo-ben).

- Vokale sind lang bei Schreibung Vokalbuchstabe und Dehnungs-h (sehen, mehr) oder Doppelvokal bzw. <ie> (Beere, Lied).
- Vokale sind kurz, wenn ein Doppelkonsonant, <ck> oder <x> folgt (Wasser, Hocker, Mixer).

Zahlreiche Ausnahmen und Einzelregeln durchbrechen diese Grundregeln allerdings (→ Krech et al. 2009, 54 ff.).

Die *Richtung der Zungenhebung* [Abb. 9] bestimmt die Klassifizierung in vordere, zentrale und hintere Vokale. Vordere Vokale [ɪ, iː, ɛ, eː, ɛː, ʏ, yː, œ, øː] entstehen durch die Hebung der Vorderzunge (Vorderzungenvokale), hintere [ʊ, uː, ɔ, oː] durch Hebung der Hinterzunge (Hinterzungenvokale), Zentralvokale [a, aː, ə, ɐ] im Bereich der Mittelzunge. Nach dem *Grad der Zungenhebung* werden hohe, mittelhohe und flache Vokale unterschieden. Bei engen gespannten Vokalen wölbt sich die Zunge höher auf als bei weiten ungespannten Vokalen, so hebt sich z. B. bei [oː] die Hinterzunge stärker als bei [ɔ]. I-Laute und ü-Laute weisen eine stärkere Wölbung der Vorderzunge auf als e- und ö-Laute, u-Laute eine stärkere Wölbung der Hinterzunge als o-Laute, flach ist die Zunge beim a-Laut.

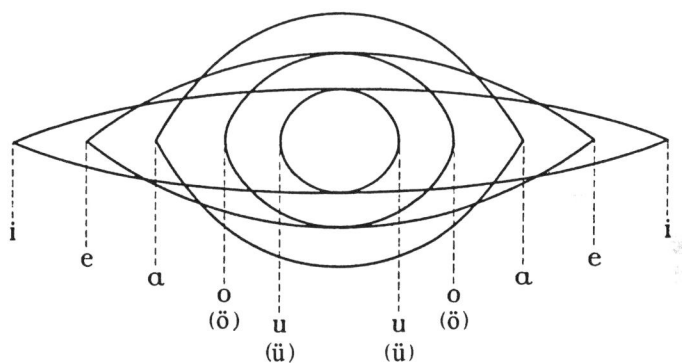

Abb. 10: Vokale: Lippenstellung (nach Bzdega/Foss 1961)

Ein weiteres Bildungsmerkmal ist die *Lippenrundung* [Abb. 10]. Gerundete Vokale sind o, u, ö und ü, ungerundete a, e, i, der Schwa-Laut und das vokalische r. Die beschriebenen Bildungsmerkmale tragen die Eigenschaft distinktiver Merkmale, d. h., sie wirken bedeutungsunterscheidend und können Minimalpaare bilden. Minimalpaare sind Wortpaare, die sich nur in einem Merkmal unterscheiden, z. B.:

Quantität	Qualität	Lippenrun-	Zungenhebung	
		dung	Richtung	Grad
Staat – statt	Ehre – Ähre	liegen – lügen	Böden – Boden	Schloss – Schluss
[ʃtaːt – ʃtat]	['eːʁə – 'ɛːʁə]	['liːgən – 'lyːgən]	['bøːdən – 'boːdən]	[ʃlɔs – ʃlʊs]

Das deutsche Vokalsystem untergliedert sich im Wesentlichen in lange enge und kurze weite Vokale. Ausnahmen bilden die e-Laute und die a-Laute. Neben dem langen engen [eː] und dem kurzen weiten [ɛ] tritt der einzige lange weite Vokal des Deutschen auf: das lange weite [ɛː]. A-Laute unterscheiden sich nur in ihrer Quantität: langes [aː] und kurzes [a]. Daneben existieren zwei reduzierte Vokale: der Schwa-Laut [ə] und das vokalische r [ɐ]. Aus Monophthongen lassen sich drei Diphthonge bilden, die sich in Qualität und Quantität nicht unterscheiden. Laute werden im Schriftbild mit unterschiedlichen Graphemen (Buchstaben) dargestellt.

Laut-Buchstabe-Beziehung
Vorderzungenvokale

langer enger Vokal			kurzer weiter Vokal		
ungerundet					
Laut	**Buchstabe**	**Beispiele**	**Laut**	**Buchstabe**	**Beispiele**
[iː]	<i, ie, ih, y>	wir, wie, ihr, Schwyz	[ɪ]	<i>	wird
[eː]	<e, ee, eh>	Weg, Meer, mehr	[ɛ]	<e, ä>	weg, Wände
Ausnahme: langer weiter Vokal [ɛː] <ä, äh> Mädchen, Zähne					
gerundet					
[yː]	<ü, üh, y>	müde, Mühe, Mythos	[ʏ]	<ü, y>	hübsch, Hymne
[øː]	<ö, öh>	lösen, Löhne	[œ]	<ö>	löschen

Gerundete Hinterzungenvokale

langer enger Vokal			kurzer weiter Vokal		
Laut	**Buchstabe**	**Beispiele**	**Laut**	**Buchstabe**	**Beispiele**
[uː]	<u, uh>	Schule, Schuh	[ʊ]	<u>	Schutz
[oː]	<o, oo, oh>	Mole, Moos, Mohn	[ɔ]	<o>	Most

Mittelzungenvokale
a-Laute
langer Vokal   kurzer Vokal
[aː]   <a, aa, ah>   Hase, Haar, Hahn   [a]   <a>   Hals

Schwa-Laut (Murmelvokal, reduziertes e)
Der Schwa-Laut tritt vorwiegend in Präfixen und in Suffixen (z. B.: be-, ge-, -e, -el, -em, -en) sowie als Reduktionsvokal in phonostilistischen Varianten [6.1, 6.2.3] auf. Schwa-Laut und vokalisiertes r sind die beiden reduzierten Vokale

des Deutschen. Auf Grund der typischen Merkmale reduzierter Vokale beeinflussen sie den Sprechrhythmus in besonderem Maße. Sie treten beispielsweise nicht in Stammsilben auf und können keine Akzentsilbe bilden.

[ə]   \<e>   Begriff, Blume, Boden

Vokalisiertes r (vokalisches r) [6.2.2]
Das Graphem \<r> wird nach langen Vokalen (außer nach a) als unsilbisches vokalisiertes r [ɐ̯] gesprochen. In den unbetonten Präfixen er-, her-, ver-, zer- und im Suffix -er verschmelzen die beiden Grapheme \<e> und \<r> zu einem Laut: dem silbischen vokalisierten r [ɐ].

[ɐ̯]   \<r>   Uhr
[ɐ]   \<er>   erhalten, wieder

Diphthonge
Diphthonge (Zwielaute) setzen sich aus jeweils zwei Vokalen zusammen, der erste gleitet stufenlos in den zweiten über. Sie unterscheiden sich hinsichtlich Qualität und Quantität nicht, werden immer kurz und locker gerundet realisiert.

[aɛ̯]   \<ei, ai, ey, ay, eih>   Meier, Maier, Meyer, Mayer, Verleih
[aɔ̯]   \<au, ao>   Baum, Kakao
[ɔœ̯]   \<eu, äu, oi, oy>   Beute, Bäume, Boiler, Boykott

6.2.2 Konsonanten

Konsonanten sind Hemmlaute, d. h., durch eine Hemmstelle im Ansatzrohr wird das gleichmäßige Ausströmen der Ausatemluft behindert. An der Hemmstelle entsteht ein für den Konsonanten typisches Geräusch, bei stimmhaften Konsonanten vermischt mit Klanganteilen. Wesentliche Lauteigenschaften deutscher Konsonanten resultieren aus:

- Artikulationsstelle (Ort der Hemmstelle): z. B. Lippen, Zähne, Zahndamm, harter und weicher Gaumen, Rachenraum, Kehlkopf;
- Artikulationsmodus (Art der Hemmung): Verschluss oder Enge;
- Überwindungsmodus (Überwindungsweise der Hemmstelle): Sprengung oder Reibung;
- artikulierendes Organ: z. B. Lippen, Zunge;
- Spannungsgrad: fortis (stark) und lenis (schwach);
- Stimmbeteiligung: stimmhaft und stimmlos.

Artikulationsstelle, Artikulationsmodus und Spannungsgrad sind distinktive (bedeutungsunterscheidende) Merkmale, während die Stimmbeteiligung z. B. im Deutschen nicht bedeutungsunterscheidend ist. Auch wenn stimmhafte Konsonanten stimmlos realisiert werden, beeinträchtigt dies das Verständnis nicht. Ob beispielsweise das Wort „Sonne" ['sɔnə] und nicht ['zɔnə] ausgesprochen wird, führt nicht zu Missverständnissen.

Konsonantenphoneme: Klassifizierung

	Artikulationsstelle					
	Lippen	Zähne	Zahn-damm	harter Gaumen	weicher Gaumen	Kehl-kopf
Verschlusslaute						
fortis	p – Oper		t – Boten		k – Orkan	
lenis	b – Ober		d – Boden		g – Organ	
Engelaute						
fortis	f – Fall	s – Muße	ʃ – Lasche	ç – Bücher	x – Buch	h – Hut
lenis	v – Wall	z – Muse	ʒ – Loge	j – Boje	ʁ – Beruf	
Nasale	m – Mund	n – Nase			ŋ – Gang	
Seitenengelaut		l – Land				

Konsonanten treten paarig oder unpaarig auf. Paarige Konsonanten besitzen die gleiche Artikulationsstelle und den gleichen Artikulationsmodus, unterscheiden sich jedoch in ihrem Spannungsgrad (Fortis- und Lenislaute), z. B. [d – t], [f – v], [s – z]. Unpaarige Konsonanten haben keinen solchen „Partner", z. B. [h], [l], [m]. Lautumgebung und Stellung in der Silbe bzw. im Wort beeinflussen die Aussprache. Ein Konsonant im Anlaut (Silbenbeginn) unterliegt anderen Regeln als ein Konsonant im Inlaut oder Auslaut (Silbenende). Das betrifft insbesondere

- die Auslautverhärtung: Enge- und Verschlusslaute werden im Auslaut grundsätzlich als Fortislaut realisiert, es gibt in dieser Position keine Lenislaute (lieb [p], Rad [t], Weg [k]);
- die Stimmbeteiligung: Fortes sind immer stimmlos, Lenes werden im Anlaut (du, geben, Sonne) und nach stimmhaften Lauten (Eindruck, klebrig, Garbe) stimmhaft realisiert, sie können jedoch nach einer Sprechpause oder vorangehendem Fortiskonsonanten stellungsbedingt (durch Assimilation [6.2.3]) ihre Stimmhaftigkeit verlieren (entstimmlicht werden), d. h. sowohl stimmhaft als auch stimmlos sein (wir geben – es gibt [g – g̊], die Sahne – mit Sahne [z – z̥]);
- die Aspiration (Behauchung): Fortis-Verschlusslaute werden im Anlaut betonter Silben (Paar, Ton, Klappe) und im Wortauslaut behaucht, wenn die letzte Silbe betont ist (lag, Gerät, Galopp), in den anderen Positionen nicht.

Das Suffix <-ig> wird im Auslaut, auch bei folgendem Konsonant, als [ɪç] realisiert (wichtig, wichtigste, Leipzig, Leipzigs), vor Vokal als [ɪg] (wichtige, Leipziger), vor dem Suffix <-lich> und vor Silben, die auf [ç] enden, als [ɪk] (königlich, ewiglich, Königreich). Über die Aussprache der Graphemverbindung <ch> entscheidet in deutschen Wörtern der vorangehende Laut. Auf a, o, u, und au (Dach, doch, Tuch, auch) folgt der ach-Laut [x], nach i-, e-, ü-, ö-Lauten (mich, echt, Bücher, Löcher), den Diphthongen [aɛ̯], [ɔœ̯] (weich, euch), l, n und r (welche, manche, horchen) der ich-Laut [ç].

Laut-Buchstabe-Beziehung
Paarige Konsonanten

Fortes			Lenes		
Explosive (Verschlusslaute, Sprenglaute)					
[p]	<p, pp, -b>	Panne, Lappen, gib	[b]	<b, bb>	Beben, Ebbe
[t]	<t, tt, -d, th, dt>	Tor, hatte, Lied, Thema, Stadt	[d]	<d, dd>	Laden, Paddel
[k]	<k, kk, ck, -g, -gg, ch, c>	kommen, Akkusativ, wecken, weg, Brigg, Charta, Campus	[g]	<g, gg>	liegen, Dogge
Frikative (Engelaute, Reibelaute)					
[f]	<f, ff, v, ph>	Film, hoffen, Versuch, Phase	[v]	<w, v, qu>	wer, Vase, quer
[s]	<s, ss, ß, st, sp>	aus, dass, Maß, Rest, lispeln	[z]	<s>	Wiese
[ʃ]	<sch, st, sp>	schön, Stirn, Gespenst	[ʒ]	<j, g, ge>	Journal, Genie, Sergeant
[ç]	<ch, -ig>	Licht, einig, lustigste	[j]	<j, y>	jetzt, Yoga
[x]	<ch, cch>	doch, Bacchus	[ʁ]	<r, rr, rh>	Rand, knurren, Rhön

Unpaarige Konsonanten

Unpaarige Konsonanten treten als Einzellaute auf. Es gibt keinen „Partnerlaut" mit gleicher Bildungsweise. Die Unterscheidung in Fortis- und Lenislaute entfällt damit.

Nasale und der Seitenengelaut [l] sind stets stimmhaft und verlieren ihre Stimmhaftigkeit stellungsbedingt oder durch Assimilation nie. Der Hauchlaut [h] hingegen ist stets stimmlos. Er wird lediglich im Silbenanlaut vor Vokal (Himmel, erheben), außer vor [ə], unbetontem i oder u und [ɐ] gesprochen, in allen anderen Positionen, z. B. als Dehnungszeichen nach Vokal, bleibt er stumm (Hahn, sah, gehen, näher, ruhig, Verleihung, Thema).

Nasale		
[m]	<m, mm>	Mutter, kommen
[n]	<n, nn>	nie, wann
[ŋ]	<ng, n(k)>	lange, lenken
Seitenengelaut [l]		
[l]	l, ll	holen, will
Hauchlaut [h]		
[h]	h	heben, behalten

Aussprache des Graphems <r>

Das Graphem <r> wird stellungsbedingt vokalisch oder konsonantisch realisiert.

• Vokalisiertes r wird gesprochen nach Langvokal (außer nach <a>) und in den Präfixen <er-, her-, ver-, zer-> und im Suffix <-er> [6.2.1].

• Konsonantisches r wird im Silbenanlaut (reden, bringen, Rhetorik) gesprochen. Nach kurzen Vokalen und nach langem a wird die reduzierte Form des konsonantischen r [ʁ] bevorzugt.

[ʁ]   <r>   (Berg, warten, Haar, wahr)

Neben dem Reibe-r [ʁ], dem mit Abstand am häufigsten gebrauchten r-Laut, kann im Deutschen auch Zäpfchen-r [ʀ] oder Zungenspitzen-r [r] gesprochen werden, wenngleich insbesondere Letzteres selten gebraucht wird und bereits fast als regionale Variante gelten kann. Es ist allerdings die im klassischen Gesang favorisierte Ausspracheform.

In der Sprachrealität treten weitere sprecher- und situationsbedingte Varianten und Nuancen auf (→ Krech et al. 2009, 85 ff.).

Konsonantenverbindungen

Laute haben in unterschiedlichen Sprachen unterschiedliche Kombinationsmöglichkeiten, die wiederum in verschiedener Häufigkeit auftreten. Die Konsonanten der deutschen Sprache, wie auch die Vokale, können auf Grund ihrer Lauteigenschaften nicht beliebig miteinander kombiniert werden. So folgt in deutschen Wörtern in der gleichen Silbe nie ein [k] auf ein [t], diese Verbindung wäre für einen deutschen Sprecher nur mit großer Mühe sprechbar. Andere Konsonanten dagegen werden häufig miteinander kombiniert, z. B. <st> und <sp>. Zu den eher selteneren Verbindungen zählen u. a. <dr> und <gn>. Einige Konsonantenverbindungen wie die Affrikaten [pf, ts] nehmen phonologisch einen besonderen Stellenwert ein (→ Meinhold/Stock 1980), andere sind wegen ihrer Häufigkeit, z. B. in Flexionsendungen bzw. wegen ihrer Phonem-Graphem-Beziehung von besonderem Interesse.

Häufige Konsonantenverbindungen		
[kv]	<qu>	quer
[pf]	<pf>	Apfel
[ts]	<z, tz, ts, ds, -t(ion), zz>	Ziel, sitzen, des Stifts, des Pfads, Situation, Skizze
[ks]	<ks, gs, chs, cks, x>	links, tagsüber, sechs, Klecks, Lexikon
[ps]	<ps, bs>	Gips, Herbst
[tʃ]	<tsch, ch, cz)	Matsch, Chile, Czerny

Die Laut-Buchstabe-Beziehung in Wörtern aus fremden Sprachen zeigt sowohl bei den Vokalen als auch bei den Konsonanten weitere Varianten (→ Krech et al. 2009, 56 ff., 78 ff.).

6.2.3 Koartikulation

Im Sprechprozess werden Laute nicht einzeln, voneinander abgegrenzt gebildet. Artikulationsbewegungen gleiten ineinander über, Laute beeinflussen sich wechselseitig, „färben aufeinander ab". Diese Erscheinung wird als Koartikulation bezeichnet. Die Analyse des a-Lautes im Wort „Tag" mit Hilfe physikalischer Messmethoden z. B. ergibt auch unter sonst gleichen Bedingungen eine andere Klangstruktur als die des a-Lautes im Wort „nahm". Die benachbarten Laute [n] und [m] übertragen geringfügige nasale Klanganteile auf den a-Laut. Folgt den Lauten [d] oder [t] ein [l], wird der Verschluss lateral gesprengt, folgt einem Verschlusslaut ein Nasal, erfolgt die Sprengung nasal und nicht oral. „Darüber hinaus kommt es unter dem Einfluss der Sprechsituation (Phonostilistik) und der prosodischen Bedingungen (Sprechtempo, Akzentuierung usw.) zu mehr oder weniger großen – hörbaren – Veränderungen in der Klangstruktur aufeinander folgender Laute und Lautverbindungen, zu Assimilationen und Reduktionen." (Hirschfeld/Stock 2004, 38) In der gehobenen Formstufe sind Assimilationen und Reduktionen seltener anzutreffen und schwächer im Ausprägungsgrad als in der gemäßigten Formstufe (→ Krech et al. 2009, 98 ff.), [6.1].

Assimilation
Assimilationen sind Lautangleichungen. In der deutschen Sprache betrifft das v. a. die Merkmale Artikulationsstelle, Artikulationsart und Grad der Stimmbeteiligung (→ Krech et al. 2009, 50 f.).

Angleichung in der Artikulationsstelle
Liegen die Artikulationsstellen benachbarter Konsonanten weit auseinander oder sind sie unmittelbar nacheinander schwer auszusprechen, wird bei bestimmten Lautfolgen angeglichen. Das ist auch eine Form der Sprachökonomie, da weniger Artikulationsbewegungen nötig sind, Wörter werden leichter sprechbar:

konkret	[kɔnˈkʁeːt]	→	[kɔŋˈkʁeːt]
Kongress	[kɔnˈgʁɛs]	→	[kɔŋˈgʁɛs]
Leben	[ˈleːbən]	→	[ˈleːbm̩]
backen	[ˈbakən]	→	[ˈbakŋ̍].

In der Umgangssprache sind in bestimmten Positionen und bei bestimmten Lautfolgen einige typische, nicht standardsprachliche Assimilationen zu beobachten. Sie haben ihre Ursache in einer gewissen „Bequemlichkeit", Nachlässigkeit des Sprechers, z. B.:

anbieten	[ˈambiːtn̩]	statt	[ˈanbiːtn̩]
Hausschlüssel	[ˈhaʊʃlʏsl]	statt	[ˈhaʊsʃlʏsl]
Ausschuss	[ˈaʊʃʊs]	statt	[ˈaʊsʃʊs]
Senf	[zɛmf]	statt	[zɛnf].

Angleichung in der Artikulationsart

Treffen zwei oder mehrere in der Artikulationsstelle gleiche Enge- oder Verschlusslaute aufeinander, wird nur ein Laut gesprochen, d. h., Verschluss oder Enge werden nur einmal gebildet und der Verschluss auch nur einmal gesprengt, z. B. wird im Wort „mitteilen" nur ein [t] gesprochen: ['mɪtaɛlən] und nicht ['mɪttaɛlən]. Dies gilt auch, wenn innerhalb der rhythmischen Gruppe [7.1.2] die Wortgrenze überschritten wird. Bei Krech et al. (→ 2009, 51) werden beide Laute angegeben und durch ein diakritisches Zeichen [‿] verbunden.

volllaufen	['fɔl̬laɔfn̩]
Schifffahrt	['ʃɪf̬fa:ᵏt]
das ist teuer	[dasɪs'tt̬ɔɔɐ̯ɐ]

Angleichung im Grad der Stimmbeteiligung

Je nach Sprache verlaufen Assimilationsprozesse progressiv (der voranstehende Laut beeinflusst – vorwärts wirkend – den folgenden: progressive Assimilation, z. B. im Deutschen) oder regressiv (der folgende Laut beeinflusst – rückwärts wirkend – den vorangehenden: regressive Assimilation, z. B. im Russischen). Die Leniskonsonanten [b, d, g, v, z, j, r] werden nach vorausgehenden Fortiskonsonanten stimmlos und zum Teil auch mit verstärktem Geräusch gebildet, markiert durch das Zeichen [˳] für Entstimmlichung.

Dresden	['dʁ̥e:sd̥n̩]
Absicht	['apz̥ɪçt]
auf dem Tisch	[aɔfd̥e:m'tɪʃ]

Angleichung in der Artikulationsart und im Grad der Stimmbeteiligung wirken gleichzeitig, wenn an der Silbengrenze Konsonanten mit der gleichen Artikulationsstelle aufeinander treffen. Verschluss bzw. Enge werden nur einmal gebildet.

aufwenden	['aɔf̬v̥ɛndn̩]]
lossagen	['lo:s̬z̥a:gn̩]
mit dir sprechen	[mɪtd̥i:ᵇʲʃpʁɛçn̩]
wer bist du	[ve:ᵇʲbɪstd̥u:]

Reduktionen

In Abhängigkeit von Sprechsituation, Sprechtempo und Bedeutung des Gesprochenen kommt es zu Lautreduktionen (→ Hirschfeld/Stock 2004, 38). Reduktionen sind Lautschwächungen, die bis zum völligen Ausfall eines Lautes (Elision) führen können. Wie auch die Assimilationen treten sie in Formstufe 2 häufiger und in stärkerer Ausprägung auf als in Formstufe 1 [6.1]. Bei schnellerem ungespanntem Sprechen werden z. B. lange gespannte Vokale häufig gekürzt und ungespannt gesprochen, bzw. sie werden durch den Schwa-Laut [ə] ersetzt oder fallen ganz aus. Das betrifft insbesondere nicht akzentuierte Silben. In der Wortgruppe <auf dem Tisch> [aɔfde̩:m'tɪʃ] beispielsweise wird der Vokal des Artikels bei steigendem Sprechtempo zunehmend reduziert oder kann ganz ausfallen.

[de:m] → [dem] → [dəm] → [dm]

Besondere Bedeutung haben Reduktionen für die Aussprache der Suffixe <-en>, <-el> und <-em>. Die Kodifizierung orientiert sich am situationsabhängigen Spannungsgrad, an der phonostilistischen Ebene des Sprechens [6.1, 7.1.7, 8.2].

Gehobene Formstufe:
Beim Sprechen mit sehr hoher Artikulationspräzision (→ Krech et al. 2009, 102 f., 110) bleibt der Schwa-Laut in den meisten Fällen erhalten. So wird er z. B. fast durchgängig realisiert beim künstlerischen Vortrag literarischer Texte mit sehr hohem Spannungsgrad, um die rhythmische Struktur nicht zu beschädigen; bei Reden in einem besonders feierlichen offiziellen Kontext; beim Sprechen unter ungünstigen akustischen Bedingungen, vor einem großen Hörerkreis oder in großen Räumen, um Verständlichkeit zu sichern.

schweigen	['ʃvaɛgən]	lassen	['lasən]
fallen	['falən]	wissenden	['vɪsəndən]

Beim Sprechen mit hoher bis mittlerer Artikulationspräzision (→ Krech et al. 2009, 100 f.), z. B. beim Nachrichtenlesen in den Medien; bei Reden mit höherem Spannungsgrad; beim künstlerischen Vortrag literarischer Texte mit mittlerem bis hohem Spannungsgrad treten Elisionen des Schwa-Lautes in Abhängigkeit von der Lautumgebung auf, d. h., je nach Vorgängerlaut bleibt der Schwa-Laut erhalten oder er fällt aus. Fällt der Schwa-Laut aus, wird der jeweilige Endkonsonant, also <n>, <l> bzw. <m> silbisch realisiert. Dies kennzeichnet das Silbigkeitszeichen [n̩, l̩, m̩].

Suffix <-en>

Schwa-Laut wird gesprochen	Schwa-Laut wird nicht gesprochen
nach Vokalen	nach Frikativen
gehen ['ge:ən]	lassen ['lasn̩]
nach Nasalen	nach Explosiven
können ['kœnən]	hatten ['hatn̩]
nach [ʁ]	nach [l]
anhören ['anhø:ʁən]	wollen ['vɔln̩]
in den Suffixen <-chen> und <-igen>	in der 1. Silbe bei Endsilbenhäufung
Kindchen ['kɪntçən]	beratenden [bə'ʁa:tn̩dən]
ruhigen ['ʁu:ɪgən]	

Suffix <-el>

Schwa-Laut wird gesprochen	Schwa-Laut wird nicht gesprochen
nach Vokalen: Knäuel ['knɔœ̯əl]	nach Frikativen: Schüssel ['ʃʏsl̩]
nach [ʁ]: Barrel ['bɛʁəl]	nach Explosiven: Hobel ['ho:bl̩]
	nach Nasalen Angel ['aŋl̩]

Suffix <-em>

Schwa-Laut wird gesprochen	Schwa-Laut wird nicht gesprochen
nach Vokalen neuem ['nɔœ̯əm]	nach Frikativen diesem ['di:zm̩]
nach Nasalen deinem ['daɛ̯nəm]	nach Explosiven gemaltem [gə'ma:ltm̩]
nach [ʁ] denkbarem ['dɛŋkba:ʁəm]	

Bei Ausfall des Vokals im Suffix <-en> nach <b, p, g, k> wird in der Artikulationsstelle angeglichen (Assimilation), nach [b] und [p] zu [m], nach [g] und [k]
zu [ŋ].

leben	['le:bm̩]	legen	['le:gŋ̍]
hupen	['hu:pm̩]	backen	['bakŋ̍]

Gemäßigte Formstufe:
Beim Sprechen mit verminderter Artikulationspräzision (→ Krech et al. 2009,
103 f.) fällt der Schwa-Laut hingegen in der überwiegenden Zahl der Fälle aus,
z. B. im Gespräch, beim Sprechen vor einem kleinen Hörerkreis oder beim Vortrag von Texten mit geringem Spannungsgrad.

sehen	['ze:n]	kommen	['kɔm̩]	hören	['hø:ᵄn̩]
schreien	['ʃʁaɛ̯n]	nennen	['nɛn]		
		singen	['zɪŋ̍]		

Dies gilt in der Gesprächssituation auch für die Position nach Vokal (95 %) und
nach Nasal (76 %). Lediglich nach /r/ fällt der Vokal auch im Gespräch seltener
(61 %) aus. Bei Elision des Schwa-Lautes nach Nasal wird assimiliert und der
Endnasal gedehnt (Lemke 1998, 127).

6.3 Übungen

Die Übungen beinhalten Material zu häufig auftretenden regional bedingten Abweichungen von der deutschen Standardaussprache. Sie stellen eine Auswahl dar, kein systematisches Abbild des gesamten Lautinventars. Im Mittelpunkt steht Alltagsvokabular, auf Sprachakrobatik wird bewusst verzichtet.

Z: Annäherung der individuellen Aussprache an die Standardaussprache, Korrektur typischer regionaler Aussprachevarianten

A: Sprechen Sie zuerst den Einzellaut mehrmals nacheinander.
Markieren Sie dann in den Übungen die Wörter, die den jeweiligen Übungslaut enthalten. Sprechen Sie diese Einzelwörter mehrmals nacheinander. Überprüfen Sie Ihre Aussprache anhand der Tonaufzeichnung. Wiederholen Sie diesen Teil der Übung so lange, bis Sie die Einzelwörter korrekt gesprochen haben.
Üben Sie in gleicher Weise die Wortgruppen und Sätze.
Üben Sie, besonders zu Beginn, nur in kurzen Intervallen. Kontrollieren Sie Ihr Übungsergebnis häufig mit Hilfe der Tonaufzeichnung.

Arbeiten Sie bei diesen Übungen möglichst immer mit Tonaufzeichnung.

Übungen zur Aussprache der Vokale

Ü 1   Kurzvokal i [ɪ] neben r oder sch
A: Die Vorderzunge wölbt sich stark zum vorderen harten Gaumen, geringe Öffnungsweite, Zungenspitzenkontakt mit den unteren Schneidezähnen.

sich irren, irgendeine Wirkung, klirrende Kälte, im Gebirge wandern, den Bezirk abgrenzen, die Wirtschaft beleben, Verwirrung stiften, Schimmel beseitigen, das Schild lesen, die Handschrift entziffern, ein Schiff entdecken, im See schwimmen, den Schirm aufspannen, Fisch essen, Farbe mischen, sich die Stirn wischen, frischer Wind, ein Gemisch herstellen, musisch begabt sein, energisch auftreten, kritisch sein

Das ist ein Irrtum.
Ich finde das Buch nirgends.
Nimm den Zirkel zum Zeichnen.
Wir nehmen die grünen Girlanden.
Das Schriftbild ist verwirrend.
Der Himmel hatte einen silbernen Schimmer.
Er fühlt sich hier heimisch.
Sie wohnen im Graphischen Viertel.
Das klingt eindeutig sächsisch.
Wir sollten methodisch vorgehen.

!   Die Lippen nicht runden, da der Laut in diesem Fall zu [y] tendiert.

Ü 2 Langvokal e [e:]

A: Die Vorderzunge wölbt sich zum vorderen harten Gaumen, Zungenspitzenkontakt mit den unteren Schneidezähnen.

Bei den engen e-Lauten sind die Zungenhebung und die Spannung etwas stärker und die Öffnungsweite etwas geringer als bei den weiten [ɛ], [ɛ:].

ewiges Leben, im dichten Nebel gehen, den Hebel ansetzen, buntes Beet, nasser Schnee, klarer See, schwarzen Tee trinken, zur Rede stellen, einen schweren Weg gehen, umkehren müssen, Beeren essen, schöne Ferien, modernes Theater, sie fehlen, sie legen, sie geben, zu ebener Erde, zum ersten Mal, zuerst gehen, ans Meer fahren, ein edles Pferd, sehr elegant, er geht, er lebt, der Erste, der Lehrer, wer noch, Leerlauf haben

Die Aufgaben wachsen stetig.
Im Saal herrscht gähnende Leere.
Es regnet Bindfäden.
Auf dem Markkleeberger See findet eine Segelregatta statt.
Das möchte ich nicht entbehren.
Manche Menschen haben seltsame Wertvorstellungen.
Später möchte ich Lehrer werden.
In der ersten Klasse unterrichtet eine sehr junge Lehrerin.
Dazu bringen mich keine zehn Pferde.
Er fehlt mir sehr.

! Lippen nicht breit ziehen. Beim [e:] die Artikulationsstellung während des Sprechens nicht verändern (i-Nachklang vermeiden) und Zahnreihen nicht zu weit öffnen.

Ü 3 Vokal ü [y:], [ʏ]

A: Die Vorderzunge wölbt sich stark zum vorderen harten Gaumen, Lippen gerundet und vorgestülpt, Zungenspitzenkontakt mit den unteren Schneidezähnen.

Bei den engen ü-Lauten sind Zungenhebung und -spannung sowie Lippenrundung etwas stärker und die Öffnungsweite etwas geringer als bei den weiten.

sinnvolle Übung, über Gebühr, frühe Blüte, grüne Tücher, aufmerksame Schüler, typische Begriffe, anonymer Brief, Gemüse dünsten, überall grüßen, in den Akten wühlen, tüchtig schütteln, günstig einkaufen, nützlich wirken, Glück wünschen, Gymnastik treiben, Wünsche erfüllen, die Bühne schmücken, Bücher zurückgeben, Gründe anführen, Zurückhaltung üben, Müdigkeit vorschützen, gründlich überprüfen, glückliche Fügung

Sie haben die Vorlage vernünftig begründet.
Dienstag findet die mündliche Prüfung in Physik statt.
Die Analyse erbrachte keine neuen Erkenntnisse.
Du solltest da Zurückhaltung üben.
Das ist völlig überflüssig.

Er will sich unbedingt nützlich machen.
Ich bin ziemlich müde.
Bei der Ankunft gab es eine stürmische Begrüßung.
Der Regen hinterließ riesige Pfützen.
Im Süden wird es zunehmend kühler.

! Bei ungenügender Lippenrundung tendiert der Laut zu [i:] bzw. [ɪ].

Ü 4 Vokal ö [ø], [œ]

A: Die Vorderzunge wölbt sich zum vorderen harten Gaumen, Lippen gerundet und vorgestülpt, Zungenspitzenkontakt mit den unteren Schneidezähnen.

Bei den engen ö-Lauten sind Zungenhebung und -spannung sowie Lippenrundung etwas stärker und die Öffnungsweite etwas geringer als bei den weiten.

fröhlich lächeln, das Kind trösten, große Töne spucken, löslicher Kaffee, größere Brötchen, mögliche Größe, rötliche Töne, ungewöhnlicher Regisseur, höhere Löhne, Kraft schöpfen, örtliche Bedingungen, nördliche Grenze, zwölf Stunden wöchentlich, völlige Erschöpfung, spöttische Töne, nötige Öffnung, Möglichkeiten erörtern, auf der Höhe des Könnens, plötzliches Getöse, schöne Dörfer, gehörte Wörter, öffentliche Störung

Daran werde ich mich nie gewöhnen.
Gieß nicht noch Öl ins Feuer.
Das kenne ich vom Hörensagen.
Sie soll das Gras wachsen hören können.
Er war in höchste Empörung geraten.
Da möchten wir auch ein Wörtchen mitreden.
Hör zu und störe nicht.
Die Kritikerin lobte das Stück in den höchsten Tönen.
Sie können jetzt die Tür öffnen.
Stell bitte die Körbe etwas höher.

! Bei ungenügender Lippenrundung tendiert der Laut zu [e:] bzw. [ɛ].

Ü 5 Vokal a [a:], [a]

A: Die Zunge liegt flach im Mund, Zungenspitzenkontakt mit den unteren Schneidezähnen.

Große Öffnungsweite: Abstand zwischen den Schneidezähnen etwa eine Daumenbreite.

am Anfang, eine anstrengende Arbeit, nach Amerika fliegen, eine unangenehme Angelegenheit, eine kleine Schale, sie prahlen, sie fragen, er sah, es geschah, warm oder kalt, ganz und gar, eine mögliche Gefahr, Gokart fahren, das wahre Leben, Badewanne, Fahnenstange, Staatsanwalt, Abschlagzahlung, Kassenschlager, Stacheldraht, Eisenbahnwagen, Bananenschale, Nachnahme, Schlagsahne, Signalanlage, Straßenname

Sie hat die falsche Adresse erhalten.
Gib mir bitte einen Rat.
Wir sind alle in eine fatale Situation geraten.
Gestern war es angenehm warm.
Ich habe eine Frage: Ist das wahr?
Sie hat hart daran gearbeitet.
Das war ein starkes Stück.
Der Mann war wahrhaftig mit allen Wassern gewaschen.
Er hat schwarzes Haar.
Wahrscheinlich ist die Narbe am Arm bald verheilt.

!   Zunge locker halten, nicht zurückziehen, Hinterzunge nicht aufwölben.
Unterkiefer locker nach unten fallen lassen, nicht zurückziehen.

Ü 6   Vokalisiertes silbisches r [ɐ]
A: Die Lautverbindung er wird in den Präfixen er-, her-, ver-, zer- und im
Suffix -er als vokalisches r [ɐ] realisiert.

hervorragender Techniker, verantwortlicher Lehrer, Wörter erfinden, den Trainer er-
setzen, den Tag herbeisehnen, sich hervortun, unter Verdacht stehen, das Fenster ver-
kleben, das Zimmer verlassen, Teller zerschlagen, Kräuter zermahlen, Mutter und Vater, Zucker zerkrümeln, Bretter zersägen, weißer oder schwarzer Pfeffer, länger oder
kürzer, höher oder tiefer, besser oder schlechter, weicher oder härter, immer wieder

Leider hat unser Händler die Preise erhöht.
Mein Vater ist ein aufmerksamer Beobachter.
Meine Schwester ist älter als ich.
Sein extremer Eifer erdrückt mich.
Der Jäger verfolgt eine Spur.
Wir wandern durch die Wälder.
Der Liederabend in der Oper war hervorragend.
Keiner der Sänger ist älter als zwanzig.
Er ist ein bekannter deutscher Erzähler.
Die Mauern der alten Burg sind zerfallen.

!   Die Zunge nicht zurückziehen, da der Laut sonst verlagert wird und dumpf
klingt. Bei zu großer Öffnungsweite hingegen ähnelt der Laut dem a [a]
oder dem weiten e [ɛ].

Ü 7   Vokal o [o:], [ɔ]
A: Die Hinterzunge wölbt sich zum hinteren harten Gaumen, Lippen gerundet und vorgestülpt, Zungenspitzenkontakt mit den unteren Schneidezähnen.
Bei den engen o-Lauten sind Zungenhebung und -spannung sowie Lippenrundung etwas stärker und die Öffnungsweite etwas geringer als bei
den weiten.

Obst schälen, erbost sein, das große Los ziehen, Fotos machen, rot wie Mohn, moderne Wohnung, hohe Belohnung, ohne Vorbehalt, Methoden erproben, ohne Schonung vorgehen, ohne Argwohn, trockener Sommer, besonderer Stoff, offene Worte, in Form kommen, Koffer packen, Kopf hoch, lobende Worte, doppelter Knoten, geschlossenes Tor, auf verlorenem Posten, am Ofen hocken, im Osten wohnen, vor den Kopf stoßen

Der hohe Ton schmerzt in den Ohren.
Lass die hochtrabenden Worte.
Da ist Vorsicht geboten.
Das Auto hat einen Motorschaden.
Am Montagmorgen treffen wir uns am Bahnhof.
Viele verreisen im Sommer mit dem Wohnmobil.
Sein Sohn hat einen Sonnenbrand.
Sie haben noch einen Kohleofen in ihrem Haus.
Bring bitte eine Schokoladentorte mit.
Da steht noch eine offene Dose Bohnen.

!   Lippen- und Zungenstellung während der Artikulation des Langvokals [o:] nicht verändern, Unterkiefer nicht vorschieben, da in diesem Fall ein ou-ähnlicher Klang entsteht (diphthongiert wird).
Bei ungenügender Lippenrundung (geringer Ausformung) und zu geringer Artikulationsspannung klingt der Laut dumpf.

Ü 8   Vokal u [u:], [ʊ]
A: Die Hinterzunge wölbt sich stark zum hinteren harten Gaumen, Lippen gerundet und vorgestülpt, Zungenspitzenkontakt mit den unteren Schneidezähnen.
Bei den engen u-Lauten sind Zungenhebung und -spannung sowie Lippenrundung etwas stärker und die Öffnungsweite etwas geringer als bei den weiten.

auf der Suche sein, Urlaub pur, Gutes tun, genug Mut haben, als Zumutung empfinden, nach der Ursache suchen, einen Flug buchen, guter Ruf, ohne Zutun, zugute halten, gesunde Lunge, dunkler Fluss, funkelnde Luft, stummer Wunsch, Struktur geben, Genugtuung empfinden, einen Gruß murmeln, gesunde Natur, nur eine Stunde, lustiges Buch, stummer Schwur, einen Zuschuss erhalten, den Ursprung erforschen

Es hat einen Kurzschluss gegeben.
Die Summe wird abgebucht.
Das kostet unglaublich viel Zeit.
Sei nicht so unfreundlich.
Wir sind ungeheuer durstig.
Du brauchst eine Kur in guter Luft.
Sein neues Buch erscheint im Juni oder Juli.
Ich suche nach geeigneter Musik.
Jeder Luftzug muss vermieden werden.
In Zukunft wird die Temperatur automatisch geregelt.

!   Bei ungenügender Lippenrundung (geringer Ausformung) und zu geringer Artikulationsspannung klingt der Laut dumpf.

Ü 9   Kurzvokal vor r [ʀ]

A: Der Vokal vor dem r-Laut wird in den Beispielen kurz und offen gesprochen.

Verse lernen, nördlicher Stern, harter Kirschkern, wirklich merken, ferner Ort, fürchterlicher Sturz, bergige Dörfer, kurze Hörner, Wurst würzen, harte Worte, im Park warten, vom Berg purzeln, Wurzelzwerg, Karten merken, gern fortgehen, hartes Herz, Gebirgsgürtel, Börsensturz, Gartenfarn, Fernwärme, starker Partner, Stirnnarbe, Burgforst, irgendeine Firma, fortdürfen, mürbe Hörnchen, nirgends Farbe, würzige Sorte

Du musst dir den Kernsatz merken.
Die Firma geht an die Börse.
Lars murmelt unverständliche Worte.
Der Harz ist ein Mittelgebirge.
Das war ein kurzer Marsch.
Die Burg ist im Norden.
Der Garten liegt an einem Berghang.
Es gibt Wurst und Hörnchen.
Die Kirschtorte ist fertig.
Die Körner werden im Mörser zerstoßen.

!   Den Vokal nicht dehnen und das r nicht vokalisieren. Ein zu starkes Reibegeräusch beim r-Laut vermeiden.

Ü 10   Diphthonge [aɛ], [aɔ], [ɔœ]

A: Diphthonge setzen sich aus jeweils zwei Vokalen zusammen. Die Artikulationseinstellung des ersten Vokals gleitet stufenlos in die des zweiten über. Sie werden immer kurz und locker gerundet gesprochen.
[aɛ]: Die Artikulationseinstellung gleitet schnell von einem kurzen a zu einem kurzen weiten e.
[aɔ]: Die Artikulationseinstellung gleitet schnell von einem kurzen a zu einem kurzen weiten o.
[ɔœ]: Die Artikulationseinstellung gleitet schnell von einem kurzen weiten o zu einem kurzen weiten ö.

eins-zwei-drei, kleine Schmeichelei, kreideweiß sein, weiter schweigen, gleiche Teile, zwei Seiten, sich einschreiben, weit und breit, blaugrau, saure Trauben, rauschender Baum, von Haus zu Haus, eine Behauptung aufstellen, braune Augenbrauen, im Schauspielhaus, im Auslaut, treue Freunde, neuer Verkäufer, ungeheure Freude, bedeutsame Äußerung, häufige Täuschung, neunundneunzig Häuser, erfreuliches Zeugnis

Das schaffen wir mit Leichtigkeit.
Da kannst du dir eine Scheibe abschneiden.

Eigentlich sollten alle zur Feier eingeladen werden.
Wir sollten die Einzelheiten der Zeichnung beschreiben.
Ihre Augen haben ein leuchtendes Blau.
Sie wollen in Leipzig ein Haus kaufen.
Hau nicht so auf die Pauke.
Die Abteilung zieht heute in das neue Gebäude ein.
Die Häuser auf der anderen Seite sind erleuchtet.
Er wurde regelrecht ins Kreuzfeuer genommen.

! Nicht auf dem ersten Laut verharren, sondern schnell zum zweiten übergleiten. Lippen stets locker runden, nicht breit ziehen.

Übungen zur Aussprache der Konsonanten

Ü 11 Explosive [p], [t], [k]

A: Die Konsonanten [p], [t], [k] entstehen durch eine Verschlussbildung und seine Sprengung. Die Verschlusslösung erfolgt bei den Fortislauten nur im Silbenan- und -auslaut mit deutlicher Aspiration (Behauchung). Im Inlaut wird der Verschluss ohne Aspiration gelöst.
[p]: Die Lippen liegen aufeinander, Zungenspitzenkontakt mit den unteren Schneidezähnen, Gaumensegel gehoben. Die Luft staut sich im Mundraum. Der Verschluss wird gesprengt.
[t]: Die seitlichen Zungenränder berühren die Alveolen (Zahndamm) der Backenzähne, Gaumensegel gehoben. Koronale Bildung: Der vordere Zungenrand liegt an den Alveolen und den oberen Schneidezähnen; dorsale Bildung: Zungenspitzenkontakt mit den unteren Schneidezähnen, der Vorderzungenrücken liegt an den Alveolen und oberen Schneidezähnen. Die Luft staut sich im Mundraum. Der Verschluss wird gesprengt.
[k]: Der hintere Teil des Zungenrückens legt sich an den Gaumen an, Zungenspitzenkontakt mit den unteren Schneidezähnen, Gaumensegel gehoben. Die Luft staut sich im Mundraum. Der Verschluss wird gesprengt.

Pakete packen, Pläne schmieden, Teppiche klopfen, Suppe essen, mit Puppen spielen, in die Mappe legen, doppelte Portion, mittlere Gruppe, rote Lippen, lange Schleppe, steile Treppe, Tische decken, Tabletten teilen, Butter kaufen, Schritte hören, Bretter sägen, im Schatten sitzen, in den Kletterwald gehen, um die Wette laufen, auf der Matte liegen, eine Bitte äußern, Kaffee kaufen, Koffer packen, Karten drucken, mit dem Kopf nicken, verzwickte Situation, bröckelnder Putz, blonde Locken, bunte Flicken

Wir müssen das Punkt für Punkt prüfen.
Nimm sie nicht immer auf die Schippe.
Ich muss einen Happen essen.
Sie hatten trockenes Wetter.
Leg bitte den Zettel auf meinen Tisch.
Darf ich vorstellen: meine Mutter.

Ihr sollt in der Mitte bleiben.
Kauf bitte fettreduzierte Butter.
Ein Kettenschloss ist praktischer.
Das wackelt schrecklich.
Kannst du die Karte einstecken?
Die Brücke schwankt bei jedem Schritt.

! Den Verschluss fest bilden und kräftig sprengen. Lenisierung vermeiden.

Ü 12 Lautverbindungen [bl], [bʁ], [dʁ], [gl], [gn], [gʁ]

A: Die Bildung der Lenislaute [b], [d], [g] erfolgt in gleicher Weise wie die ihrer Fortispartner [p], [t], [k] (Ü 11), allerdings mit geringerer Artikulationsspannung. Die Stimmlippen schwingen.

[l]: Der vordere Zungenrand liegt an den Alveolen (Zahndamm) der oberen Schneidezähne, die Luft entweicht durch eine Enge zwischen seitlichen Zungenrändern und Backenzähnen, Gaumensegel gehoben. Die Stimmlippen schwingen.

[n]: Koronale Bildung: Der vordere Zungenrand liegt an den Alveolen (Zahndamm) der oberen Schneidezähne; dorsale Bildung: Zungenspitzenkontakt mit den unteren Schneidezähnen, der Vorderzungenrücken liegt an den Alveolen der oberen Schneidezähne. Die Stimmlippen schwingen.

[ʁ]: Der hintere Zungenrücken wölbt sich zum Gaumen auf und bildet eine Enge, die ausströmende Luft erzeugt ein schwaches Reibegeräusch. Die Stimmlippen schwingen.

Die Lautverbindungen [bl], [bʁ], [dʁ], [gl], [gn], [gʁ] werden mit geringer Artikulationsspannung (Lenes) und vorwiegend stimmhaft realisiert. Bei unangemessen hoher Artikulationsspannung wird der erste Laut der Verbindung zu einem Fortislaut.

vom Blatt ablesen, im Blick haben, sich unglaublich blamieren, Schrift einblenden, blaue Blütenblätter, blonde Brüder, Brühe mit Brötchen, Fleisch anbraten, stark bremsen, angebrannter Kartoffelbrei, brauchbarer Vorschlag, unter Druck stehen, Draht verlegen, Strafe androhen, Eindruck machen, drinnen und draußen, dramatischer Verlauf, bekannte Drogeriekette, drastische Formulierung, verglühte Kohle, glückliche Gesichter, bräunlich glänzen, gläubig lauschen, gleichgültig aussehen, glitzerndes Wasser, glimmende Glut, glänzende Augen, unverhoffte Gnade, vergnügte Stimmung, listiger Gnom, junges Gnu, polierter Gneis, grünes Gras, grauer Graphit, große Glocke, fester Griff, grelles Licht, freundlich grüßen, gratis abgeben, in Gruppen arbeiten

Sie haben mir Einblick gewährt.
Das Gebläse ist ausgefallen.
Die Bluse ist blendend weiß.
Zum Braten gab es frisches Brot.
Sven bringt Brötchen mit.
Ich hab schon lange keinen Brief mehr bekommen.

Am Anfang ging alles drunter und drüber.
Ich war drauf und dran, alles hinzuwerfen.
Wir geben den Auftrag an die Druckerei.
Das ist mir geglückt.
Er glaubt das nie.
Willst du Gleiches mit Gleichem vergelten?
Gönne uns das Vergnügen.
Die Jury war gnädig gestimmt.
Ich kann das nicht begreifen.
Das müssen wir nicht an die große Glocke hängen.
Wann wurde der Verein gegründet?

! Den Verschluss des Lenis-Explosivlautes der jeweiligen Lautverbindung nicht zu fest bilden und nicht zu stark sprengen.

Ü 13 Lautverbindung [pf]

A: Die Lautverbindung setzt sich aus einem Explosiv und einem Frikativ zusammen:

[p]: Die Lippen liegen aufeinander, Zungenspitzenkontakt mit den unteren Schneidezähnen, Gaumensegel gehoben. Die Luft staut sich im Mundraum. Der Verschluss wird gelöst, indem sich die Oberlippe leicht hebt. Die Artikulationseinstellung gleitet schnell zum [f] über.

[f]: Der Innenrand der Unterlippe und die oberen Schneidezähne bilden eine Enge, die ausströmende Luft erzeugt ein intensives Reibegeräusch, Zungenspitzenkontakt mit den unteren Schneidezähnen, Gaumensegel gehoben.

auf Heller und Pfennig, ein Lied pfeifen, ein Feld pflügen, an die Pforte klopfen, seine Pflicht tun, in der Pfanne braten, als Pförtner arbeiten, Kranke pflegen, Pflichtgefühl besitzen, Pflaumen ernten, Pflanzen züchten, Pferde zähmen, Pfeifen stopfen, Pfosten einschlagen, Äpfel pflücken, hautfreundliches Pflaster, weißer Pfeffer, frohe Pfingsten, fünfzig Pfennige, frische Pfannkuchen, weiche Pfoten, reife Pfirsiche, spitze Pfeile

Bring bitte zwei Pfund Äpfel mit.
Ich backe Pflaumenkuchen und eine Pfirsichtorte.
Die Pfosten sind aus altem Eichenholz.
Man sieht den Pferden die gute Pflege an.
Meine Katze hat sich die Vorderpfoten verletzt.
Gib endlich die Pfandflaschen ab.
Das Pflaster löst sich immer wieder.
In den Pfingstferien fahren wir in den Urlaub.
Ich hab' eine gepfefferte Rechnung bekommen.
Wir können nur an dein Pflichtgefühl appellieren.

! Deutliche Verschlussbildung und -sprengung bei [p], nicht nur ein [f] sprechen.

Ü 14 Frikative [s] und [z]

A: Dorsale Bildung: Zungenspitzenkontakt mit den unteren Schneidezähnen, Gaumensegel gehoben, die Vorderzunge wölbt sich zu den Alveolen der oberen Schneidezähne. Die seitlichen Zungenränder legen sich an den Gaumen bzw. an die Backenzähne, im vorderen Zungenrücken bildet sich eine schmale Längsrille, die die ausströmende Luft auf die Enge zwischen Zungenrücken, Gaumen und Schneidezähnen lenkt.

Apikale Bildung: Der vordere Zungenrand nähert sich den Alveolen (Zahndamm) der oberen Schneidezähne, ohne sie in der Mittellinie zu berühren, im vorderen Zungenrücken bildet sich eine schmale Längsrille, die seitlichen Zungenränder legen sich an den Gaumen bzw. an die Backenzähne an, Gaumensegel gehoben.

Bei hoher Artikulationsspannung entsteht ein intensives Reibegeräusch (Fortis), bei geringerer Artikulationsspannung ein vermindertes (Lenis). In Abhängigkeit von der Lautumgebung schwingen beim Lenislaut die Stimmlippen.

Die Lautverbindungen [ks], [ps], [ts] setzen sich aus einem Explosiv (Ü 11) und dem Frikativ [s] zusammen: Die Artikulationseinstellung gleitet schnell vom ersten zum zweiten Laut über, dabei wird der Verschluss gelöst.

in der Sonne sitzen, auf der Wiese liegen, sein Pensum schaffen, rasend schnell, sei leise, Verse lesen, Kurse besuchen, eine mühsame Reise, ein Sommer am See, im Lesesaal, böse Späße, saftiges Gras, weißer Samt, großes Versäumnis, nach Sendeschluss, im sechsten Semester, in der Sackgasse, sein Messeausweis, eine Seitenstraße, die Zeit nutzen, zwei Zimmer heizen, zum Ziel kommen, Zoll bezahlen, zum Leipziger Zentrum, zehnter März, komplizierte Situation, zweite Lektion, jetzige Generation, das ist zu beweisen, in der Zwischenzeit, verzwickte Geschichte, zwecklose Versuche, gezwungenes Verhalten, zweiundzwanzig Sätze, in die Lücke zwängen, Zweifel hegen, sechs Füchse, Getreide häckseln, links gehen, tagsüber arbeiten, Kekse backen, Texte lesen, Geld wechseln, sag's doch endlich, im Lexikon suchen, mit Farbe klecksen, Psychologie studieren, Schnipsel aufsammeln, Krebse fangen, grüne Erbsen, einen Stups geben, am liebsten schlafen, aus dem Gröbsten sein, wie du lebst, wen du liebst

Wir brauchen noch ein Visum für unsere Reise.
Das sollten wir von allen Seiten beleuchten.
In der großen Pause treffen wir uns am Rosenbeet.
Das Mensaessen ist besser geworden.
Er muss es wissen.
Welche Station ist das?
Ich trinke meinen Tee mit Zitrone und Zucker.
Morgen müssen wir zeitig aufstehen.
Lasst zwei Zeilen Zwischenraum.
Bring bitte Zwieback mit.
Er hat nur mit den Achseln gezuckt.
Du musst mehr Obst essen.

Ü 15 Frikativ [ç]

A: Wie beim [j] wölbt sich die Vorderzunge zum vorderen Teil des harten Gaumens und bildet dort eine Enge, die seitlichen Zungenränder liegen am Gaumen, Zungenspitzenkontakt mit den unteren Schneidezähnen. Die Lippen werden wie beim Lächeln leicht gespreizt.

sie heucheln, sie leuchten, gebräuchliche Bezeichnungen, neue Rechenbücher, weiche Tücher, in München, mancher fürchtet sich, durch dich, sie horchen, in China studieren, bekannter Chemiker, gefragter Chirurg, unendliche Geschichte, mäuschenstill sein, Fischstäbchen essen, Durchschnittswerte berechnen, Gleichstellung beantragen, einen Apfel durchschneiden, ich stehe da, ich schlafe, dich schicken, sich schön finden

Er möchte sich entschuldigen.
Im Unterricht berichtigen wir täglich die Hausaufgaben.
Er findet dich schön.
Du machst mich stolz.
Lass mich schreiben!
Sie fühlt sich schrecklich.
Neben dich stell ich mich nicht.
Der Rechtsstreit ist langwierig.
Im Durchschnitt habe ich 24 Semesterwochenstunden.
Im Unterricht werden wir den Stoff chemisch analysieren.

! Lippen nicht runden oder stülpen. Zungenspitzenkontakt nicht lösen. Zungenspannung halten. Luft muss sich am Gaumen reiben, nicht an den Zähnen, da der Laut in diesen Fällen zu [ʃ] bzw. [s] tendiert.

Ü 16 Konsonantenverbindungen

A: Diese Lautverbindungen setzen sich aus zwei oder mehreren Konsonanten zusammen. Da ihre Artikulationseinstellungen schnell ineinander übergleiten, müssen die Einzellaute klar abgegrenzt werden.

Ausstrahlung, Geschichtsschreibung, Gebirgsstraße, Lachsschinken, Ausschuss produzieren, Hausschuhe anziehen, die Kreisstadt besuchen, das schwerste Paket, ausschließlich für Mitglieder, in der Handelsschule, es strengt an, es spielt sich ein, es scheint so, du löschst, du mischst, du naschst, du täuschst, du wischst, du wünschst, das Ziel, das Zelt, das Zeugnis, Auszeichnung, Esszimmer, Tageszeitung, Weisheitszähne, sechs Reißzwecken, in der Eiszeit, Rehabilitationszentrum, Reproduktionszeit, Durchschnittszahl ermitteln, Geld auszahlen, Schuhe ausziehen, kurzzeitige Reise, weiße Notizzettel, sanierte Heizzentrale, internationales Pelzzentrum, Satzzeichen setzen, den Platz zeigen, im Netz zappeln, der Blitz zuckt, sie seufzt, er ächzt, sie jauchzt

Wie heißt das in der Landessprache?
Das Schlimmste ist überstanden.
Wächst du heute Wäsche?
Was wünschst du Dir?
Das stimmt einfach nicht.

Hier geht's zum Bootssteg.
Er ist stets großzügig.
Das hängt von der Tageszeit ab.
Wo sind die Reißzwecken?
Du kommst zeitig.
Du nimmst Zucker?
Ist der Platz besetzt?
Wer kam zuletzt?
Wir haben die Chance nicht genutzt.
Setzt bitte die Satzzeichen ein.
Hast du die Durchschnittszahl berechnet?

! Benachbarte Konsonanten präzise artikulieren, nicht zu einem Laut ver-
schleifen.

6.4 Phonetische Umschriftzeichen

phonetisches Zeichen	Beispiel		mögliche Grapheme
Vokale			
[ɪ]	f*i*nden	['fɪndn̩]	i
[i:]	v*ie*l	[fi:l]	i, ie, ih
[ɛ]	w*e*g	[vɛk]	e, ä
[ɛ:]	w*ä*hlen	['vɛ:ln̩]	ä, äh
[e:]	W*e*g	[ve:k]	e, ee, eh
[ə]	Blum*e*	['blu:mə]	e
[a]	*a*b	[ap]	a
[a:]	*A*bend	['a:bənt]	a, aa, ah
[ɔ]	T*o*nne	['tɔnə]	o
[o:]	T*o*n	[to:n]	o, oo, oh
[ʊ]	B*u*cht	[bʊxt]	u
[u:]	B*u*ch	[bu:x]	u, uh
[œ]	L*ö*cher	['lœçɐ]	ö
[ø:]	L*ö*hne	['lø:nə]	ö, öh
[ʏ]	f*ü*llen	['fʏln̩]	ü, y
[y:]	f*ü*hlen	['fy:ln̩]	ü, üh, y
[ɐ̯]	seh*r*	[ze:ɐ̯]	r
[ɐ]	ab*er*	['a:bɐ]	r, er
[aɛ̯]	B*ei*n	[baɛ̯n]	ei, ai, ey, ay, eih
[aɔ̯]	B*au*m	[baɔ̯m]	au, ao
[ɔœ̯]	B*eu*te	['bɔœ̯tə]	eu, äu

118

Konsonanten			
[m]	*M*und	[mʊnt]	m, mm
[n]	*N*ase	['na:zə]	n, nn
[ŋ]	Kla*ng*	[klaŋ]	ng, n(k)
[l]	*L*ied	[li:t]	l, ll
[ʁ], [ʀ], [r]	*R*at	[ʁa:t], [ʀa:t], [ra:t]	r, rr, rh
[ʶ]	kla*r*	[kla:ʶ]	r
[f]	*F*ass	[fas]	f, ff, v, ph
[v]	*w*as	[vas]	w, v, qu
[s]	Gra*s*	[gʁa:s]	s, ss, ß, st, sp
[z]	Grä*s*er	['gʁɛ:zɐ]	s
[ʃ]	*sch*on	[ʃo:n]	sch, st, sp
[ʒ]	*G*enie	[ʒe'ni:]	j, g
[ç]	di*ch*	[dɪç]	ch, -ig
[j]	*j*a	[ja:]	j
[x]	Da*ch*	[dax]	ch
[h]	*H*ase	['ha:zə]	h
[p]	*p*acken	['pakŋ̩]	p, pp, -b
[b]	*b*acken	['bakŋ̩]	b, bb
[t]	En*t*e	['ɛntə]	t, tt, -d, th, dt
[d]	En*d*e	['ɛndə]	d, dd
[k]	*K*ern	[kɛʶn]	k, ck, -g, ch, c
[g]	*g*ern	[gɛʶn]	g, gg
Zusatz-zeichen			
[']	Gesang	[gə'zaŋ]	Wortakzent
[˚][̥]	Absicht	['apz̥ɪçt], Abgabe ['apğa:bə]	Entstimmlichung
['][']	Leben	['le:bm̩], backen ['bakŋ̩]	Silbigkeit
[:]	Bad	[ba:t]	Vokallänge
[̭]	Region	[ʁe'gɪ̯on]	Unsilbigkeit
[ǀ]	Theater	[teǀ'a:tɐ]	Vokalneueinsatz
[‿]	mitteilen	['mɪttaɛ̯ln]	verbunden

Standardaussprache

Begriff:
- gesprochene Form der Standard- oder Literatursprache,
- kodifiziert (Normen sind in Aussprachewörterbüchern festgelegt),
- überregional, also allgemein verständlich (unabhängig von der territorialen Herkunft der Kommunikationspartner),
- verbindlich für die öffentliche Kommunikation (z. B. Medien, Bühne, Schule, Hochschule, Politik, Wirtschaft),
- physiologisch (entspricht den allgemeinen Artikulationsmerkmalen des Deutschen),
- ermöglicht situativ angemessenes Sprechen (Stilistische Varianten/Formstufen).

Allgemeine Artikulationsmerkmale des Deutschen:
(für die Lautbildung einer Sprache charakteristische phonetische Merkmale)
- relativ hohe Artikulationsspannung, kräftige aber elastische Artikulation,
- deutliche Lippentätigkeit, Tendenz zu runder bzw. ovaler Einstellung, Lippen von Zähnen abgehoben (Verlängerung des Ansatzrohres),
- deutliche Bewegung des Unterkiefers (Öffnungsweite),
- bei fast allen Lauten Zungenspitzenkontakt mit unteren Schneidezähnen, keine Rückverlagerung des Zungenkörpers,
- Gaumensegel gehoben (außer bei Nasalen),
- Kehlkopftiefstand (Vergrößerung des Ansatzrohres ⇒ Stimmqualität).

Vokale (Öffnungslaute):
Deutsche Vokale unterscheiden sich hinsichtlich ihrer *Qualität* (eng gespannt und weit ungespannt) und ihrer *Quantität* (lang und kurz). Qualität und Quantität bedingen einander in den meisten Fällen, es gibt im Deutschen lange enge Vokale und kurze weite Vokale.

Ausnahmen:

a-Laute	werden nur hinsichtlich ihrer Quantität unterschieden;
e-Laute	weisen neben den beiden üblichen Vokalvarianten den einzigen langen, weiten Vokal und einen der beiden reduzierten Vokale im Deutschen, den Schwa-Laut, auf;

Diphthonge unterscheiden sich hinsichtlich Qualität und Quantität nicht. Sie werden immer kurz und locker gerundet realisiert;
Vokalisiertes r (vokalisches r) ist ein reduzierter Vokal.

Konsonanten (Hemmlaute):
Wesentliche Lauteigenschaften deutscher Konsonanten resultieren aus:
* Artikulationsstelle (Ort der Hemmstelle);
* Artikulationsmodus (Art der Hemmung): Verschluss oder Enge;
* Überwindungsmodus (Überwindungsweise der Hemmstelle): Sprengung oder Reibung;
* artikulierendem Organ: z. B. Lippen, Zunge;
* Spannungsgrad: fortis (stark) und lenis (schwach);
* Stimmbeteiligung: stimmhaft und stimmlos.

Bedeutungsunterscheidendes Merkmal *paariger Konsonanten* (gleiche Artikulationsstelle) im Deutschen ist der Spannungsgrad (Fortis und Lenis). Fortes sind immer stimmlos. Lenes können stellungsbedingt (durch Assimilation) ihre Stimmhaftigkeit verlieren. Paarige Konsonanten sind Verschluss- und Engelaute. *Unpaarige Konsonanten* haben keinen Partnerlaut mit der gleichen Artikulationsstelle. Unpaarige Konsonanten sind Nasale, das konsonantische r, der Seitenengelaut [l] und der Hauchlaut [h].

Assimilationen (Lautangleichungen):
Insbesondere bei schnellerem bzw. weniger gespanntem Sprechen werden Konsonanten aus Gründen der Sprechökonomie einander angeglichen.
* Angleichung in der Artikulationsstelle: liegen die Artikulationsstellen benachbarter Konsonanten weit auseinander, werden sie einander angeglichen.
* Angleichung in der Artikulationsart: beim Zusammentreffen mehrerer gleicher Enge- oder Verschlusslaute wird nur ein Laut realisiert.
* Angleichung im Grad der Stimmbeteiligung: die Leniskonsonanten [b, d, g, v, z, j, r] werden nach vorausgehenden Fortiskonsonanten stimmlos und zum Teil auch mit verstärktem Geräusch gebildet.

Reduktionen (Lautschwächungen):
Reduktionen sind Lautschwächungen, die bis zum völligen Lautausfall führen können. Sie sind in unbetonten, nicht bedeutungstragenden Silben zu beobachten, insbesondere in den Suffixen <-el>, <-em>, <-en>.
* *In Formstufe 1* (künstlerisch oder rednerisch reproduzierter Text) bleibt der Schwa-Laut [ə] in den meisten Fällen erhalten.
* *In Formstufe 2* (Gespräch und freie Rede) fällt der Schwa-Laut [ə] in der überwiegenden Zahl der Fälle aus.

Stilistische Varianten (Formstufen) der deutschen Standardaussprache

1. Gehobene Formstufe

künstlerisch oder rednerisch reproduzierter Text

- Rezitation und Prosalesung von Texten mit höherem Spannungsgrad bzw. auf einer höheren sprachstilistischen Ebene
- Manuskriptrede
- freie Rede mit höherem Spannungsgrad
- Sprechen vor größerem Hörerkreis, in großen Räumen, unter ungünstigen akustischen Bedingungen, unter Störlärm

2. Gemäßigte Formstufe

Gespräch und freie Rede

- Rezitation und Prosalesung von Texten mit geringerem Spannungsgrad bzw. auf einer niedrigeren sprachstilistischen Ebene
- Vortrag mit geringerem Spannungsgrad
- Gespräche und Diskussionen im privaten und offiziellen Bereich

Innerhalb ein und derselben Äußerung kann ein Wechsel zwischen beiden Ebenen stattfinden.

Zunahme der Reduktionen und Assimilationen

7 Sprecherische Gestaltung

7.1 Sprecherische Gestaltungsmittel
7.1.1 Begriff und Funktion

Die Aneinanderreihung leserlich geschriebener Buchstaben bzw. klar artikulierter Laute ergibt noch keine verständliche Äußerung. Sowohl im schriftlichen als auch im mündlichen Bereich bedarf es der Mittel der Strukturierung und Verdeutlichung, um eine Mitteilung eindeutig verstehbar zu machen. Fehlen die formalen Mittel der Strukturierung, so ist, wie das folgende Beispiel zeigt, eine Graphemfolge nur unter Schwierigkeiten zu entschlüsseln.

hansgeorgstengeltrugschlussdermalerrembrandtwarinfrüherenzeiteneinmeisterderhelldunk elmalereidochesisttörichtdarausabzuleitendasswerschwarzweißmaltschoneinrembrandtsei

Diese Funktion übernehmen in einem geschriebenen Text Groß- und Kleinschreibung, Satzzeichen, Silbentrennungszeichen, Wortzwischenräume, Absatzmarkierungen, Hervorhebungen durch andere Schriftarten, Fettdruck, Unterstreichungen u. a. m. Sind sie vorhanden, ist der Text lesbar, ist er zu verstehen.

Hansgeorg Stengel: Trugschluss
Der Maler Rembrandt war in früheren Zeiten
ein Meister der Hell-Dunkel-Malerei.
Doch es ist töricht, daraus abzuleiten,
dass, wer schwarzweiß malt, schon ein Rembrandt sei.

Darüber hinaus werden, um Verstehen zu sichern, bestimmte situative Bedingungen, wie räumliche Verhältnisse, Farben, Geräusche, Lichtverhältnisse, Äußeres, Eigenarten, Sprechweise, Verhaltensweisen, Stimmungen/Emotionen, Haltungen handelnder Personen u. v. m. verbal beschrieben. Die o. g. formalen Mittel der Textstrukturierung stehen in der sprechsprachlichen Kommunikation nicht zur Verfügung. Die Funktion der Strukturierung und des „Eindeutig-Machens" erfüllen in der gesprochenen Sprache *Sprecherische Gestaltungsmittel.* Dazu zählen Gliederung, Akzentuierung, Melodieführung, Sprechtempo, Lautstärke, Klangfarbe, Artikulation und Sprechspannung. Auf Grund der spezifischen Merkmale des Hörverstehensprozesses (→ Pabst-Weinschenk 2004b, 58 ff.) kommt ihnen eine besondere Bedeutung zu. Während der Leser einen Text unbegrenzt häufig lesen kann, um seinen Inhalt aufzunehmen, einzuordnen, Zusammenhänge zu entschlüsseln, ihn also zu verstehen, hat der Hörer dafür nur eine Chance. Mehrere Prozesse laufen parallel ab. Er muss die Botschaft akustisch aufnehmen, ihren Sinn erfassen, den Grad ihrer Bedeutsamkeit erkennen usw., um sie letztlich verstehen zu können. Sprecherische Gestaltungsmittel ermöglichen und begünstigen, erschweren oder verhindern gar das Hörverstehen – ein bedeutsamer Faktor für die Gestaltung von Lehr- und Lernprozessen. Sie ermöglichen verständliches, situativ angemessenes, textadäquates und damit wirkungsvolles Sprechen. Diese verbalen und paraverbalen Mittel (das Hörbare) werden begleitet, unterstützt und verdeutlicht, u. U. aber auch in Frage gestellt von nonverbalen Mitteln (das Sichtbare) [2.1, 8.3]. Sprecherische Gestaltungsmittel sind nur begrenzt normierbar und lehrbar. Lediglich Akzentuierung, Gliederung und Satzmelodie unterliegen innerhalb einer Sprachgemeinschaft bestimmten Regeln. Dies gilt jedoch vorwiegend für das Sprechen mit sachlichinformierender Grundhaltung; bei emotionalem Sprechen verlieren diese „Normen" ihre Gültigkeit [7.1.2-7.1.4]. Darüber hinaus ist in diesem Zusammenhang von Bedeutung, ob ein schriftlich vorliegender oder weitgehend geplanter Text sprecherisch umgesetzt oder eine Äußerung frei formuliert wird. Frei formulierte Äußerungen folgen den Regeln zur Gliederung, Akzentuierung und Melodieführung nur bedingt.

Auf die Begriffe *suprasegmentale (intonatorische, prosodische) Mittel* wird hier bewusst verzichtet, da sich das Begriffsverständnis in der Literatur äußerst vielschichtig und kompliziert darstellt. Die Termini Suprasegmentalia, Intonation und Prosodie werden von einigen Autoren synonym verwendet, andere definieren sie abweichend, ordnen ihnen unterschiedliche Merkmale zu oder äußern Vorbehalte gegen einen der Begriffe (Neuber 2002, 15 ff., Wendt 2007, 36 ff.). Auch bei Verwendung des gleichen Terminus wird inhaltlich differenziert. So existieren beispielsweise ein enger und ein weiter Intonationsbegriff (→ Hirschfeld/Stock 2004, 39 f., Wendt 2007, 43 ff.). Stock definiert Intonation als

„... ein Mittel des Sprechens. ... (Sie) umfasst ... diejenigen Kombinationen von Tonhöhen-, Lautheits- und Tempoveränderungen, die gesprochene Texte und Äußerungen als Ganzheiten kennzeichnen und ihnen durch Akzente und Pausen eine Struktur, eine ,innere Gestalt' geben. In bestimmten Fällen trägt die Intonation auch dazu bei, die Satzart zu charakterisieren. Insbesondere aber hilft sie den Sprechenden, ihre Einstellungen zum Hörer und ihre Gefühle kundzugeben. Sie ist also sowohl Satzbildungsmittel als auch Ausdrucksmittel." (1999, 7)

Neuber verwendet die Termini Prosodie und Intonation synonym. Sein Prosodiebegriff beinhaltet darüber hinaus die Merkmale Stimmqualität, Stimmausdruck und temporale Parameter (2002, 52, 2010, 69 ff., Hirschfeld/Neuber 2010). Der hier verwendete Begriff *Sprecherische Gestaltungsmittel* schließt die Kriterien der von Stock vertretenen weiten Intonationsauffassung, stimmliche Merkmale wie bei Neuber und weitere Mittel der Sprechgestaltung ein. Sprecherische Gestaltungsmittel erfüllen mehrere Funktionen. Sie ermöglichen es,

• Äußerungen zu strukturieren und damit zu verstehen, Verständlichkeit zu sichern,
  Die Wortfolge *was meinte der Mann hat er gesagt* kann unterschiedliche Bedeutung erhalten:
  „Was", meinte der Mann, „hat er gesagt?"
  „Was meinte der Mann?", hat er gesagt.
  Was meinte der Mann, hat er gesagt?

Die formale Strukturierung im Schriftbild wird mit Hilfe sprecherischer Gestaltungsmittel in Sprachschall „übersetzt", hörbar gemacht. Im Beispiel sind das insbesondere Gliederung, Akzentuierung und Melodieführung.

- eindeutige Botschaften zu formulieren,

   Kommst du heute Abend? Mit fallender Endmelodie (Informationsmotiv [7.1.4]) gesprochen, ist dies eine sachliche Frage, auf die ein schlichtes Ja oder Nein erwartet wird. Steigende Endmelodie (Kontaktmotiv [7.1.4]) signalisiert Interesse, impliziert eine Bitte.

- über den verbalen Inhalt hinaus zusätzliche Informationen zu übermitteln über Absicht, Haltung, Befindlichkeit des Sprechers, über Emotionen und Wertungen,

   Das war ein Tag. Leise, mit geringer Sprechspannung, schwachem Akzent und behauchtem Stimmklang gesprochen, kann dieser Satz ausdrücken, dass der Sprecher müde, „geschafft" ist. Höhere Lautstärke und Sprechspannung, ein kräftiger Akzent auf „war" und klarer Stimmklang drücken dagegen Zufriedenheit/Genugtuung und Freude über Erlebtes bzw. Bewältigtes aus.

- die Kommunikation zu beeinflussen, zu steuern [4.3, 8.3].

   Variables situations- und inhaltsadäquates Sprechen erleichtert das Verstehen. Hörer können ohne zusätzliche Anstrengung gut folgen, ermüden nicht vorschnell.

   Die Gesprächsatmosphäre und damit der Verlauf eines Gesprächs kann durch den bewussten Einsatz sprecherischer Gestaltungsmittel günstig beeinflusst werden. Langsames, ruhiges, nicht zu lautes Sprechen, insbesondere bei kontroversen Meinungen, trägt dazu bei, Konflikte zu vermeiden bzw. zu vermindern.

Sprecherische Gestaltungsmittel wirken immer im Komplex und beeinflussen sich wechselseitig. So ist z. B. bei hoher Sprechspannung der Akzent stärker und die Artikulationspräzision höher als bei geringer Sprechspannung. Mit Hilfe nur eines sprecherischen Gestaltungsmittels allein ist es nicht möglich, eine bestimmte Emotion oder Wertung auszudrücken. Einzelne Gestaltungsmittel können gegenüber anderen jedoch stärker hervortreten. So kommt beispielsweise dem Stimmklang beim Ausdruck von Emotionen und Haltungen eine besondere Bedeutung zu, während Stimmklangvariationen bei sachlichem Sprechen eher eine untergeordnete Rolle spielen. Hier überwiegen Akzentuierung, Gliederung und Melodieführung als Gestaltungsmittel.

7.1.2 Gliederung

Die Funktion der Gliederung besteht darin, den vorformulierten oder frei produzierten gesprochenen Text (→ Stock 1999, 10) für den Hörer in sinnvolle, aufnehmbare Teilinformationen, in hörverständliche Sprecheinheiten zu unterteilen. Ungegliedertes Aneinanderreihen von Lauten, Silben, Wörtern ergibt, wie das Beispiel zeigte, keinen Sinn. Mit Hilfe der Akzentuierung und der Gliederung wiederum werden die Beziehung der Teilinformationen zueinander und der Grad ihrer Bedeutsamkeit im Ausspruch markiert. Gliederung, Akzentuierung und Melodieführung stehen in einem engen Zusammenhang und beeinflussen einander wechselseitig. Wesentliches Mittel der Gliederung sind Pausen, daneben u. a. auch deutliche Verlangsamung des Sprechtempos, Lautdehnungen und Veränderungen des Melodieverlaufs. Im Wesentlichen sind zwei Arten von Pausen zu unterscheiden: *Atempause* [4.2.1, 4.2.3] und *Staupause* (Zäsur, Gliederungspause, Gestaltungspause). Während in der Staupause die Sprechspannung und damit der gedankliche Zusammenhang erhalten bleiben, wird in der Atempause die Spannung gelöst. Deutlicher Spannungsabfall signalisiert dem Hörer u. a. einen inhaltlichen Einschnitt. Hörverständliches inhaltsbezogenes Sprechen setzt daher voraus, dass Atem- und Sinngliederung übereinstimmen. Zwischenatmen [4.2.2] erschwert das Verstehen. Aus diesem Grund sind Atempausen (‖) grundsätzlich nur am Ende von Sinneinheiten zulässig. Eine Sinneinheit (Sinnschritt, Ausspruch, Informationseinheit) stellt eine Teilinformation des Gesamtausspruchs dar, die in sich vollständig ist, d. h., sie ergibt für sich allein stehend eine Botschaft, einen Sinn. Sie entspricht, wenn er kurz und wenig untergliedert ist, dem Satz. Längere Sätze hingegen können aus zwei oder mehreren Sinneinheiten bestehen. In Einwortsätzen (Ja. Fünfundzwanzig? Heute!) sind Wort, Akzentgruppe, Sinneinheit und Satz identisch.

Wir treffen uns um zwölf am Augustusplatz.‖
Wenn Sie wieder nach Leipzig kommen, zeige ich Ihnen die neuen Universitätsgebäude.‖
Vormittags gehen wir ins Museum der Bildenden Künste,‖ um zwei bringe ich Sie zu Ihrer Sitzung,‖ und für den Abend habe ich Gewandhauskarten bestellt.‖

Sinneinheiten setzen sich aus kleineren Einheiten zusammen, aus Akzentgruppen. Eine Akzentgruppe besteht aus einer akzentuierten Silbe und einer oder mehreren unakzentuierten Silben. Die typische Folge betonter und unbetonter Silben ergibt einen bestimmten, für das Deutsche charakteristischen Sprechrhythmus, der sich z. B. in der Bildung rhythmischer Gruppen zeigt (→ Stock 1999, 68 f.). Akzentgruppen sind „Bausteine" der Sinneinheit und werden aus inhaltlich bzw. grammatisch eng zusammengehörigen Wörtern und Silben gebildet. Beim sachlichen, nicht affektgeladenen Sprechen folgt die Gruppierung von akzentlosen Silben um Akzentsilben gewissen Regeln (→ Stock 1999, 71 f.). Von den vorausgehenden Wörtern werden der Akzentstelle angeschlossen:
- Pronomen vor dem Verb,
- Artikel, Pronomen und Präpositionen als Teile von Satzgliedern,
- Konjunktionen, die einen Redeteil oder ein Satzglied einleiten;
von den nachfolgenden:
- Pronomen hinter dem Verb,
- sonstige akzentlose Wörter (Stock 1999, 72).
Staupausen (|) markieren die Akzentgruppen.

Wir treffen uns | um zwölf | am Augustusplatz.‖
Vormittags | gehen wir | ins Museum | der Bildenden Künste,‖ um zwei | bringe ich Sie | zu Ihrer Sitzung,‖ und für den Abend | habe ich Gewandhauskarten bestellt.‖

Nicht jede mögliche Stelle für eine Atempause und nicht alle potentiellen Stellen für eine Staupause werden jedoch beim Sprechen praktisch genutzt. Der Sprecher wählt je nach seiner Mitteilungsabsicht aus. Je langsamer oder je nachdrücklicher gesprochen wird, umso mehr, meist auch umso längere Pausen treten auf.

Vormittags gehen wir ins Museum der Bildenden Künste, | um zwei bringe ich Sie zu Ihrer Sitzung,‖ und für den Abend | habe ich Gewandhauskarten bestellt.‖

Vormittags | gehen wir ins Museum der Bildenden Künste,‖ um zwei | bringe ich Sie zu Ihrer Sitzung, | und für den Abend habe ich Gewandhauskarten bestellt.‖

7.1.3 Akzentuierung

Neben Gliederung und Melodieführung trägt die Akzentuierung zur Strukturierung des Gesprochenen bei. Mit Hilfe des Akzents markiert der Sprecher kommunikativ Wichtiges (was bedeutsam, neu oder auch widersprüchlich ist). Der Hörer erhält das Signal: Achtung, merken! Sparsame bedeutungsrelevante Akzentuierung erleichtert den Hörverstehensprozess; Akzenthäufungen wirken eher kontraproduktiv. Wird zu vieles akzentuiert und damit als wichtig hervorgehoben, erschwert dies das Verstehen. Die einzelnen Akzente werden „eingeebnet", verlieren an Kraft, an „Signalwirkung" und der Hörer wird im Verstehensprozess nicht unterstützt, sondern irritiert, weil die Botschaft nicht eindeutig ist. Das ist beispielsweise häufig beim Hören von Rundfunk- und Fernsehnachrichten zu bemerken. Eine Vielzahl von Akzenten führt dazu, dass sich das Gehörte nicht oder nur schwer einprägt und die Information nur bruchstückhaft aufgenommen wird. Es ist somit ratsam, Betonungen sparsam einzusetzen. Jede Sinneinheit erhält nur einen Hauptakzent. Alle anderen Akzente ordnen sich diesem unter. Was bereits gesagt wurde, ist nicht neu und erhält daher keinen Akzent.

Durch den Akzent wird eine Silbe im Wort hervorgehoben. Im Deutschen wird dabei die Sprechenergie „... punktförmig auf die Akzentstellen konzentriert ... die entsprechenden Silben werden beinahe überdeutlich von den akzentlosen Silben ..." (Stock 1999, 52) abgehoben. *Merkmale der Akzentsilbe* sind:

- Veränderungen der Sprechmelodie (deutliches Ansteigen oder Abfallen),
- langsameres Sprechtempo,
- höhere Sprechspannung,
- präzise Aussprache,
- höhere Lautstärke. Situationsabhängig kann die Akzentsilbe auch deutlich leiser gesprochen werden.

Diese Merkmale gelten gleichermaßen für den Wort- und den Satzakzent (Ausspruchsakzent, Kernakzent, Wortgruppenakzentuierung). Situative Bedingungen, Mitteilungsabsicht, Haltung und Gestimmtheit des Sprechers bestimmen die Art der Akzentuierung. Sowohl Wort- als auch Satzakzent können als Sachakzent (normale, neutrale Akzentuierung) oder als emotionaler Akzent (emphatischer Akzent, emotionale Akzentuierung) realisiert werden. Der festen Regeln folgende Sachakzent wird bei sachlich-informierender Grundhaltung angewendet, also in der ruhigen affektfreien Rede. Der emotionale Akzent ist durch stärkere Melodie-, Tempo- und Lautstärkeveränderungen gekennzeichnet. Er folgt keinen festen Regeln, d. h., nahezu jede Silbe im Wort oder Ausspruch kann akzentuiert werden. Spezielle Formen sind der didaktische und der Kontrastakzent. In den meisten Sprachen folgt die Wortakzentuierung festen Regeln. So ist der Wortakzent z. B. im Spanischen (je nach Lautumgebung letzte oder vorletzte Silbe), im Ungarischen (erste Silbe), im Französischen (letzte Silbe) abhängig von der Stellung der Silbe im Wort. Werden diese muttersprachlichen Betonungsgewohnheiten auf eine Fremdsprache, z. B. das Deutsche übertragen (Interferenz [2.4.1, 6.1]), und damit der typische Sprechrhythmus verändert, schränkt das die Verständlichkeit ein und erschwert den Verstehensprozess. Der Hörer muss die Fehler hörend korrigieren, um verstehen zu können. Das bedeutet zusätzliche Leistung; Hörer ermüden schneller, hören u. U. nicht mehr zu, „geben auf". Das gilt in gleicher Weise für den Satzakzent.

Hauptregeln für den Wortakzent in deutschen und eingedeutschten Wörtern
- Grundregel: Akzentuierung der Stammsilbe.
  'Blume, 'leben, 'Kugel, 'weiter, 'Freundlichkeit, 'Lehrerin, be'greifen, ge'fallen, ent'stehen, ver'halten, zer'brechen
- In Ableitungen mit ur-, -ei, -ieren trägt das Präfix oder das Suffix den Akzent.
  'Urlaub, Maler'ei, buchstab'ieren
- Die Präfixe miss- und wider- sind akzentuiert. Sie sind nur in Verben akzentlos, wenn die Stammsilbe dem Präfix folgt.
  'Misstrauen, 'missverstehen, 'widerspiegeln, 'widersinnig, *aber* miss'trauen, wider'fahren
- Das Präfix un- wird immer akzentuiert, wenn ein Adjektiv oder Substantiv negiert wird.
  'Unwetter, 'Ungeduld, 'unbewusst, 'ungemütlich
  Gibt es kein entsprechendes Wort ohne un-, schwankt die Betonung.
  unbe'schreiblich oder 'unbeschreiblich, un'zählig oder 'unzählig
- In trennbar zusammengesetzten Verben liegt der Akzent auf dem Präfix.
  'abfahren, 'freisprechen, 'mitgehen, 'zusehen
- Zweigliedrige Zusammensetzungen:
  In Zusammensetzungen aus Grund- und Bestimmungswort (Determinativkomposita) trägt das Bestimmungswort den Akzent.
  'Atemtechnik, 'Gesprächsführung, 'fahrtüchtig, 'schreibgeschützt
  In gleichgeordneten Zusammensetzungen (Kopulativkomposita) trägt das letzte Glied den Akzent.
  dreiund'zwanzig, schwarz'weiß, Sachsen-'Anhalt
  In mehrgliedrigen Zusammensetzungen sind verschiedene Strukturen möglich.
Die Fremdwortakzentuierung richtet sich i. W. nach Herkunft und Endsilbe (→ Krech et al. 2009, 47 f.).

Treten Wörter zu Wortgruppen oder Sätzen zusammen, übernimmt eine der Wortakzentsilben die Funktion des Wortgruppen- oder Satzakzents, in längeren Sprecheinheiten auch zwei oder mehrere (Haupt- und Nebenakzente). Den Akzent erhält das Wort mit dem höchsten Mitteilungswert, das Neue, der Sinnträger. Sinntragende Wörter (Inhaltswörter) sind im Deutschen vorwiegend Substantive, Adjektive, Verben und Adverbien. Daneben können auch Pronomen und Interjektionen den Akzent tragen. Nicht akzentuiert werden gewöhnlich Artikel, Präpositionen, Konjunktionen, Verneinungswörter, Hilfs- und Modalverben, wenn sie mit Vollverben gekoppelt sind.

Aus der für den deutschen Aussagesatz typischen Thema-Rhema-Gliederung folgt ein typisches Betonungsmuster: der Hauptakzent liegt gegen Ende oder am Ende des Satzes.

Thema	Rhema
Der 'Mendebrunnen	steht auf dem Au"gustusplatz.
Die Mo'tetten	werden in der "Thomaskirche aufgeführt.

Das erste Wort erhält hingegen den Akzent, wenn das Verb in Spitzenstellung (Stirn-, Ausdrucksstellung) steht (emphatische Betonung) und in der Nachfrage – ein weiteres für das Deutsche typisches Betonungsmuster.

'Tanzen möchte ich. 'Heulen könnte ich! 'Zuhören sollt ihr!
'Was hast du gesagt? 'Wen soll ich anrufen?

Typisch für das Deutsche ist beispielsweise auch, dass in einer Wortgruppe, bestehend aus Substantiv und näherer Bestimmung, immer das Substantiv akzentuiert wird. Davon abweichende Akzentuierung signalisiert einen Kontrast.

zehn 'Meter, fünf 'Euro, weiße 'Lilien, warmes 'Wetter, gutes 'Essen, gelöste 'Stimmung
'zehn Meter, 'fünf Euro, 'weiße Lilien, 'warmes Wetter, 'gutes Essen, ge'löste Stimmung

Hauptregeln für den Wortgruppen- und Satzakzent im Deutschen
- Grundregel: Das kommunikativ Wichtigste wird betont.
  Leipzig ist eine alte 'Messestadt.
- Der bestimmende Begriff wird betont.
  Das Konzert fand im Festsaal des 'Rathauses statt.
- In Beifügungsgruppen und Reihungen wird das letzte sinntragende Wort stärker betont.
  Dieses Universitätsgebäude steht auf dem Platz des alten Gewandhauses in der 'Beethovenstraße.
  Am Augustusplatz finden Sie Universitätsgebäude, das Kroch-Hochhaus, den Königsbau, die Oper und das Ge'wandhaus.
- Wird ein Gegensatz ausgedrückt, erhalten beide Wörter einen Akzent. Der letzte ist stärker.
  Das Völkerschlachtdenkmal ist ein 'monumentales, aber "sanierungsbedürftiges Bauwerk.

- Ausnahme: Der bejahte Begriff wird stärker betont.
  'Morgen besichtigen wir das Völkerschlachtdenkmal, nicht 'heute.
- Bei trennbar zusammengesetzten Verben erhält das Präfix den Akzent.
  Kommt ihr 'mit?
- Sind sie durch einen weiteren Begriff näher bestimmt, erhält dieser den Akzent.
  Kommt ihr 'auch mit?
- In Abhängigkeit von der Sprechsituation und der Absicht des Sprechers erhalten auch gewöhnlich nicht akzentuierte Wörter einen Akzent. Das gilt insbesondere für Verneinungen, den Ausdruck von Gegensätzen und bei didaktischer Betonung.
  Durch den City-Tunnel können 'keine Fernzüge fahren.
  Das 'Alte Rathaus steht am Markt.
  Es heißt: am Sonntag, 'dem vierten November.
- Wird das Hilfsverb betont, bedeutet dies eine nachdrückliche Bestätigung bzw. es wird ein Glaub-mir-Doch ausgedrückt.
  Er 'ist der Beste. Dem 'ist nicht so. Ich 'habe das Buch zurückgegeben. Ich 'bin da gewesen.

Verändert sich der Akzent, verändert sich die Botschaft: Akzentverschiebungen verändern den Sinn.

Zu den Funktionskreisen gehören Atmung, Stimme und 'Aussprache.
Zu den Funktionskreisen gehören 'Atmung, Stimme und Aussprache.
Zu den Funktionskreisen gehören Atmung, Stimme 'und Aussprache.

Das geschieht bewusst, um z. B. auf einen Sachverhalt besonders nachdrücklich hinzuweisen. Das geschieht aber auch unbewusst, im Sinne einer falschen, nicht inhaltsadäquaten Akzentuierung. Die Folge ist, der Hörer kann nur schwer folgen, es treten u. U. Missverständnisse auf. Präzise bewusste Akzentuierung hingegen unterstützt den Hörer im Verstehensprozess, erleichtert es ihm, Wesentliches von Unwesentlichem mühelos zu unterscheiden.

7.1.4 Melodieführung

Beim Sprechen verändert sich die Tonhöhe ständig. Es ist möglich, den Melodieverlauf einer gesprochenen Äußerung in einer der Notenschrift ähnlichen Notierung wiederzugeben und so kleinste Änderungen von Silbe zu Silbe zu veranschaulichen. Von besonderer Bedeutung für die Strukturierung und das Verstehen einer Äußerung ist neben der Melodiebewegung in den Akzentsilben die Endphase einer Gliederungseinheit. Sie beginnt beim letzten Akzent und reicht bis zu ihrem Ende. Die Melodieführung in der Endphase (Endmelodie, Endlauf) kann fallend, schwebend oder steigend sein. Sie übermittelt dem Hörer Informationen über die Beziehung der Teile einer Äußerung zueinander, sie

- markiert Einheiten des Sprechens,
- zeigt dem Hörer an, ob eine Äußerung abgeschlossen ist oder nicht,
- kennzeichnet Satzarten,
- übermittelt Informationen über Haltungen und Absichten des Sprechers.

Fallende Melodie in Fragen (Informationsmotiv) zeigt dem Hörer z. B., dass von ihm lediglich eine sachliche Information erwartet wird. Steigende Melodie (Kontaktmotiv) hingegen signalisiert Interesse. Es geht nicht in erster Linie um die Information, sondern um die Beziehung zwischen Sprecher und Hörer.

 Die *fallende (terminale) Endmelodie* kennzeichnet eine Äußerung als abgeschlossen. Sie trennt Sinneinheiten bzw. Äußerungen voneinander.

Diese Funktion erfüllt sie ebenfalls in vielen anderen Sprachen, wobei in der spezifischen Art des Melodiefalls deutliche Unterschiede zu beobachten sind. Für die terminale Melodie im Deutschen ist ein deutlicher Melodiefall bis in die Lösungstiefe [Abb. 7], Abfall der Sprechspannung, Verringerung der Lautstärke und Verlangsamung des Sprechtempos charakteristisch. Wird die Melodie nur leicht gesenkt, entsteht der Eindruck, der Sprecher sei unsicher, unentschlossen, nicht überzeugt von seiner Aussage.

Fallende Melodie (Informationsmotiv) in einer Äußerung wirkt sachlich informierend oder fragend. Sie kann auch Entschiedenheit, Strenge oder Distanz ausdrücken. Terminale Melodie ist typisch für   *sachl. Aufzählung*

- Aussagen,
  Hochatmung ist schädlich.↓ Leipzig liegt in Sachsen.↓
- Ausrufe,
  Das ist ja wunderbar!↓
- Aufforderungen und Befehle,
  Kommt her!↓
- sachliche Fragen/Fragen mit Informationsmotiv,   *Sachl. Information im*
  Wo arbeiten Sie?↓ Kommst du mit?↓   *Vordergrund*
- Doppelfragen (zweiter Teil).
  Kommt sie Montag oder Dienstag?↓
  Waren Sie nur in Leipzig oder auch in Dresden?↓

↑ Die *steigende (interrogative) Melodie* kennzeichnet eine Äußerung als abschließend-fragend. Sie baut Spannung auf. Die Melodie steigt deutlich an, Sprechtempo und Lautstärke nehmen ab.

Steigende Melodie (Kontaktmotiv), besonders in Fragen und Aufforderungen, wirkt kontaktfördernd, interessiert, entgegenkommend, freundlich, kann aber auch eine Warnung oder Drohung ausdrücken. Sie ist typisch für

- Fragen und Aufforderungen mit besonders höflichem, freundlichem oder warnendem, drohendem Charakter,
  Ist alles in Ordnung?↑ Kommst du heute auch?↑ Warum bist du traurig?↑
  Kommen Sie bitte!↑ Gehen Sie bitte nach links!↑
  Wer hat das erlaubt?↑ Wie ist das möglich?↑
  Achtung!↑ Passt auf!↑ Lass das!↑
- Nachfragen,
  Wo ich wohne?↑ Wann er kommt?↑
- sie ist obligatorisch bei
  Einwortfragen,
  Heute?↑
  Fragen ohne Inversion der Wortstellung,
  Der Zug kommt um zwölf?↑
  Ellipsen,
  Und morgen?↑ Du auch?↑
  Entscheidungsfragen, die dem Imperativ gleich sind.
  Gehen Sie nach Hause?↑ Kommen Sie mit?↑
  In diesen Fällen ist die Äußerung ohne interrogative Melodie nicht als Frage zu erkennen. Bei allen anderen Fragen entscheidet der Sprecher nach seiner Mitteilungsabsicht, ob er fallende oder steigende Melodie verwendet.

Die *schwebende (progrediente) Melodie* kennzeichnet eine Äußerung als nicht abgeschlossen. Die Melodie bleibt gleich, oder sie fällt bzw. steigt nur geringfügig, Lautstärke und Sprechtempo nehmen ab, die Sprechspannung wird gehalten.

Die progrediente Melodie verbindet Akzentgruppen oder Sinnschritte miteinander, markiert sie als zusammengehörig, weist die Hörer auf noch Folgendes hin. Sie wirkt spannungserhaltend,

- verbindet unabhängig von der Satzart inhaltlich Zusammengehöriges,
  Ich bin froh,→ wenn das geschafft ist.
  Sie ging,→ kaum hatte er ausgesprochen,→ hinaus.
  Morgen Abend→ gehen wir zu Freunden.
- ist für die Anrede und die Redeankündigung typisch.
  Liebe Kollegen,→ ...
  Er sagte:→ „..."

Die Absicht des Sprechers, seine Gestimmtheit, seine Haltung zum Hörer und zum Gegenstand bestimmen maßgeblich die Wahl des Melodiemusters, nicht die Satzart (von wenigen Ausnahmen abgesehen) ist ausschlaggebend. Zwar können Satzzeichen eine Hilfe beim Erschließen und Strukturieren einer Gesamtäußerung sein, aber Satzzeichen sind nur bedingt Vortragszeichen. Als Beispiel seien die rhetorische Bindung und die rhetorische Auflösung genannt. Sie dienen dazu, einen Text wirkungsvoll vorzutragen. *Rhetorische Bindung* bedeutet, zwei oder mehrere an sich eigenständige Informationen zu verschmelzen, um einen Zusammenhang herzustellen.

> Iss, was gar ist.↓ Trink, was klar ist.↓ Sprich, was wahr ist.↓
> ⇒ Iss, was gar ist.→ Trink, was klar ist.→ Sprich, was wahr ist. ↓

Mit Hilfe der *rhetorischen Auflösung* wird eine syntaktische Einheit aufgehoben. Es entstehen zwei oder mehrere eigenständige Informationen. Auf diese Weise kann die Wirkung der Äußerung erhöht werden.

> Der Ehrliche sagt immer die Wahrheit,→ der Kluge sagt sie zur rechten Zeit.↓
> ⇒ Der Ehrliche sagt immer die Wahrheit,↓ der Kluge sagt sie zur rechten Zeit.↓

Die melodische Gestaltung beeinflusst die Sprechwirkung in mehrfacher Hinsicht. Ein Sprecher kann freundlich, offen, verbindlich auf seine Hörer wirken (z. B. durch auch in Aussagen häufig steigende Melodie, in Verbindung mit entsprechendem Stimmklang) oder eben distanziert, wenn er meist mit fallender Melodie spricht. Das Zuhören kann ermüden, weil monoton, nicht variiert gesprochen wird. Auch ein Zuviel kann Verstehen erschweren. Ständige emphatische Akzentuierung oder permanentes deutliches Steigern der Lautstärke in der Akzentsilbe können für den Zuhörer anstrengend, gar unangenehm sein, ebenso wie unablässiges Sprechen mit steigender oder schwebender Endmelodie. Dieses besonders bei frei formulierten Äußerungen zu beobachtende Sprechen mit meist steigender oder schwebender Endmelodie erschwert das Verstehen deutlich. Alles erscheint als Aufzählung, „hängt an einem Faden", das Ende von Sinneinheiten wird nicht markiert, es wird nicht angezeigt, wann ein Gedanke abschließt und ein neuer beginnt. Entscheidend ist, insbesondere für Lehr- und Lernprozesse, mit Hilfe sprecherischer Gestaltungsmittel Verstehen zu ermöglichen und zu erleichtern, u. a. indem sie situativ angemessen und textadäquat verwendet werden.

7.1.5 Sprechtempo und Lautstärke

Sprechtempo und Lautstärke tragen neben den bisher beschriebenen sprecherischen Gestaltungsmitteln dazu bei, kommunikativ Wichtiges hervorzuheben. Für das Verständnis Wesentliches wird langsamer und lauter oder auch deutlich leiser gesprochen als weniger Bedeutsames, damit wird das Verstehen erleichtert. Das betrifft im Besonderen die Akzentsilbe und die Endphase einer Äußerung, die immer auch durch Tempoverzögerung und Lautstärkevariationen gekennzeichnet sind. Zudem ermöglichen Tempo- und Lautstärkevariationen, den emotionalen und sachlichen Gehalt einer Äußerung sprecherisch zu veranschaulichen und die Aufmerksamkeit der Zuhörer zu erhalten. Sprechtempo, Lautstärke und ihre Variationen sind abhängig von

- der kommunikativen Absicht des Sprechers,

Langsames, lauteres, deutliches, gegliedertes Sprechen weist Hörer z. B. darauf hin, dass der Sprecher die Information für besonders bedeutsam hält; schnelles, leiseres, wenig gegliedertes Sprechen hingegen markiert eine Aussage als beiläufig.

- dem inhaltlichen und emotionalen Gehalt der Äußerung,

Inhaltlich schwierige Textpassagen sind im Hörverstehensprozess z. B. nur bei angemessen langsamem Sprechtempo und angemessener Lautstärke verständlich.

Für eine ruhige Naturbeschreibung sind z. B. ein deutlich langsameres Sprechtempo und geringere Lautstärke angemessen als für die Schilderung einer erregten Auseinandersetzung.

- der emotionalen Befindlichkeit des Sprechers,

Ist ein Sprecher unsicher, aufgeregt, ängstlich, emotional stark engagiert, wird das Sprechtempo meist höher sein als in ausgeglichener Stimmungslage. Geringe Lautstärke kann ebenfalls ein Zeichen für Unsicherheit oder Ängstlichkeit sein.

- äußeren Bedingungen der Sprechsituation (z. B. Größe und akustische Bedingungen des Raumes, Zuhörerzahl, Entfernung zwischen Sprecher und Hörern, Störgeräusche).

In einem Raum mit ungünstiger Akustik, bei größerer Entfernung zu den Hörern oder bei stärkeren Störgeräuschen z. B. muss bewusst langsam und lauter (u. U. sogar mit Kraftstimme) gesprochen werden, um den Zuhörern das Verstehen überhaupt zu ermöglichen bzw. zu erleichtern.

Monotones Sprechtempo führt zu schneller Ermüdung der Zuhörer und erschwert den Hörverstehensprozess. Beständiges für die situativen Bedingungen zu lautes Sprechen mit starker Tonerhöhung in der Akzentsilbe kann dazu führen, dass der Sprecher als unangenehm, als belehrend oder rechthaberisch empfunden wird, zu leises Sprechen erschwert das Verstehen und bedeutet eine zusätzliche Anstrengung für die Zuhörer. Sind Sprechtempo und Lautstärke situations- und inhaltsadäquat variiert, wird das Hörverstehen unterstützt und die Beziehung zwischen den Kommunikationspartnern günstig beeinflusst.

7.1.6 Klangfarbe

Jeder Mensch hat einen für ihn charakteristischen individuellen Stimmklang. Er kann z. B. klar oder behaucht, hell oder dunkel sein. Je nach Sprechsituation, Kommunikationsabsicht und Gestimmtheit des Sprechers, Inhalt der Äußerung und den Beziehungen der Kommunikationspartner zueinander verändert er sich, unbewusst oder bewusst gesteuert. Er steht in enger Wechselbeziehung zur Körperspannung, die wiederum von den o. g. Faktoren beeinflusst wird. Spannungsveränderungen in den Funktionskreisen [4] wirken sich auf die Form des Ansatzrohres [Abb. 8] und damit der Resonanzräume der Stimme aus. Es kommt beispielsweise zu Weitungen oder Verengungen von Rachen-, Mund- und Nasenraum, zu Vor- oder Rückverlagerungen der Stimm- und Lautbildung. Diese Formveränderungen der Resonanzräume und der Spannungsgrad der Stimm-

und Artikulationsorgane beeinflussen den Klang der Stimme. Nicht von ungefähr haben Stimme und Stimmung den gleichen Wortstamm. Die Klangfarbe der Stimme übermittelt dem Hörer zusätzliche, über den verbalen Inhalt hinausgehende Informationen über inhalts- oder sprecherbezogene

• Emotionen (z. B. Freude, Ärger, Trauer),
• Haltungen, Wertungen, Absichten (z. B. Sachlichkeit, Lob, Kritik, Ironie),
• Befindlichkeiten (z. B. Sicherheit, Belastung, Krankheit, Müdigkeit).

Mit der Klangfarbe allein ist es jedoch nicht möglich, eine Emotion oder Haltung auszudrücken. Sprecherische Gestaltungsmittel wirken, wie oben beschrieben, immer im Komplex. So kann in Abhängigkeit von weiteren verwendeten verbalen, paraverbalen und nonverbalen Mitteln z. B. gepresster Stimmklang Ausdruck von Ärger, Trotz oder Ekel sein; eine matte behauchte Stimme und geringe Resonanz können darauf hinweisen, dass der Sprecher angestrengt, belastet, abgearbeitet oder traurig oder unsicher ist oder aber krankhafte Veränderungen vorliegen [4.3, 5.3]; voller resonanzreicher Stimmklang ist sowohl bei Lob als auch bei Genugtuung zu finden und warmer weicher Stimmklang, wenn besondere Zuneigung, Trost oder Mitgefühl ausgedrückt werden sollen. Die große Vielfalt der Klangfarben, individuelle Eigenheiten in der Verwendung und unterschiedliche Deutungen können zu Fehlinterpretationen und damit zu Missverständnissen führen und die Atmosphäre der Kommunikation ungünstig beeinflussen. Es entstehen vom Sprecher nicht beabsichtigte Wirkungen. Bewusster inhalts- und situationsadäquater hörerbezogener Einsatz der Klangfarben trägt dazu bei, den emotionalen Gehalt eines Textes, seine Grundstimmung und seine Teilstimmungen sprecherisch wirkungsvoll zu veranschaulichen, die Art und den Grad der Emotionalität einer Äußerung zu kennzeichnen, die Kommunikationsatmosphäre zu gestalten und Missstimmungen zu vermeiden.

7.1.7 Artikulation

Die Artikulation (Aussprache) erfüllt über ihre physiologische [4.1, 4.4] und normphonetische [6] Funktion hinaus eine sprechgestalterische. Die Wahl der Formstufe, Artikulationspräzision, regionale Färbungen, individuelle Eigenheiten [6.1] beeinflussen die Gesamtwirkung des Sprechers und der Äußerung, seien sie nun beabsichtigt oder zufällig. Als sprecherisches Gestaltungsmittel trägt die Aussprache dazu bei,

• Wichtiges zu markieren,
  Bedeutsames wird präziser artikuliert als weniger Bedeutsames, Beiläufiges. Das gilt besonders für die Akzentsilbe [7.1.3]. Mit sinkendem Mitteilungswert sinkt die Artikulationspräzision; Lautangleichungen und -schwächungen, Verschleifungen (Assimilationen und Reduktionen [6.2.3]) nehmen zu.
• Emotionen, Absichten, Haltungen und Befindlichkeiten des Sprechers auszudrücken,

Geringe Artikulationspräzision findet sich beispielsweise, wenn Ängstlichkeit, Unsicherheit, Müdigkeit, Gleichgültigkeit, wohlige Entspanntheit ausgedrückt werden, hohe bei nachdrücklichem Sprechen, Zorn, Genugtuung.

Ja, das müssen wir mal bereden.

Präzise artikuliert, mit kräftigen Akzenten und höherer Sprechspannung gesprochen, signalisiert die Äußerung dem Kommunikationspartner Interesse, Engagement; verwaschene Artikulation, geringe Sprechspannung und höheres Sprechtempo weisen hingegen darauf hin, dass der Sprecher das Anliegen des Gesprächspartners für unwichtig hält.

- die Äußerung zu gliedern,

Längeres Verharren auf einem Laut ersetzt eine Sprechpause, schafft eine zusätzliche Gliederungsstelle und erhöht so die Variationsbreite der Sprechgestaltung.

*Wir be͜sprechen das,→ | we**nn** die anderen ge͜gangen sind.↓‖*

- zusätzliche Hervorhebungen zu schaffen,

Verharren auf einem Laut oder besonders deutliche Artikulation eines Einzellautes unterstreichen die Bedeutsamkeit eines Wortes oder einer Silbe, z. B. bei didaktischer Betonung. Dieses Mittel wird auch häufig genutzt, wenn die Kommunikation unter ungünstigen akustischen Bedingungen stattfindet.

*Du sollst das au**ss**chreiben, nicht au**f**schreiben. Das heißt be**g**reifen!*

- die Stimmung eines literarischen Textes zu veranschaulichen,

In literarischen Texten wird *Lautmalerei* (gehäuftes Auftreten einzelner Laute oder Lautkombinationen in einem Text) als Stilmittel genutzt. Dies ist häufig in Sprachspielen zu finden oder um bestimmte Stimmungen zu unterstreichen. Die Bedeutungs- oder Ausdrucksfunktion einzelner Laute zeigt sich beispielsweise auch bei Interjektionen:

ah, oh	Bewunderung, Wohlbehagen, Erstaunen,
ih, äh	Ekel, Ablehnung,
uh, hu	Unbehagen, Grusel,
pst, sch, scht	Aufforderung, Zurechtweisung.

Gehäuftes Auftreten von Zischlauten und Fortis-Verschlusslauten in literarischen Texten verstärkt z. B. eine gespannte Stimmungslage (u. a. Konflikte, innere Unruhe, Zorn), dunkle Vokale erzeugen den Eindruck des Geheimnisvollen oder Düsteren, helle Vokale dagegen können u. a. Leichtigkeit, Unbeschwertheit ausdrücken, gehäuft auftretende a-Laute Wohlbehagen, Ruhe oder Freude.

Gelassen steigt die Nacht ans Land,
lehnt träumend an der Berge Wand,
(aus Mörike, E.: Um Mitternacht)

Und sie laufen! Nass und nässer
wird's im Saal und auf den Stufen.
(aus Goethe, J. W. v.: Der Zauberlehrling)

Im düstern Auge keine Träne,
sie sitzen am Webstuhl
und fletschen die Zähne.
(aus Heine, H.: Die schlesischen Weber)

Seine Lebensgeschichte war dunkel,
Es murmelte manch Gemunkel um seinen Turm.
(aus Liliencron, D. v.:
Ballade in U-Dur)

Grauen, samtig raues Grauen
Packt mich, wenn ich traurig bin.
Lauter graue Raupen stauen
Sich vom Hals bis übers Kinn.
(aus Däubler, Th.:
Ein Lauschender auf blauer Au)

Der Effekt dieser Lautmalereien kann nur genutzt werden, wenn der Sprecher in der Lage ist, die jeweiligen Laute der Intuition entsprechend zu realisieren. Soll z. B. durch eine

Häufung von a-Lauten in einem Text eine freudige, gelöste Stimmungslage unterstrichen werden und der Sprecher realisiert ideolektal oder regional gefärbt rückverlagerte, verdumpfte a-Laute, wird dies schwerlich gelingen. Eine Häufung von Fortis-Verschlusslauten wird sprecherisch nur Wirkung erzielen, wenn die Fortis-Lenis-Relation vom Sprecher korrekt umgesetzt werden kann und er diese Laute nicht verwechselt bzw. die Fortes meist lenisiert.

- soziale Beziehungen zu kennzeichnen.

Die Aussprache wird als Gestaltungsmittel eingesetzt, um eine Person zu charakterisieren oder zu bewerten: in einem literarischen Text, in Gesprächen oder auch in Vorträgen. Artikuliert ein Sprecher bei der Wiedergabe wörtlicher Rede einer anderen Person überdeutlich, fast unnatürlich, unterstützt dies, in Abhängigkeit von der Nuancierung anderer Gestaltungsmittel, den Eindruck, die betreffende Person sei blasiert oder überheblich oder rechthaberisch; artikuliert er hingegen lasch und undeutlich, kann das bedeuten, er hält die Person für uninteressiert, oder er bezieht sich auf ihr sprachliches und sprecherisches Niveau oder auf ihre Befindlichkeit (z. B. deprimiert, müde, überlastet). In diesem Kontext wird die Aussprache u. U. auch als Mittel benutzt, eine Person bloßzustellen, lächerlich zu machen.

Aussprachevarianten werden von einigen Sprechern mitunter eingesetzt, um sich bewusst von einer Gruppe oder sozialen Schicht abzugrenzen bzw. die Zugehörigkeit zu einer Gruppe oder Schicht zu demonstrieren. Dies geschieht von der standardsprachlichen natürlichen Artikulation abweichend in beide Richtungen. Übergenaue, gekünstelte Aussprache kann auf eine elitäre Einstellung hinweisen oder auf den Wunsch, als einer Gruppe zugehörig eingeschätzt zu werden; demonstrativ legere Artikulation soll häufig den Eindruck der Lockerheit, des Ganz-entspannt-Seins erwecken, selbst wenn das Gegenteil der Fall ist. Zugehörigkeit wird ebenfalls bekundet, wenn Sprecher bewusst regionale Varianten bevorzugen. Regionale Rundfunk- und Fernsehanstalten nutzen diesen Effekt mitunter, um ein Gefühl der Zusammengehörigkeit, ein „Familiengefühl" zu suggerieren. Ähnlich verhält es sich, wenn Sprecher in eine andere Aussprachform wechseln, sich der ihrer Kommunikationspartner angleichen, um ein bestimmtes Ziel zu erreichen (z. B. Gespräche mit Verwandten, Handwerkern, Nachbarn).

Auch die Artikulation ist von weiteren situativen Bedingungen abhängig. Neben dem Gesprächsgegenstand und der Beziehung der Kommunikationspartner zueinander sind Größe und akustische Bedingungen des Raumes, Zuhörerzahl, Entfernung Sprecher – Hörer und Störgeräusche von Bedeutung. Je ungünstiger die Umgebungsbedingungen sind, umso präziser muss artikuliert werden. Das gilt auch, wenn z. B. eine wenig geformte Aussprache als Mittel der Charakterisierung eingesetzt werden soll. Artikulationspräzision und Sprechspannung können nur so weit zurückgenommen werden, wie die akustische Verständlichkeit nicht gefährdet wird.

7.1.8 Sprechspannung

Jeder Äußerung ist eine spezifische Sprechspannung eigen. Beim spontanen Sprechen bleibt sie weitgehend unbewusst; bei der Textgestaltung, im geplanten Gespräch und im Vortrag wird sie hingegen bewusst als Gestaltungsmittel eingesetzt. Die Sprechspannung i. w. S. resultiert aus *Körperspannung* und Atemdruck. Sie steht in engem Zusammenhang mit Haltung und Befindlichkeit des Sprechers. Mit der gesamtkörperlichen Muskelspannung ändert sich gleichfalls die Spannung der Atem-, Stimm- und Artikulationsorgane. Spannungsveränderungen in den Sprechorganen wiederum beeinflussen Atemdruck, Atemführung, Stimmerzeugung, Tonhöhe, Stimmklang und Artikulationspräzision [4.3.1, 7.1.6, 7.1.7] und damit auch die Akzentstärke, den Grad der Melodiebewegung, der Lautstärke- und Tempovariationen.

Die Sprechspannung i. w. S. beeinflusst alle anderen sprecherischen Gestaltungsmittel. Das kann sowohl in einer Verstärkung als auch in einer deutlichen Abschwächung einzelner Gestaltungsmittel zum Ausdruck kommen. Hohe Sprechspannung ist gewöhnlich mit Akzentverstärkung und kräftigem Melodieanstieg oder -fall in der Endphase verbunden. Das Sprechtempo und die Lautstärke hingegen können, je nach äußeren Bedingungen, Stimmungslage und Absicht des Sprechers, höher oder niedriger sein als bei mittlerer Sprechspannung. Wohl ist bei lautem Sprechen immer auch die Sprechspannung erhöht; hohe Spannung bedeutet hingegen nicht zwangsläufig höhere Lautstärke. Der Sprecher kann durch Intensität (leises, langsames, nachdrückliches, sehr deutliches Sprechen) eine stärkere Wirkung erzielen als durch Lautstärke (z. B. Ausdruck „kalten" Zorns, großer Angst, hoher Anspannung bei Gefahr). Zudem erweitern sich so die Variationsmöglichkeiten des Sprechers.

Grundspannung und Spannungsvariationen eines Textes oder einer frei formulierten Äußerung sind abhängig von

- inhaltlichem und emotionalem Gehalt,

geringe Sprechspannung	*hohe Sprechspannung*
Plauderei über Belangloses; ergänzende, wenig bedeutsame Bemerkungen	Gespräch oder Vortrag über ein wichtiges Thema; wesentliche Teile einer Äußerung
Unter der ersten weit ausladenden Kiefer liegt sich's gut, wenn man sich von der Schwüle des Jungwalds erholen will. Da liegt man auf dem Rücken, spürt die kühle Erde durch das dünne Hemd und blickt in den Himmel. Und vielleicht nickt man auch ein, denn die weißen Wolken mit ihren strahlenden Rändern machen einen schläfrig. (aus Paustowski, K.: Die goldene Rose)	Trauet den Weißen nicht, ihr Bewohner des Ufers! ... Die Weißen versprachen, und dennoch warfen sie Schanzen auf. Eine drohende Festung erhob sich; der Donner ward in eherne Schlünde gesperrt; ihre Priester wollten uns einen Gott geben, den wir nicht kennen; sie sprachen endlich von Gehorsam und Sklaverei. Eher der Tod! (aus Herder, J. G.: Lieder der Madagasker)
An einem warmen Sommertag fanden wir die Waldwiese. Hohe Bäume umhüten sie von drei Seiten. ... Ihr Schatten erfrischt nach langem Weg und ladet	Und sieh! und sieh! an weißer Wand, Da kam's hervor wie Menschenhand; Und schrieb und schrieb an weißer Wand Buchstaben von Feuer

zum Träumen ein. ... Ein unermüdliches Singen und Summen fängt alle Gedanken und lässt die Zeit verrinnen.
(aus Pahn, J.: Stimmübungen)

Schönes, grünes, weiches Gras.
Drin liege ich.
Inmitten goldgelber Butterblumen!
Über mir ... warm ... der Himmel:
(aus Holz, A.:
Mählich durchbrechende Sonne)

Die Äpfel an den Bäumen,
die wiegt ein leiser Wind,
die letzten Rosen träumen,
der Sommerfaden spinnt.
(aus Fürnberg, L.: Spätsommerabend)

und schrieb und schwand.
Der König stieren Blicks da saß,
Mit schlotternden Knien und totenblass.

Die Knechteschar saß kalt durchgraut
Und saß ganz still, gab keinen Laut.
(aus Heine, H.: Belsazar)

Das Schiffchen fliegt, der Webstuhl kracht,
Wir weben emsig Tag und Nacht –
Altdeutschland,
wir weben dein Leichentuch,
Wir weben hinein den dreifachen Fluch –
Wir weben, wir weben!
(aus Heine, H.: Die schlesischen Weber)

- kommunikativer Absicht und Stimmungslage des Sprechers,

Geringe Sprechspannung

z. B., wenn der Sprecher ausdrücken möchte, dass er gelangweilt, nicht interessiert ist oder der Äußerung wenig Gewicht beimisst;
wenn er ruhig, gelöst, entspannt, unsicher, ängstlich, traurig, müde ist.

Hohe Sprechspannung

z. B., wenn der Sprecher ausdrücken möchte, dass er stark interessiert, engagiert ist oder das Thema für wichtig hält;

wenn er erregt, zornig, hoch erfreut, stolz ist oder unter starkem Druck steht.

- situativen Bedingungen.

Geringe Sprechspannung

z. B. bei einem ruhigen Gespräch im kleinen Kreis, geringer räumlicher Distanz zwischen den Kommunikationspartnern oder einem Gespräch, bequem im Sessel sitzend.

Höhere Sprechspannung

z. B. bei einem Vortrag in einem größeren Raum, großer räumlicher Distanz zwischen den Kommunikationspartnern, Sprechen unter Störlärm, unbequemer Sitzgelegenheit.

Gelegentlich wird der Begriff Sprechspannung in einer *engeren Bedeutung* gebraucht, im Sinne von „den Gedanken nicht unterbrechen, die Aufmerksamkeit des Hörers halten". Gemeint ist in diesem Fall vorrangig der Melodieverlauf. Fallende Melodie markiert den Abschluss einer Sinneinheit: der Gedanke ist zu Ende; es folgt ein neuer (*Ich gehe jetzt nach ʾHause.↓*). Bleibt jedoch die Melodie in der Schwebe, signalisiert das dem Hörer Nichtabgeschlossenheit: der Gedanke wird fortgesetzt, nicht „abschalten" (*Ich gehe jetzt nach ʾHause,→ lese das ʾdurch→ und dann ʺreden wir darüber.↓*); d. h., die Spannung wird gehalten [7.1.4].
Wie beständiges „Spannung-Halten" im eben beschriebenen Sinn (Sprechen mit meist schwebender oder auch steigender Melodie, „Aufzählton" [7.1.4]), so überfordert stereotyp hohe Spannung den Hörer und letztlich auch den Sprecher:

Zuhören und Sprechen strengen zunehmend an. Darüber hinaus kann sie u. U. zu Fehlinterpretationen (Der Sprecher kann z. B. belehrend, dominant oder erregt wirken.) und zu unangemessener, übertriebener Verwendung anderer Gestaltungsmittel führen.

7.2 Sprecherische Gestaltung von Texten

Die sprecherische Gestaltung eines Textes setzt gründliche Vorbereitung voraus. Vorlesen oder Vortragen erfolgt mit dem Ziel, einen vorliegenden Text so zu gestalten, dass dessen inhaltlicher und emotionaler Gehalt für den Hörer verständlich, anschaulich werden. Zudem gibt die Sprechgestaltung Aufschluss über die Aussageabsicht des Sprechers, er bezieht gewissermaßen Stellung. Eine situativ angemessene, hörerbezogene Sprechfassung wird beeinflusst vom:

- Text (Autor, historische Einbettung, Inhalt, Grundhaltung oder Grundstimmung, sprachliche und formale Gestaltung),
- Sprecher (individuelles Textverständnis, Anlass und Ziel, Mitteilungs- und Wirkungsabsicht),
- Hörer (Erfahrungs-/Wissenshintergrund, Rezeptionsgewohnheiten, Interesse am Gegenstand),
- situativen Kontext (Anlass, Vorangehendes/Folgendes, räumliche Bedingungen, technische Ausstattung, Tageszeit, Zuhörerzahl, Beziehung Sprecher – Hörer).

Vorüberlegungen zu diesen Faktoren sind vor allem bei der Erarbeitung literarischer Texte wichtig (→ Haase 2004, 202 ff., Krech 1987, Neuber 2004, 198 ff.), aber, mit Einschränkungen, auch für die sprecherische Gestaltung so genannter Gebrauchstexte (u. a. Nachricht, Zeitungsnotiz, Beschreibung, Bericht, Kommentar, Rede).

Die *Grundhaltung* oder *Grundstimmung* eines Textes gibt grundlegende Hinweise für die Sprechgestaltung und damit für Auswahl und Nuancierung der sprecherischen Gestaltungsmittel. Das gilt sowohl für Gebrauchstexte als auch für literarische Texte. *Gebrauchstexte* entstehen z. B. in der Absicht, sachlich über Sachverhalte, Ereignisse oder Entscheidungen zu informieren, oder aber eine Meinung, ein Urteil, Kritik zu Sachverhalten, Ereignissen oder Entscheidungen kundzutun. Eine Meinungsäußerung erfolgt wiederum vorwiegend sachlich oder emotional gefärbt. Die Grundhaltung bei Gebrauchstexten kann

- sachlich-informierend,
  z. B. Nachrichten, Bekanntgabe von Beschlüssen, Sachvorträge (Berichte über Ereignisse, wissenschaftliche Forschungen, Arbeitsergebnisse)
- meinungsbestimmt-sachlich,
  z. B. Reden mit einer sachbezogenen Stellungnahme zu einem Gegenstand, sachlich wertende Kommentare

- meinungsbestimmt-emotional sein.

z. B. Reden mit einer deutlichen Wertung, Appelle, Feierreden; ironische Kommentare, Glossen

Sachlich-informierende Sprechweise zeigt z. B. kaum Variationen der Klangfarbe und der Sprechspannung, nur geringe Veränderungen des Sprechtempos, der Lautstärke und der Artikulationspräzision; Gliederung, Akzentuierung und Melodiebewegung werden vorwiegend regelhaft gebraucht. Emotionale Sprechweise ist durch deutliche Variation mehrerer oder aller sprecherischer Gestaltungsmittel (besonders der Sprechspannung und der Klangfarbe) gekennzeichnet; die Regeln für Gliederung, Akzentuierung und Melodieführung weichen von den Normen für die Sachaussage ab.

Literarische Texte können, unabhängig von der jeweiligen Literaturgattung, verschiedene Grundhaltungen haben, z. B. eine vorwiegend

- lyrische,
  Im Mittelpunkt steht das lyrische Ich, die handelnde Person oder der Erzähler, die subjektive Wertung des Geschehens, stehen Emotionen und innere Befindlichkeiten.

z. B.:	Goethe, J. W. v.:	Die Leiden des jungen Werthers, Brief vom 10. Mai
	Hebbel, F.:	Sommerbild
	Fürnberg, L.:	Herbst
	Rilke, R. M.:	Blaue Hortensie
	Huchel, P.:	Die Sternenreuse
	Goethe, J. W. v.:	Frühzeitiger Frühling

- epische,
  Im Mittelpunk steht das Ereignis, das Geschehen und die Haltung der handelnden Person, des lyrischen Ichs oder des Erzählers dazu, nicht die Wirkung des Erzählten, nicht eine innere Befindlichkeit. Die epische Grundhaltung hat vielfältige Schattierungen, sie kann
  - sachlich-berichtende,
    Das Geschehen wird nahezu wertungsfrei (u. a. weitgehend neutrale Lexik) mitgeteilt.

z. B.:	Brecht, B.:	Die Pappel vom Karlsplatz
	Brecht, B.:	Die andere Seite
	Kahlau, H.:	Mein Vater

  - heiter-erzählende,
    Das Geschehen wird heiter, „mit einem Schmunzeln" betrachtet.

z. B.:	Heine, H.:	Ein Jüngling liebt ein Mädchen
	Ringelnatz, J.:	Im Park
	Morgenstern, Ch.:	Der Schnupfen
	Krüss, J.:	Wer erzieht den kleinen Elefanten?
	Strittmatter, E.:	Fohlen im Regen

  - ironische Züge tragen.
    Das Geschehen/ein Sachverhalt wird gewertet, kritisiert.

z. B.:	Kunze, R.:	Das Ende der Kunst
	Hacks, P.:	Der Monarch
	Weinert, E.:	Wohltäter
	Stengel, H. G.:	Trugschluss
	Tucholsky, K.:	Ratschläge für einen schlechten Redner

- dramatische Grundhaltung.

Im Mittelpunkt steht ein Konflikt oder ein dramatisches Ereignis.

z. B.:	Heine, H.:	Die schlesischen Weber
	Bürger, G. A.:	Der Bauer an seinen durchlauchtigen Tyrannen
	Fontane, Th.:	John Maynard
	Büchner, G.:	Der Hessische Landbote

Die sprecherische Gestaltung eines Textes wird nicht vorrangig von der literarischen Gattung bestimmt, der er angehört, sondern von Grundhaltung und Grundstimmung. Ein Dramenmonolog kann z. B. in der Grundhaltung heitererzählend, ironisch oder lyrisch sein, Lyrik in der Grundhaltung dramatisch oder episch und ein Prosaauszug lyrisch oder dramatisch. Die Grundhaltung wiederum ist nicht an eine bestimmte Grundstimmung gebunden. So können sowohl Texte mit lyrischer als auch mit epischer Grundhaltung eine heitere oder eine traurige, sowohl Texte mit lyrischer als auch mit dramatischer Grundhaltung eine düstere oder verzweifelte Grundstimmung haben.

Die sprecherische Erarbeitung eines literarischen Textes

Die folgenden Hinweise gelten in den entsprechenden Punkten auch für Gebrauchstexte. Der Erarbeitungsprozess sollte mit mehrfachem *stillen Lesen* beginnen, um Inhalt und emotionalen Gehalt zu erschließen. Zur Sicherung eines tieferen Textverständnisses können dabei in Abhängigkeit vom Schwierigkeits– und Bekanntheitsgrad der Dichtung *zusätzliche Recherchen* (z. B. Klärung unbekannter Begriffe/Namen, Entstehungszeit und -anlass, Beziehungen zur Biografie des Autors) nötig werden. Einen weiteren Aspekt der Erschließungsphase stellt die *Analyse der formalen und der syntaktischen Struktur* des Textes (Satzarten und -länge, Sinnschritte, Vers- und Strophensprung usw.) dar. Sie gibt u. U. wichtige Hinweise für die Sprechgestaltung, insbesondere für die Gliederung.

Sowohl für das Erschließen als auch für das Finden einer angemessenen Schallform ist das allmähliche *Ersprechen* des Textes von ausschlaggebender Bedeutung. Er sollte keinesfalls sofort laut, sondern zuerst ohne Gestaltungsbemühen mit halblauter Stimme, „vor sich hinmurmelnd" gelesen werden. Auf diese Weise erschließt sich der Rhythmus der Dichtung leichter und der Sprecher läuft nicht Gefahr, ihr einen fremden, nicht angemessenen „aufzupfropfen". Zudem ist das halblaute Lesen hilfreich für die Gliederung, beim Finden der Grundhaltung sowie der *Grundstimmung* und der *Teilstimmungen* des Textes. Lautes schnelleres Sprechen verhindert z. B. feine Nuancierungen bei bestimmten Emotionen. Die Grundstimmung beeinflusst den Einsatz der sprecherischen Gestaltungsmittel maßgeblich. Auch die Gestaltung der Teilstimmungen orientiert sich an der Grundstimmung: So wird beispielsweise in einem Gedicht mit bedrückter trauernder Grundhaltung Freude in einer Erinnerung nicht laut jubelnd, sondern eher gedämpft gestaltet werden.

In literarischen Texten finden sich unterschiedlichste *Regiehinweise* (Hinweise auf die Stimmungslage und für die sprecherische Gestaltung). Das betrifft u. a. die sprachstilistische Ebene (hohe Stilebene fordert z. B. präzisere Artikulation), die Wahl und den Wechsel der Zeitform (Präsens kann z. B. auf Unmittelbarkeit, stärkere Bewegung, der Wechsel der Zeitform auf einen Stimmungsumschwung hinweisen), die Wortwahl (Wörter können direkt oder indirekt auf eine bestimmte Sprechweise hindeuten, z. B. wispern, jammern, lallen, schwer atmend, hereinstürzend, jauchzend, schreiten, thronen, majestätisch, gelassen, lächelnd; neutrale Wörter und Begriffe deuten auf geringere Emotionalität hin), die lautliche Ebene (Lautmalereien unterstreichen z. B. eine bestimmte Emotion).

In einem weiteren Schritt muss der Sprecher überprüfen, ob die erarbeitete Sprechfassung seiner Intention entspricht, ob er mit ihr seine Mitteilungs- und Wirkungsabsicht verwirklichen kann, ob für die Hörer anschaulich wird, was ihm wichtig ist und ob seine Sprechfassung dem Hörerkreis und dem situativen Kontext entspricht. Hierbei sind Tonaufzeichnungen empfehlenswert. Mehrfaches gestaltendes Sprechen des Textes dient der weiteren Nuancierung und erhöht die Textsicherheit. Sparsame Notierungen zur Sprechweise (Pausen, Akzente, Melodieverläufe usw.) unterstützen den Sprecher im Vortrag.

Hörerbezug drückt sich in der gesamten Haltung des Sprechers, in seiner Art zu sprechen und im *Blickkontakt* aus. Für viele Sprecher ist der Blickkontakt problematisch. Sie fühlen sich unsicher, befürchten, die richtige Textstelle nicht wiederzufinden. Das führt dazu, dass sie ihre Hörer nur selten ansehen, den Blick wohl kurz vom Blatt lösen, aber indifferent nach oben oder unten sehen oder nur kurz flackernd aufblicken, die Augen gleiten ständig zwischen Text und Hörern hin und her. Der Blick sollte weder unruhig von einem zum anderen Hörer wechseln noch fortwährend auf dem gleichen Hörer ruhen. Letzteres „benachteiligt" die anderen und kann für den entsprechenden Hörer unangenehm sein.

Hilfreich sind eine übersichtliche *Textvorlage* und die richtige Lesetechnik. Wird der Text abgeschrieben, sollte der Zeilenabstand mindestens eineinhalb-, möglichst zweizeilig sein, die Schriftgröße mindestens 12 pt betragen und kein Blocksatz gewählt werden. Beim Abschreiben prägt sich der Text weiter ein und es hat den Vorteil, dass zusätzliche optische Markierungen vorgenommen werden können (Absätze, Einrückungen, Fettdruck oder Unterstreichungen). Dies sollte jedoch sparsam geschehen. Zu viele Markierungen im Schriftbild können beim Vortragen verwirrend sein. Wird von der Originalvorlage gelesen, sollte sie (besonders bei sehr kleiner Schrift und engem Zeilenabstand) vergrößert kopiert werden. Eine zusätzliche Hilfe ist es, mit der Hand auf dem Text oder mit dem Daumen am Seitenrand während des Sprechens langsam nach unten zu gleiten.

Wenig geübte Sprecher lesen häufig mit zu hohem Sprechtempo. Überhastetes Sprechen, fehlende oder zu kurze Pausen erschweren das *Lesen mit Blickkon-*

takt. Der Sprecher hat nicht genügend Zeit, vorausschauend zu lesen (optischer Vorlauf), außerdem schränkt er seine Gestaltungsmöglichkeit ein: er hat gleichfalls nicht genügend Zeit zu variieren. Eine ausreichend lange Pause vor Sprechbeginn erfüllt mehrere Funktionen: erster Blickkontakt mit den Hörern wird aufgenommen, der Sprecher hat eine Konzentrationsphase, er hat Zeit, bewusst ruhig und tief („in den Bauch") einzuatmen. Ruhiges Atmen hilft, die Aufregung und mit ihr verbundene Verspannungen abzuschwächen. Es folgt die Nennung des Autors und des Titels, in der Reihenfolge Autor – Pause – Titel (z. B. Georg Maurer: Oktober) oder Titel – Pause – Autor (z. B. Oktober, von Georg Maurer). Entspricht der Titel der ersten Zeile eines Gedichts, wird er nicht gesprochen. Nach einer weiteren Pause folgt der Text. Eine Sinneinheit wird mit den Augen erfasst und im Gedächtnis gespeichert. Beim Einatmen hebt der Sprecher den Kopf und beginnt erst zu sprechen, wenn sein Blick auf die Hörer gerichtet ist. Erst gegen Ende der gespeicherten Sinneinheit geht sein Blick wieder zum Text, um die nächste Sinneinheit zu erfassen und zu speichern. Blickkontakt erhöht die Wirkung einer Sprechfassung erheblich. Der Sprecher wirkt glaubhafter, überzeugender. Darüber hinaus erhält er Informationen über seine Zuhörer: ob sie ihm zuhören, ob sie ihn verstehen können, wie der Vortrag auf sie wirkt, und er erhält so auch Impulse für seine Sprechgestaltung.

7.3 Übungen

Arbeiten Sie bei diesen Übungen immer mit Ton- oder Videoaufzeichnung.

Übungen zur Gliederung, Akzentuierung und Melodieführung

Z: Sicherheit gewinnen im bewussten Einsatz dieser sprecherischen Gestaltungsmittel, Erweitern der Variationsfähigkeit

Ü 1 Sachakzent
A: Sprechen Sie die folgenden Sätze mit fallender Endmelodie. Setzen Sie bewusst den Sachakzent [7.1.3]. Das Wichtigste, das Neue wird akzentuiert: Heben Sie nur *ein* Wort hervor!

Leipzig ist eine 'Stadt. Leipzig ist eine alte 'Stadt. Leipzig ist eine alte 'Messestadt. Leipzig ist eine alte Messestadt in 'Sachsen.

Wir 'üben. Wir üben 'lesen. Wir üben mit Hannes 'lesen. Wir üben lesen mit 'Hannes.

Er 'läuft. Er läuft 'schnell. Er läuft schnell nach 'Hause.

Sie 'schreibt. Sie schreibt 'schön. Sie schreibt einen 'Brief. Sie schreibt einen Brief an ihre 'Mutter. Sie schreibt einen langen Brief an ihre Mutter im 'Vogtland.

Habt ihr ge'hört? Habt ihr das ge'hört? Habt ihr die 'Nachrichten gehört? Habt ihr die Nachrichten im 'Radio gehört? Habt ihr die Nachrichten über den 'Unineubau gehört?

Wir werden im Ho'tel wohnen. Wir werden im neuen Ho'tel wohnen. Wir werden im Hotel am 'Bahnhof wohnen. Wir werden im Hotel am Bahnhof 'Süd wohnen.

Wir 'fahren. Wir fahren nach 'Thüringen. Wir fahren mit dem Zug nach 'Thüringen. Wir fahren nach Thüringen mit dem 'Zug.
Wir fahren nach Thüringen mit Onkel 'Hans. Wir fahren mit Onkel Hans nach 'Thüringen.

Sie haben gestern in Musik über Bachs Kan'taten gesprochen. Sie haben gestern in Musik über die Kantaten 'Bachs gesprochen.

Die Gruppe 'fährt. Die Gruppe fährt 'mit. Die Gruppe kann 'mitfahren.
Sie kommen 'heute. Sie kommen heute 'an. Sie werden heute 'ankommen. Sie kommen heute auf dem Flughafen Halle-'Leipzig an.

'Kommt ihr? Kommt ihr 'mit? Kommt ihr heute 'mit? Kommt ihr heute mit zum Kon'zert? Kommt ihr heute mit zum Konzert in die 'Thomaskirche?

Wie oben, aber jedes Glied erhält einen Akzent, das letzte den stärksten.

Morgen kommen 'Conny und "Gabi.
In diesem Schrank hängen 'Mäntel, 'Jacken und "Anoraks.
Wir essen sehr gern Manda'rinen, 'Pfirsiche und "Erdbeeren.
Sprechstunden sind immer 'dienstags, 'mittwochs und "donnerstags.

Wie oben, aber beide Kontrastwörter erhalten einen Akzent, der letzte oder der bejahte Begriff wird stärker betont.

Bleiben Sie 'zwei oder "drei Wochen?
Möchten Sie 'Tee oder "Kaffee?
Ich studiere nicht in 'Halle, sondern in "Leipzig.
"Morgen, nicht 'heute!
Das Buch kostet "24, nicht '14 Euro.

! Vermeiden Sie weitere Akzente. Sprechen Sie nicht im „Aufzählton", sondern führen Sie die Melodie bei jedem Satz am Ende bewusst nach unten bis in die Lösungstiefe.

Ü 2 Bedeutungsveränderung durch Verschiebung des Wortakzents
A: Wie in Ü 1. Bilden Sie weitere Sätze mit *überlegen, übergehen, durchlaufen, umfahren* usw.

Der Kon'sum ist gestiegen.	Das gibt's im 'Konsum.
Sie sitzen auf der alten 'Bank.	Sie sitzen auf der 'Altenbank.
Möchten Sie über'setzen?	Möchten Sie 'übersetzen?
Kannst du das wieder'holen?	Kannst du das 'wiederholen?
Sie werden ihr Haus um'bauen.	Sie werden ihr Haus 'umbauen.

Ü 3 Bedeutungsveränderung durch Verschiebung des Äußerungsakzents

A: Sprechen Sie die Sätze aus den Übungen 1 und 2 wiederum mit fallender Melodie. Verändern Sie den Akzent und erklären Sie, wie sich infolgedessen die Bedeutung verändert hat. Nahezu jedes Wort ist in einem bestimmten Kontext akzentuierbar.

Leipzig ist eine alte Messestadt in 'Sachsen. (Sachakzent)
Leipzig ist eine alte Messestadt in "Sachsen. (emotionaler Akzent)
Leipzig ist eine alte 'Messestadt in Sachsen.
'Leipzig ist eine alte Messestadt in Sachsen.
Leipzig ist eine 'alte Messestadt in Sachsen.
Leipzig 'ist eine alte Messestadt in Sachsen.
Leipzig ist 'eine alte Messestadt in Sachsen.
Leipzig ist eine alte Messestadt 'in Sachsen.
Leipzig ist eine alte Messe'stadt in Sachsen.

! Sprechen Sie nicht im „Aufzählton", sondern führen Sie die Melodie bei jedem Satz am Ende bewusst nach unten bis in die Lösungstiefe.

Ü 4 Gliederung

A: Variieren Sie die folgenden Sätze aus den Übungen 1-3, indem Sie diese unterschiedlich gliedern. Sprechen Sie mit fallender Melodie.

z. B.: Sie haben gestern in Musik über Bachs Kan'taten gesprochen.‖
Sie 'haben | gestern in Mu'sik | über Bachs Kan"taten gesprochen.‖
'Sie | haben gestern in Musik über Bachs Kan"taten gesprochen.‖
Sie haben gestern in Mu'sik über |Bachs Kan"taten gesprochen.‖
Sie haben 'gestern | in Musik über Bachs Kan"taten gesprochen.‖

Leipzig ist eine alte 'Messestadt.
Sprechstunden sind immer 'dienstags, 'mittwochs und "donnerstags.
Kommt ihr heute mit zum Konzert in die 'Thomaskirche?
Wir werden im neuen Hotel am 'Bahnhof wohnen.
Sie kommen heute auf dem Flughafen Halle-'Leipzig an.
Das Buch kostet "24, nicht '14 Euro.
Sie werden ihr Haus 'umbauen.
Variante: Verändern Sie nun auch den Akzent.

Ü 5 Melodieführung

A: Sprechen Sie die Sätze aus den Übungen 1 und 2 mit steigender Endmelodie.
Variante 1: Verändern Sie nun bei steigender Melodie auch den Äußerungsakzent.

z. B.: Kommt ihr heute mit zum Konzert in die 'Thomaskirche?↑
Kommt ihr heute mit zum Konzert in die 'Thomaskirche?↑
Kommt 'ihr heute mit zum Konzert in die Thomaskirche?↑
Kommt ihr 'heute mit zum Konzert in die Thomaskirche?↑

Kommt ihr heute 'mit zum Konzert in die Thomaskirche?↑
Kommt ihr heute mit zum 'Konzert in die Thomaskirche?↑
'Kommt ihr heute mit zum Konzert in die Thomaskirche?↑

Variante 2: Variieren Sie mit Hilfe der Gliederung weiter.

z. B.: Kommt ihr heute "mit |→ zum Konzert in die 'Thomaskirche?↑
        Kommt ihr heute mit zum Kon"zert |→ in die 'Thomaskirche?↑
        Kommt 'ihr |→ "heute mit zum Konzert in die Thomaskirche?↑

Ü 6 Melodie in Fragesätzen
A: Sprechen Sie die Fragesätze zuerst mit fallender (Informationsmotiv), dann
      mit steigender Melodie (Kontaktmotiv).

Wo 'wohnen Sie?
Welche Tele'fonnummer haben Sie?
Wann sind Sie aus dem Urlaub zu'rückgekommen?
Was sollen die Schuhe 'kosten?
Wie war die 'Reise?
Warum 'weinst du denn?
Wo kommst du jetzt erst 'her?
Wer hat das er'laubt?
'Kommst du heute Abend?
Hast du ein schönes 'Zimmer bekommen?
Kennen Sie 'Leipzig?
Soll ich dich morgen früh 'wecken?
Kannst du mir 'helfen?
Haben Sie das ge'lesen?
Können Sie mir sagen, wie 'spät es ist?
Fahren Sie im Mai mit zur 'Tagung?
Variante: Verändern Sie den Akzent wie in Ü 5.

Ausdruck unterschiedlicher Stimmungen, Haltungen und Wertungen

*Beurteilen Sie zuerst anhand der Tonaufzeichnung, ob Sie die entsprechende
Stimmung eindeutig mitteilen konnten. Befragen Sie danach einen Übungspartner, welche Stimmung er erkannte, ob also wirklich das „ankam", was Sie
mitteilen wollten.*

Z: Sicherheit gewinnen in der situations- und textadäquaten Verwendung
      sprecherischer Gestaltungsmittel, insbesondere der Klangfarbenvariation

Ü 7
A: Sprechen Sie die folgenden Sätze zuerst als sachliche Feststellung, dann in
      unterschiedlichen Stimmungen: freundlich, fröhlich, traurig, erschrocken,
      ärgerlich usw. Stellen Sie sich eine konkrete Situation vor. Beschreiben

Sie, mit welchen sprecherischen Gestaltungsmitteln Sie die jeweilige Emotion ausdrückten.

Guten Morgen.　　　　　　　　　　Aufpassen müsst ihr.
Es klingelt.　　　　　　　　　　　Komm bitte her.
Sie sind jetzt dran.　　　　　　　　Kannst du mir helfen?
Da bist du ja.　　　　　　　　　　Habt ihr schon gehört?

Ü 8

A:　Wie in Übung 7. Drücken Sie jetzt bei jedem Satz mindestens drei unterschiedliche Haltungen oder Wertungen aus: sachlich, nachdrücklich, freundlich lobend, bewundernd, begeistert, heiter-ironisch, einem Einwand begegnend, zweifelnd, tadelnd, abschätzig, drohend, genervt usw.

Das war ein Tag.　　　　　　　　Das ist aber nett von euch.
Es ist kalt geworden.　　　　　　Ein hübsches Kleid.
Du hast nicht aufgepasst.　　　　Ich freue mich auf den Besuch.
Sie kann das Buch nicht finden.　Gut gemacht.
Ihr seid schon fertig?　　　　　　Ich will nicht.

Ü 9

A:　*Minidialoge:* Gestalten Sie mit einem Übungspartner unterschiedliche Gespräche (den Gesprächspartner überzeugen, überreden, belehren, ihm etwas erklären, mit ihm streiten usw.). Verändern Sie nur die sprecherische Gestaltung der beiden Sätze, nicht ihren Wortlaut.

z. B.: Heute? (sachlich fragend)　　　Morgen. (sachlich antwortend)
　　　Heute. (bittend)　　　　　　　Morgen. (nachdrücklich)
　　　Heute. (nachdrücklich bittend)　Morgen! (genervt)
　　　Heute! (energisch fordernd)　　Morgen. (um Verständnis bittend)

Ja. – Nein.
Du gehst. – Du auch.
Er heißt Tim. – Er heißt Tom.
Das war in Halle. – Das war in Leipzig.
Ich denke, Andrea. – Ich denke, Julia.

Ü 10

A:　Sprechen Sie die Texte. Gestalten Sie unterschiedliche Stimmungen, Haltungen, Wertungen (sachlich informierend, belehrend, vergnügt, ins Lächerliche ziehend, ironisch, tratschend, erleichtert, bewundernd, bemitleidend, traurig, verwundert, ängstlich, wütend, warnend, zweifelnd usw.).

Peter Uhu: Ballade in -RCH　　　*Theodor Däubler:*
　　　　　　　　　　　　　　　Ein Lauschender auf blauer Au

In einer engen Ackerfurche
begegneten sich einst zwei Lurche.　Grauen, samtig rauhes Grauen
Von denen sprach der eine Lurch:　Packt mich, wenn ich traurig bin.

Lass mich gefälligst einmal durch!
Der andre – schon ein Patriarch –
entgegnete nur mit Geschnarch.
Entsetzt zum Himmel stob die Lerche
und schrie:
Zwei Lurche stehn verzwerche!
Da rief's vom Dach des Hauses: Horch!
Das ist ein Bissen für mich, Storch.
Er kam und fraß mit Haut und Härchen
das Ackerfurchenlurchenpärchen.

Hansgeorg Stengel:
Standpunkte

Kopfschüttelnd stand ein Agronom
im Herbst vorm Magdeburger Dom
und grübelte, was Architekten
mit dem Koloss aus Stein bezweckten.

Ein Architekt hingegen stand
vor einem Stückchen Ackerland
und rühmte Anmut, Nutz und Größe
der Basis für Kartoffelklöße.

Mit diesem Beispiel wird erklärt:
Kunst geht nach Brot. Nicht umgekehrt.

Lauter graue Raupen stauen
sich vom Hals bis übers Kinn.
Ach, wie schwer ich das ertrage.
Wie es mich erschaudern macht.
Raupen scheinen es am Tage,
Falter sind es in der Nacht.

Christian Morgenstern:
Bundeslied der Galgenbrüder

O Greule, Greule, wüste Greule!
Hört ihr den Ruf der Silbergäule?
Es schreit der Kauz: pardauz! pardauz!
Da taut's, da graut's, da braut's, da
blaut's!

aus Detlev von Liliencron:
Ballade in U-Dur

Es lebte Herr Kunz von Karfunkel
Mit seiner verrunzelten Kunkel
Auf seinem Schlosse Punkpunkel
In Stille und Sturm.
Seine Lebensgeschichte war dunkel,
Es murmelte manch Gemunkel
Um seinen Turm.

Kurt Steiniger: Qualitäten

Die Spiegelscherbe und das Fensterglas
die lagen miteinander stumm im Gras,
da sprach die Spiegelscherbe mit Geprahl:
„In mir siehst du die Wiese noch einmal."

Das Fensterglas blieb ruhig und bescheiden
und hielt sich nur an die Gegebenheiten.
Die Wiese noch einmal? Das ist nicht schlecht.
Durch mich sieht man die ganze Welt – und echt.

Variante: Sprechen Sie die Texte wie in Ü 12 als Dialoge.

Ü 11

A: Sprechen Sie die Texte mit mehreren Übungspartnern. Jeder bringt einen neuen Gedanken ein. Legen Sie die situativen Bedingungen (ein Gespräch führen, jemandem eine Frage beantworten, jemandem etwas erklären, jemanden überzeugen, jemandem ins Gewissen reden, gemeinsam eine Lösung suchen usw.) und eine Haltung bzw. eine Emotion (sachlich, nachdrücklich, enthusiastisch, appellierend, provozierend, nachdenklich, vergnügt, bitter usw.) fest. Gestalten Sie verschiedene Varianten.

Bertolt Brecht: Vergnügungen

Der erste Blick aus dem Fenster am Morgen
Das wiedergefundene alte Buch
Begeisterte Gesichter
Schnee, der Wechsel der Jahreszeiten
Die Zeitung
Die Dialektik
Duschen, Schwimmen
Alte Musik
Bequeme Schuhe
Begreifen
Neue Musik
Schreiben, Pflanzen
Reisen
Singen
Freundlich sein.

Renate Gröbe: An meine Freunde

Wenn ich zu euch komme,
sagt nicht:
Das Zimmer ist nicht aufgeräumt.
Ich will doch nicht euer Zimmer kontrollieren.

Wenn ich komme,
sagt nicht: Setz dich!
Ich setze mich allein.

Und sagt auch nicht:
Gut siehst du aus,
wenn ihr seht, dass ich müde bin.

Sagt einfach:
Schön, dass du da bist,
und lasst mich erzählen.

Heinz Kahlau: Ich kann die Erde aus den Angeln heben

Ich kann die Erde aus den Angeln heben,
ich kann auf alle Fragen Antwort geben,
ich kann die Wüste Afrikas bewässern,
ich kann die Arbeit meines Chefs verbessern,
ich kann das Salz des Ozeans entfernen,
ich kann auf einmal drei Berufe lernen,
ich kann den Nordpol ganz vom Eis befrein –
ich kann das alles – ich bin nicht allein.

Erich Fried: Gründe

„Weil das alles nicht hilft
Sie tun ja doch was sie wollen

Weil ich mir nicht nochmals
die Finger verbrennen will

Weil man nur lachen wird:
Auf dich haben sie gewartet

Und warum immer ich?
Keiner wird es mir danken

Weil da niemand mehr durchsieht
sondern höchstens noch mehr kaputtgeht

Weil jedes Schlechte
vielleicht auch sein Gutes hat

Weil es Sache des Standpunktes ist
und überhaupt wem soll man glauben?

Weil auch bei den andern nur
mit Wasser gekocht wird

Weil ich das lieber
Berufeneren überlasse

Weil man nie weiß
wie einem das schaden kann

Weil sich die Mühe nicht lohnt
weil sie alle das gar nicht wert sind"

Das sind Todesursachen
zu schreiben auf unsere Gräber

die nicht mehr gegraben werden
wenn das die Ursachen sind

Erich Fried: Nachruf auf die Schreier

Was hast du getan?
Ich habe sie schreien lassen.

Was haben die anderen getan?
Ihnen das Maul gestopft.

Was haben sie geschrien?
Sie haben um Hilfe geschrien.

Um Hilfe für wen?
Ich glaube – manchmal für mich.

Jens Gerlach: Ich bin klein.

Ich bin klein.
Was weiß ich schon.
Mein Mündchen ist ein Grammophon
und kennt nur eine Platte.
Ich glaub nur, was genehmigt ist.
Wer das nicht tut, ist Kommunist
und Schluss mit der Debatte.

Ü 12

A: Gestalten Sie die Texte mit einem Übungspartner als Dialoge. Führen Sie unterschiedliche „Gespräche" (gemeinsam ein Problem klären, einem Zweifelnden etwas ruhig oder ungeduldig erklären, sich streiten, sich gemeinsam über etwas lustig machen, einen Widersprechenden ärgerlich zurechtweisen, etwas nachdrücklich richtig stellen usw.).

Franz Mon:
man muss was tun

man muss was tun
muss man was tun
was muss man tun
tun muss man was

man hätte was getan
hätte man was getan
was hätte man getan
hätte man was getan

tun was man muss
was man tun muss
tun muss man was
was muss man tun

Rudolf Otto Wiemer:
empfindungswörter

aha die deutschen
ei die deutschen
hurra die deutschen
pfui die deutschen
ach die deutschen
nanu die deutschen
oho die deutschen
hm die deutschen
nein die deutschen
ja ja die deutschen

Ernst Jandl: ottos mops

ottos mops trotzt
otto: fort mops fort
ottos mops hopst fort
otto: soso

otto holt koks
otto holt obst
otto horcht
otto: mops mops
otto hofft

ottos mops klopft
otto: komm mops komm
ottos mops kommt
ottos mops kotzt
otto: ogottogott

Timm Ulrichs: denk-spiel
(nach descartes)

ich denke, also bin ich.
ich bin, also denke ich.
ich bin also, denke ich.
ich denke also: bin ich?

Ü 13

A: Erarbeiten Sie Sprechfassungen von Texten (Gebrauchstexte oder literarische Texte) unterschiedlichen Charakters. Wählen Sie einen Text aus. Bestimmen Sie Grundhaltung und Grundstimmung des Textes. Stellen Sie
sich eine konkrete Sprechsituation (Unterricht, Feierstunde, Literaturzirkel,
sachlich-informierende oder appellierende Rede usw.) und einen konkreten
Hörerkreis vor (Kommilitonen, Schüler unterschiedlicher Klassenstufen
usw.). Überlegen Sie, welche Botschaft Sie Ihren Hörern mit dem Text
übermitteln wollen (Ziel des Vortrags). Erarbeiten Sie den Text nach den
Hinweisen für die sprecherische Erarbeitung [7.4].

*Analysieren Sie die Ton- bzw. Videoaufzeichnung (Feedback und Selbstbe-
obachtung) anhand der "Beobachtungskriterien: Textgestaltung" [9].*

Sprecherische Gestaltungsmittel

Begriff und Funktion:
- Kombinationen von Veränderungen der Sprechspannung, der Tonhöhe, des Sprechtempos, der Lautstärke, des Stimmklangs und der Artikulationspräzision,
- ermöglichen verständliches, situativ angemessenes, textadäquates, wirkungsvolles Sprechen,
- begünstigen, erschweren oder verhindern u. U. das Hörverstehen,
- strukturieren Äußerungen, sichern Verständlichkeit,
- übermitteln über den verbalen Inhalt hinaus zusätzliche Informationen über Absicht, Haltung, Befindlichkeit des Sprechers, Emotionen und Wertungen,
- beeinflussen die Kommunikationsatmosphäre.

Gliederung:
teilt den Text/die Äußerung in hörverständliche Sprecheinheiten:

- *Sinneinheiten:* Teilinformationen der Gesamtäußerung, ergeben für sich allein stehend einen Sinn.
  Beispiel: (Gliederung und Akzentuierung sind wichtige Mittel der Sprechgestaltung.)

- *Akzentgruppen/Wortgruppen*: Teile der Sinneinheit, kleinere Einheiten inhaltlich bzw. grammatisch eng verbundener Wörter, ergeben für sich allein stehend keinen Sinn.
  Beispiel: (Gliederung und Akzentuierung) (sind wichtige Mittel) (der Sprechgestaltung.)

Wesentliche Mittel: Pausen
- *Atempause*:   Sprechspannung wird gelöst.   ‖
- *Zäsur oder Staupause*:   Sprechspannung wird gehalten. |
  Beispiel: Gliederung und Akzentuierung | sind wichtige Mittel | der Sprechgestaltung.‖

Akzentuierung:
hebt kommunikativ Wichtiges (Bedeutsames, Neues, Widersprüchliches) in der Äußerung hervor.
Beispiel: Gliederung und Akzentuierung sind wichtige Mittel der **Sprech**gestaltung.

Akzentverschiebung bewirkt eine Sinnveränderung.
Beispiel: Gliederung und Akzentu**ie**rung sind wichtige Mittel der Sprechgestaltung.
              Gliederung und Akzentuierung sind **wich**tige Mittel der Sprechgestaltung.
              Gliederung **und** Akzentuierung sind wichtige Mittel der Sprechgestaltung.

Melodieführung:
kennzeichnet die Äußerung als abgeschlossen oder nicht abgeschlossen, markiert Einheiten des Sprechens, kennzeichnet Satzarten, liefert Informationen über Einstellungen/Haltungen und Absichten des Sprechers.

Form   *Funktion*

⟶   *progredient*:   weiterweisend, spannungserhaltend,
            (schwebend)   verbindet inhaltlich Zusammengehöriges;

* Satzgefüge und Satzverbindungen: Ich bin froh,⟶ wenn das zu Ende ist.
* Anrede: Liebe Freunde,⟶ wir ...
* Redeankündigung: Er sagte:⟶ "..."

↓   *terminal*:   abschließend, spannungslösend,
            (fallend)   trennt Sinneinheiten voneinander,
                                Informationsmotiv;

* Aussagen: Heute ist Donnerstag.↓
* Ausrufe: Das ist herrlich!↓
* Aufforderungen/Befehle: Bleib stehn!↓
* Fragen mit Informationsmotiv (sachlich): Wo wohnen Sie?↓ Hast du das gelesen?↓
* Doppelfrage (2. Teil): Trinkst du lieber Saft oder Mineralwasser?↓

↑   *interrogativ:*   abschließend-fragend,
            (steigend)   spannungsaufbauend,
                                Kontaktmotiv.

* Fragen mit Kontaktmotiv (höflich/freundlich oder drohend/warnend):
  Warum weinst Du denn?↑ Wer hat das erlaubt?↑
* Nachfragen: Was ich möchte?↑
* Aufforderungen mit besonders höflichem/freundlichem oder drohendem/warnendem Charakter: Kommen Sie bitte!↑ Pass auf!↑

Tendenz: Fragen werden häufig mit terminaler Melodie gesprochen. Interrogative Melodie ist lediglich zwingend bei:
  * Einwortfragen: Heute?↑
  * Fragen ohne Inversion der Wortstellung: Anja spielt Klavier?↑
  * Ellipsen: Und morgen?↑
  * Entscheidungsfragen, in denen die Verbform gleich der Imperativform ist: Kommen Sie mit?↑

Sprechtempo und Lautstärke:
kennzeichnen kommunikativ Wichtiges. Passagen, die der Sprecher für wesentlich hält, werden *langsamer, lauter oder leiser* gesprochen als weniger Wichtiges.

Sprechtempo, Lautstärke und ihre Variationen sind abhängig von:
* kommunikativer Absicht und Stimmungslage des Sprechers,
* inhaltlichem und emotionalem Gehalt des Textes/der Äußerung,
* äußeren Bedingungen der Sprechsituation (Raumgröße, Zuhörerzahl, Störgeräusche usw.).

Klangfarbe:
übermittelt dem Hörer zusätzliche, über den verbalen Inhalt hinausgehende Informationen über:
* Emotionen (z. B. Freude, Ärger, Trauer),
* Haltungen/Wertungen/Absichten (z. B. Sachlichkeit, Lob, Kritik, Ironie),
* Befindlichkeiten (z. B. Sicherheit, Belastung, Krankheit, Müdigkeit).

Die Stimme klingt je nach Sprechsituation z. B. klar, warm, weich, gepresst, verhaucht, dumpf, hell, dunkel, überhöht …
Beispiele: Das ist aber ein hübsches Kleid! (bewundernd oder feststellend oder ironisch)
Das war ich. (selbstbewusst, schuldbewusst, erschrocken)

Artikulation:
trägt als Mittel der Sprechgestaltung dazu bei:
* kommunikativ Wichtiges hervorzuheben;
* die Äußerung zu gliedern;
* zusätzliche Hervorhebungen zu schaffen;
* Emotionen, Absichten, Haltungen, Wertungen und Befindlichkeiten des Sprechers auszudrücken;
* die Stimmung eines literarischen Textes zu veranschaulichen;
* soziale Beziehungen zu kennzeichnen.

Sprechspannung:
ergibt sich aus Körperspannung und Atemdruck, beeinflusst alle anderen sprecherischen Gestaltungsmittel (z. B. Akzentstärke, Grad der Lautstärkevariationen, Artikulationspräzision).

Grundspannung und Spannungsvariationen sind abhängig von:
* inhaltlichem und emotionalem Gehalt eines Textes/einer Äußerung,
* kommunikativer Absicht und Stimmungslage des Sprechers,
* situativen Bedingungen.

Sprecherische Gestaltungsmittel wirken nur im Komplex und beeinflussen sich wechselseitig. Sie übermitteln zusätzliche Informationen über Stimmungen, Haltungen und Wertungen des Sprechers, über den inhaltlichen und emotionalen Gehalt des Textes.

Hinweise für die sprecherische Erarbeitung von Texten

Textvorlage

Eine übersichtliche Textvorlage gibt Sicherheit.

- *Abschriften:*
  - Zeilenabstand mindestens eineinhalb-, möglichst zweizeilig,
  - Schriftgröße mindestens 12 pt,
  - Flattersatz, kein Blocksatz.
  - Vorteil: Text prägt sich tiefer ein.
    Zusätzliche optische Markierungen sind möglich (Absätze, Einrückungen, Fettdruck oder Unterstreichungen).
    Vorsicht: Zu viele Markierungen im Schriftbild können beim Vortragen verwirrend sein.
- *Originalvorlage:*
  Besonders bei sehr kleiner Schrift und engem Zeilenabstand vergrößert kopieren.

Arbeitsschritte

- Mehrfaches stilles Lesen, um Inhalt und emotionalen Gehalt zu erschließen.
- Sicherung eines tieferen Textverständnisses: Einholen zusätzlicher Informationen (z. B. Entstehungszeit und -anlass, Beziehungen zur Biografie des Autors, Klärung unbekannter Begriffe/Namen).
- Untersuchung der formalen und syntaktischen Struktur des Textes auf Hinweise für die Sprechgestaltung (Satzarten und -länge, Sinnschritte, Vers- und Strophensprung usw.).
- Allmähliches Ersprechen des Textes: zuerst ohne Gestaltungsbemühen langsam mit halblauter Stimme, „vor sich hinmurmelnd" (Rhythmus, Gliederungseinheiten erspüren), keinesfalls sofort laut.
- Bestimmen der Grundhaltung bzw. -stimmung und der Teilstimmungen. Die Gestaltung der Teilstimmungen orientiert sich an der Grundstimmung.
- Suchen nach Regiehinweisen im Text (Hinweise auf die Stimmungslage und für die sprecherische Gestaltung: Stilebene, Wahl und Wechsel der Zeitform, Lautmalereien, Wörter, die direkt oder indirekt auf eine bestimmte Sprechweise hindeuten).
- Festlegen der Mitteilungs- und Wirkungsabsicht (Was will ich mitteilen? Wie verstehe ich den Text? Was will ich bei den Hörern erreichen/bewirken?).

- Sparsame Notierungen zur Sprechweise einfügen (Pausen, Akzente, Melodieverläufe usw.).
- Mehrfaches gestaltendes Sprechen (weitere Nuancierung, Textsicherheit).
- Überprüfen, ob die erarbeitete Sprechfassung dem Hörerkreis und dem situativen Kontext entspricht (empfehlenswert: Tonaufzeichnung).

Lesen mit Blickkontakt

Blickkontakt unterstützt den Kontakt zwischen Sprecher und Hörern, erhöht die Wirkung der Sprechfassung und des Sprechers, ermöglicht Rückschlüsse darauf, ob die Zuhörer folgen, verstehen können, wie der Vortrag auf sie wirkt, und gibt Impulse für die Sprechgestaltung.
- Eine Sinneinheit mit den Augen erfassen und im Gedächtnis speichern. Beim Einatmen den Kopf heben und erst zu sprechen beginnen, wenn der Blick auf die Hörer gerichtet ist. Erst gegen Ende der gespeicherten Sinneinheit geht der Blick wieder zum Text, um die nächste Sinneinheit zu erfassen und zu speichern.
- Das Lesen mit Blickkontakt vor dem Spiegel üben.
- Ausreichend lange Pause vor Sprechbeginn (Konzentrationsphase).

Häufige Fehler

- Fehlender Blickkontakt aus Unsicherheit und Furcht, die Textstelle nicht wiederzufinden. Der Blick wird nur kurz vom Blatt gelöst, aber indifferent nach oben oder unten gesehen. Der Blick gleitet unruhig von einem zum anderen Hörer oder ruht fortwährend auf dem gleichen Hörer. Die Augen gleiten ständig zwischen Text und Hörern hin und her.
- Zu hohes Sprechtempo, fehlende oder zu kurze Pausen erschweren den Blickkontakt. Es fehlt die Zeit, vorausschauend zu lesen, die variable Gestaltung wird behindert.
- Jeder Lesefehler wird korrigiert. Nur sehr auffällige Fehler, nur Sinnwidriges korrigieren, ansonsten weitersprechen, ohne mimisch oder gestisch zu kommentieren.
- Besonders Lyrik wird in einem gleichförmigen, vordergründig am Versmaß orientierten Rhythmus gesprochen. Der Text klingt monoton „aufgesagt". Pausieren an unterschiedlichen Stellen und nicht an jedem Zeilenende. Nicht stets an der gleichen Stelle im Vers akzentuieren. Pausenlänge und Melodiebewegung variieren.

8 Freisprachliche Gestaltung

8.1 Begriff und Gegenstand

Soziale und sprachliche Interaktion sind untrennbar miteinander verbunden. Ohne sprachlichen Austausch ist entwickeltes soziales Handeln auf Dauer nicht möglich, ohne soziale Interaktion entwickelt sich keine Sprache. In der sprechsprachlichen Kommunikation überwiegen die Anteile frei gesprochener Äußerungen gegenüber dem textgebundenen Sprechen (Vorlesen, Textvortrag, Rezitation). Die Fähigkeit, sich zu einem Sachverhalt frei und verständlich zu äußern, ist eine Grundbedingung für soziale Interaktion. Dabei ist zu unterscheiden zwischen zufälligen, spontanen, unvorbereiteten Äußerungen ohne festes Ziel (z. B. Unterhaltungsgespräch) und sprachlichem Handeln im Sinne der rhetorischen Kommunikation. Im Folgenden werden unter freisprachlicher Gestaltung ausschließlich Formen der rhetorischen Kommunikation verstanden. Der Terminus *Rhetorik* hat sich über einen vergleichsweise langen historischen Zeitraum, von der Antike bis in die Gegenwart, entwickelt und gewandelt. Er wird in der Fachliteratur einzelner Wissenschaftsgebiete unterschiedlich definiert und verwendet (→ Göttert 1994, Ueding/Steinbrink 1994). So steht er beispielsweise als Synonym für die Redekunst, die Lehre von der wirkungsvollen Gestaltung der Rede, die Kunst der Beredsamkeit, die Kunst, gut und wirkungsvoll zu reden, dafür, „... die Möglichkeiten zu erforschen und die Mittel bereitzustellen, die nötig sind, die subjektive Überzeugung von einer Sache allgemein zu machen" (Ueding/Steinbrink 1994, 1) oder auch für die rhetorische Analyse überlieferter Texte.

Der sprechwissenschaftliche Rhetorikbegriff basiert auf einem kommunikativen Rhetorikverständnis. Er stützt sich auf das „... Verständnis von Kommunikation als Prozess der gemeinsamen Sinnkonstituierung" (Mönnich 2004, 112), auf das Verständnis von Kommunikation als Form der Kooperation. Der Begriff *Rhetorische Kommunikation* als Teilgebiet der Sprechwissenschaft [2.3] bezeichnet Formen der sprechsprachlichen Kommunikation, die sowohl hinsichtlich ihres Inhaltes als auch ihrer Wirkung geplant und zielgerichtet, direkt (also bei räumlicher und zeitlicher Präsenz der Kommunikationspartner), einseitig oder wechselseitig (also als Rede oder als Gespräch) stattfinden. Gegenstand zielgerichteter und geplanter Kommunikation sind in der Regel gesellschaftlich (sozial, politisch, wissenschaftlich oder kulturell) bedeutsame Themen. Damit besteht eine klare Abgrenzung zur nicht geplanten Kommunikation mit reinem Unterhaltungswert, zur Massenkommunikation und zur Kommunikation in den öffentlichen Medien bzw. mit Hilfe technischer Medien. Diese Formen der Kommunikation werden daher aus der weiteren Betrachtung ausgeklammert.

Rhetorisches Kommunikationsvermögen bedeutet, Gedanken und Standpunkte anlass-, situations- und hörerbezogen klar und unmissverständlich zum Ausdruck zu bringen, Probleme zu formulieren und sie gemeinsam mit anderen einer Lösung zuführen zu können, heißt, in der Lage zu sein, im beruflichen, politischen, kulturellen Umfeld seinen kommunikativen Aufgaben (Beratungen, Gespräche und Diskussionen als Teilnehmer oder Gesprächsleiter, Vorträge und Präsentationen) gerecht werden zu können. Besondere Bedeutung haben diese kommunikativen Kompetenzen im Lehr- und Lernprozess. Lehrer müssen Kenntnisse vermitteln, motivieren, überzeugen, aktivieren können, um ihrem Bildungs- und Erziehungsauftrag gerecht zu werden.

8.2 Situative Bedingungen

Jede Art von Kommunikation findet unter konkreten situativen Bedingungen (kommunikativer Kontext) statt. Wirkungsvolles zielorientiertes hörerbezogenes Sprechen, unabhängig davon, ob es sich um eine Rede oder ein Gespräch handelt, setzt voraus, diese situativen Bedingungen bereits bei der Kommunikationsplanung entsprechend zu berücksichtigen, setzt voraus, die jeweilige Äußerung inhaltlich und formal so zu planen und in der aktuellen Situation (Kommunikationssituation, Sprechsituation, Redesituation) zu gestalten, dass das Kommunikationsziel erreicht werden kann.

Die situativen Bedingungen beeinflussen das Zustandekommen, den Verlauf und die Wirkung [6.1, 7.1] kommunikativen Handelns; sie bestimmen Ziel, Planung, Inhalt und Form sowie die Wirkung einer Äußerung maßgeblich (→ Stelzig et al. 1982, 143 ff.) und konstituieren sich aus einer Vielzahl von Faktoren und Merkmalen: dem Sprecher, dem Hörer, der Äußerung, dem Ziel, dem Anlass, den räumlichen und zeitlichen Gegebenheiten einschließlich ihrer Bedingtheit und ihrer Beziehungen zueinander. Ungünstige situative Bedingungen können neben mangelnder Fähigkeit oder Bereitschaft zum aufmerksamen Zuhören, fehlender oder ungenügender Einstellung auf das Vorstellungs- und Wertesystem der Gesprächspartner, Störungen auf der Beziehungsebene sowie Versuchen manipulativer Einflussnahme Ursachen für das Misslingen von Reden und Gesprächen sein. Der kommunikative Kontext einer rhetorischen Äußerung resultiert aus Merkmalen

- des Sprechers, seiner sozialen Stellung, seinem Bildungsstand, seiner sozialen und kommunikativen Kompetenz, seiner Einstellung zum Gegenstand und zu den Hörern, zu ihren Bedürfnissen und Interessen;

  Der Sprecher muss in der Lage sein, sich auf seine Zuhörer einzustellen, ihre Reaktionen wahrzunehmen, u. U. noch während der Rede oder des Gesprächs Veränderungen vorzunehmen, sein kommunikatives Handeln in Abhängigkeit vom und mit dem jeweiligen Hörerkreis zu gestalten. Zuhörer bzw. Gesprächspartner signalisieren verbal, paraverbal und nonverbal auf vielfältige Weise Aufmerksamkeit, Interesse, Gleichgültigkeit oder Ablehnung gegenüber dem Sprecher oder der Äußerung.

- des Hörers, seinem Kenntnis- und Bildungsstand, seiner Interessenlage, seiner Erwartungshaltung, seinen Vorstellungen und Erfahrungen, seiner Vorkenntnisse zum Gegenstand und zur gewählten Kommunikationsform, seiner Beziehung zum Sprecher, seiner Motiviertheit, seiner Befindlichkeit, der Bedeutung, die er dem Kommunikationsereignis beimisst;

  Eine firmeninterne Präsentation zu einem neu entwickelten Verfahren kann z. B. gegenüber einer Präsentation zum gleichen Gegenstand anlässlich einer Fachtagung auf Informationen zur Vorgeschichte verzichten, bedient sich eines anderen Vokabulars und wird auch sprecherisch anders umgesetzt sein.

  Ein Unterrichtsgespräch zur Erarbeitung eines bestimmten Themas in verschiedenen Klassenstufen enthält unterschiedliche Informationen, ist unterschiedlich strukturiert und bedient sich unterschiedlicher sprachlicher und sprecherischer Mittel.

- des Ziels;

  Je nach dem, ob das angestrebte Ergebnis darin besteht, über einen Sachverhalt zu informieren, ein Problem zu klären, eine Entscheidung zu einem strittigen Gegenstand zu fällen, eine oder mehrere Personen zu überzeugen oder zu einer Handlung zu aktivieren, werden Konzept, Aufbau, inhaltliche, sprachliche und sprecherische Gestaltung der Rede oder des Gesprächs differenziert gestaltet.

- des Anlasses;

  Eine Rede anlässlich einer Feierstunde und eine Vorlesung zum gleichen Thema bedienen sich verschiedenartiger inhaltlicher, sprachlicher und sprecherischer Mittel.

- der räumlichen und zeitlichen Bedingungen.

  Der Einfluss räumlicher und zeitlicher Bedingungen auf das Gelingen der Kommunikation wird von vielen, insbesondere relativ ungeübten Sprechern, oft unterschätzt; Unkenntnis oder Fehleinschätzungen führen häufig zu Störungen im Hörverstehensprozess, zu Ablenkung und zu Unsicherheit auf Seiten des Sprechers. Folgenden raumzeitlichen Bedingungen kommt besondere Bedeutung zu:
  - Sprechen in einem abgeschlossenen Raum oder im Freien (mögliche Störgeräusche),
  - Größe und akustische Bedingungen des Raumes,
  - Ausstattung und Atmosphäre des Raumes, Vorhandensein und Funktionstüchtigkeit technischer Hilfsmittel (Mikrofon, Mittel zur Visualisierung usw.),
  - Zuhörerzahl (Einzelhörer, überschaubare Gruppe, anonyme Masse),
  - Entfernung zwischen Sprecher und Hörern,
  - jahreszeitliche und meteorologische Einflüsse (Stimmungen),
  - Kommunikationszeitpunkt (Tageszeit und davon abhängiges Konzentrationsvermögen, die Kommunikation beeinflussende vorangehende oder ihr folgende Ereignisse, Einordnung in einen Ablauf, z. B. Konferenz, Unterrichtsablauf).

Dieser kommunikative Kontext entscheidet letztendlich über die Planung und Ausführung der Äußerung, ihrer Gliederung, ihrer inhaltlichen, sprachlichen und sprecherischen Gestaltung. Das bedeutet, der Sprecher muss sich bereits in der Planungsphase bemühen, diese situativen Bedingungen möglichst genau zu erfassen, zu analysieren und die Ergebnisse dieser Überlegungen in die Vorbereitung und Produktion seiner Äußerung einzubeziehen.

8.3 Wirkungsfaktoren

Die situative Angemessenheit einer Äußerung ist eine wesentliche Voraussetzung für ihre Verständlichkeit, für ihre Wirkung und damit letztendlich dafür, ob das Kommunikationsziel erreicht wird. Verständlichkeit und Wirkung resultieren aus Inhalt, Gliederung, Sprache, Sprechweise und nonverbalen Komponenten [2.1]. Dazu zählt z. B., welche inhaltlichen Schwerpunkte (Teilgebiete, Fakten, Beispiele) ausgewählt, wie sie strukturiert und in Abhängigkeit von der Relevanz des Themas für den Hörer gewichtet werden. Unter den spezifischen Bedingungen des Hörverstehensprozesses [7.1.1] kommt der sprachlichen und sprecherischen Gestaltung einer rhetorischen Äußerung (→ Stock 1999, 80 ff., Pabst-Weinschenk/Wachtel 2004, 90 ff., Fix et al. 2001, 41 ff.) sowie dem begleitenden nonverbalen Ausdruck besondere Bedeutung zu. Sie tragen maßgeblich dazu bei, Inhalte hörverständlich und wirkungsvoll zu vermitteln.

Da die Botschaft des Sprechers dem Hörer sofort (Wiederholungen, Zurückblättern usw. wie beim Lesen sind nicht möglich.) in ihrer Komplexität verständlich werden muss, weist die *Redesprache* im Vergleich zur Schriftsprache syntaktische, grammatische und lexikalische Unterschiede auf. Redesprache ist konkret, anschaulich, persönlich, gut verständlich und gut sprechbar. Wesentliche Merkmale hörverständlicher Sprache sind:

- übersichtlicher Satzbau;
  Die Sätze sollten möglichst kurz sein und logisch aufeinander aufbauen. Das Gleiche gilt für Nebensätze. Unterordnungen (Schachtelsätze), lange Satzrahmen, Ausrahmungen, häufige Einschübe sowie doppelte Verneinungen sind zu vermeiden.
- klare Verknüpfungen;
  Die präzise und variable Verwendung von Konjunktionen, Präpositionen sowie Wörtern und Wortgruppen, die Beziehungen der Sinnschritte zueinander kennzeichnen (z. B.: übereinstimmend, im Gegensatz dazu), erleichtert den Hörern das Erfassen der inhaltlichen Struktur. Ein typischer Fehler besteht z. B. in der ständigen, nicht motivierten Verknüpfung durch die Konjunktion „und".
- Vermeidung von Infinitiv- und Partizipialkonstruktionen;
  Der Infinitiv wirkt unpersönlich. Partizipien komprimieren und wirken der notwendigen Redundanz entgegen.
- Verbalstil, kein Nominalstil;
  Substantivierungen vermeiden (nicht: eine Festlegung treffen, sondern: festlegen).
- Besonderheiten bei bestimmten Verbformen;
  Das Perfekt ist die bevorzugte Vergangenheitsform (nicht: sie schrieb, sondern: sie hat geschrieben). Der Konjunktiv wird meist umschrieben (nicht: er komme, er käme, sondern: er würde kommen).
- persönliche, konkrete Formulierungen;
  Die Hörer sollten direkt angesprochen werden (Wir erinnern uns ..., Ihr seht ...) und durch rhetorische Fragen (Was können wir daraus ableiten? Wie ist das zu erklären?) zum Mitdenken angeregt werden. Unpersönliche Formulierungen vermeiden: kein Passiv (nicht:

ich bin von ihr gefragt worden, sondern: sie hat mich gefragt), Personen konkret benennen, kein „man" (nicht: man sieht, sondern: wir sehen; nicht: man veranlasste, sondern: Frau M. hat veranlasst).

- Anschaulichkeit in den Formulierungen;
  Sprachliche Bilder (Stilfiguren → Fix et al. 2003, 56 ff.), feste Redewendungen (unter die Lupe nehmen, im Magen liegen, das Kind mit dem Bade ausschütten), Vergleiche (reden wie ein Wasserfall, stark wie ein Bär) und Sprichwörter veranschaulichen den Inhalt und erleichtern so das Verstehen.

- sparsame Verwendung von Fremdwörtern, Termini, Zahlen, Abkürzungen;
  Den Hörern nicht geläufige Fremdwörter, Termini und Abkürzungen sollten vermieden werden. Sind sie dennoch für das Thema von Bedeutung, müssen sie klar definiert werden. Es empfiehlt sich, Zahlen zu runden und insbesondere größere Zahlen durch Vergleiche zu veranschaulichen. Optische Unterstützung (Powerpoint, Folie, Handout) ist bei themenbedingtem gehäuften Gebrauch zu empfehlen.

- Redundanz.
  Hörverstehen wird durch hohe Informationsdichte erschwert oder sogar verhindert. Sprechen im „Telegrammstil" überfordert die Hörer. Für das Hörverstehen notwendige Redundanz wird z. B. durch Verweise auf bereits Gesagtes, die Wiederholung wichtiger Begriffe und Fakten oder auch durch Teilzusammenfassungen erzeugt. Der sprachliche Ausdruck sollte anschaulich und variabel sein, jedoch nicht in „Sprachakrobatik" ausarten; der Gebrauch zu vieler sprachlicher Varianten und Synonyme wirkt ebenfalls eher kontraproduktiv.

Die Komplexität „... bei der Herstellung des inneren sprachlichen Konzepts und die Gleichzeitigkeit von Konzeptentwicklung und artikulatorischer Ausführung des Konzepts ..." (Stock 1999, 81) führen zu Unterschieden zwischen reproduzierendem und freiem Sprechen. Wenn freies Sprechen auch nicht gänzlich frei ist – es werden erlernte „Bausteine" wie feste Wendungen, Zitate, Sprichwörter genutzt – bedingt die Kompliziertheit der Äußerungsproduktion typische Abweichungen von den sprachlichen Normen. Redesprache ist im Vergleich zur Schriftsprache in gewisser Weise unexakt. Es kommt z. B. zu Wiederholungen, Auslassungen, Satzabbrüchen. Sprecherische Abweichungen und Normverstöße bestehen z. B. in der Vorwegnahme, Beibehaltung oder Umkehrung von Lauten, im Wegfall von Silben oder in der Zusammenziehung zweier Wörter. Sie führen zu Unregelmäßigkeiten im Sprechfluss, zu inhaltlich nicht begründeten Pausen, Zögerungsgeräuschen oder -floskeln, Lautdehnungen usw. (84). Treten solche Abweichungen und Normverstöße in vertretbarem Umfang auf, empfinden sie Hörer nicht zwangsläufig als Fehler oder unangenehme Störung, bemerken sie teilweise nicht einmal. Solche Unkorrektheiten werden häufig überhört bzw. „zurechtgehört".

Ungeachtet dieser Toleranzbreite trägt die hörerbezogene situations- und inhaltsadäquate *sprecherische Gestaltung* [7.1] wie beim reproduzierenden Sprechen [7.2] wesentlich zur Verständlichkeit und Wirkung einer frei produzierten Äußerung und damit zum Gelingen oder Misslingen der Kommunikation bei.

Erste Bedingung ist eine klare, ungekünstelte, natürliche Aussprache. Weitgehende Verwendung der Standardaussprache [6.1, 6.5, 7.1.7] gewährleistet, dass der Sprecher von allen Hörern mühelos verstanden wird. Hörer können nur dann gut folgen, wenn in Sinneinheiten [7.1.2] gegliedert gesprochen wird, ihnen ausreichend „Mit"-Denkpausen gewährt werden und die Satzmelodie ihrer Funktion [7.1.4] gemäß verwendet wird. Insbesondere ständiges Sprechen mit progredienter Melodie („Aufzählton") belastet das Konzentrationsvermögen des Hörers und erschwert es ihm, Sinnschritte zu erkennen und voneinander abzugrenzen [7.1.8]. Sparsame und gezielte Akzentuierung [7.1.3] sinnwichtiger Teile der Äußerung hilft dem Hörer, inhaltlich Bedeutsames zu erfassen und sich einzuprägen. Lautstärke und Sprechtempo [7.1.5] müssen sowohl dem inhaltlichen und u. U. emotionalen Gehalt der Äußerung wie auch den äußeren Bedingungen der Sprechsituation [8.2] Rechnung tragen. Sinnentsprechende variable Verwendung der sprecherischen Gestaltungsmittel unterstützt (ähnlich wie optische Markierungen in einem Text) den Hörer dabei, die Hauptgedanken der Äußerung – sei es in einer Rede oder in einem Gespräch – zu erfassen und im Gedächtnis zu speichern.

Körpersprachliche Signale (*nonverbale Komponenten*, Körpersprache, Körperausdruck) begleiten, steuern, unterstreichen das Gesagte oder stellen es u. U. in Frage (→ Jaskolski/Pabst-Weinschenk 2004, 48 ff.). Sie konstituieren sich aus Körperhaltung und -spannung, Körperbewegungen, v. a. der Hände, der Arme (Gestik) und des Kopfes, Bewegungen der Gesichtsmuskulatur (Mimik) und dem Blickverhalten. Wie die Sprechweise ist auch die Körpersprache eines Menschen individuell geprägt (angeborene, kulturkreis-, gruppen- und familienspezifische erworbene Elemente) und bildet ein typisches Charakteristikum der Persönlichkeit. Aus diesem Grund verbieten sich sowohl verallgemeinernde Schablonen für wirkungsvolle Körpersprache als auch verabsolutierende Deutungsmuster für den Körperausdruck, wie sie in der einschlägigen Ratgeberliteratur häufig zu finden sind (z. B. übergeschlagene Beine oder verschränkte Arme als Ausdruck von Verklemmtheit, Unsicherheit oder Ablehnung – eine solche Körperhaltung kann situationsabhängig durchaus Ausdruck von Entspannung oder Wohlgefühl sein bzw. verschränkte Arme können auch darauf hindeuten, dass die Person friert). Nach vorgegebenen Mustern „andressierte" Gesten wirken in der Regel unnatürlich, unglaubwürdig und beschädigen die Sprecherwirkung. Übungen im freien Sprechen, unterstützt durch Videofeedback [9], tragen dazu bei, Sicherheit zu gewinnen, Hemmungen abzubauen, so dass auch der Körperausdruck gelöster und der Blickkontakt sicherer werden. Zudem relativiert sich vor allem bei noch ungeübten Sprechern mit Hilfe des Videofeedbacks das Selbstbild. Sie erleben und erkennen, dass ihre innerlich stark empfundene Unsicherheit (Herzklopfen, Zittern der Hände usw.) und Ungeschicklichkeit äußerlich deutlich geringer oder kaum wahrnehmbar sind.

Die Körpersprache gibt Aufschluss über die Persönlichkeit des Sprechers, seine Befindlichkeit, seine Einstellung zum Hörer und zum Gegenstand. Sie ist nicht nur ein Wirkungsfaktor, nicht nur Sprechausdrucksmerkmal; sondern Körperhaltung und -spannung bilden die Basis für den Sprechvorgang. Eine aufrechte, offene Körperhaltung (Schultern locker, Kopf gehoben, Rumpf nicht eingeknickt) und ein fester Stand (auf beiden Füßen, nicht Stand-/Spielbeinhaltung, nicht Füße kreuzen oder auf einem Bein stehen) und (bes vor Sprechbeginn) bewusste tiefe ruhige Einatmung [4.2.1] entspannen und dämpfen das Lampenfieber. Die Hände oder Arme sollten weder vor noch hinter dem Körper verschränkt werden, das schafft Verspannungen und verhindert unterstützende Gesten. Sprechertypische unmotivierte Bewegungen und Verhaltensweisen (Schmatzen, Kratzen im Gesicht, Zurückstreichen des Haars usw.) sollten bewusst gemacht und allmählich abgebaut werden (z. B. Hinweis im Manuskript oder auf dem Stichwortkonzept). Blickkontakt [7.2] signalisiert sowohl auf Seiten des Sprechers als auch auf Seiten des Hörers Interesse, Engagement, Aufmerksamkeit, Gesprächsbereitschaft. Darüber hinaus ermöglicht er dem Sprecher zu erkennen, ob er verstanden wird, ob er ggf. wiederholen muss oder ob er bestimmte Teilaspekte des Themas aussparen kann. Blickkontakt bedeutet: Wir sind bereit, miteinander zu reden, uns aufeinander einzustellen. Nonverbale Komponenten sind auch in dieser Hinsicht Signale des Körpers mit Kommunikationswert.

8.4   Kategorien der rhetorischen Kommunikation
8.4.1 Kommunikative Grundverfahren

In der rhetorischen Kommunikation sind vielfältige Kommunikationsabsichten zu beobachten, die sich letztlich auf zwei Grundtypen (kommunikative Funktion, kommunikative Absicht) zurückführen lassen: *Informieren* und *Aktivieren*. Der vorwiegend informierende Grundtyp ist durch die Absicht des Sprechers gekennzeichnet, dem Hörer Fakten, Sachverhalte oder Eindrücke wertungsfrei zu übermitteln, der vorwiegend aktivierende Grundtyp durch die Absicht, Einstellungen, Haltungen, Überzeugungen und Verhaltensweisen des Hörers zu beeinflussen.
Für die Umsetzung des jeweiligen Grundtyps stehen in der Sprachpraxis gebräuchliche kommunikative Grundverfahren (Kommunikationsverfahren, Darstellungsarten, Gebrauchsformen, Handlungsmuster, Sprachverwendungsarten) zur Verfügung (→ Brinker 2000, 356 ff., 2001, 1279 ff., Heinemann/Viehweger 1991, 237 ff., Sowinski 1991, 280 ff., 1999, 82 ff., Stelzig et al. 1982, 155 ff.), u. a.:

• *Berichten:* exakte wertungsfreie Wiedergabe der Fakten nach ihrem zeitlichen Verlauf oder ihrer Bedeutung, Beschränkung auf das Wesentliche, sachliche, knappe, genaue Formulierungen, sachlich-informierende Sprechweise;

- *Beschreiben:* sachgemäße Darstellung der wesentlichen Merkmale von Gegenständen, Lebewesen oder Zuständen in ihrem räumlichen, zeitlichen oder funktionalen Kontext, sachbezogene und expressive Sprache, sachlich-informierende Sprechweise;

- *Referieren:* wertungsfreie Vermittlung der Kerngedanken einer schriftlichen Vorlage, sachliche knappe klare Sprache (typisch: indirekte Rede), sachlich-neutrale Sprechweise;

- *Definieren:* eindeutige Darstellung aller wesentlichen Merkmale eines Begriffes, größte sprachliche Präzision und Knappheit, exakte Gliederung, Akzentuierung, Melodieführung, langsames Sprechtempo;

- *Erzählen:* subjektiv gefärbte emotional anschauliche Darstellung eines einmaligen oder als einmalig erlebten realen oder fiktiven Geschehens, hohe sprachliche und sprecherische Variabilität, Sonderform: Nacherzählung;

- *Beurteilen:* bewertende Einschätzung eines Sachverhalts oder einer Person anhand eines Maßstabes, sachbetonte Sprache, bewertende Adjektive, sachliche Sprechweise ohne deutliche Emotionalität;

- *Kommentieren:* bewertende Beurteilung von Ereignissen und Entwicklungen, Erläuterung ihrer Ursachen, Beziehungen und Zusammenhänge, Sonderform: Interpretieren; wertende anschauliche Sprache, nuancierte, variationsreiche, aber nicht vordergründig emotionale Sprechweise;

- *Appellieren:* nachdrückliches partnergerichtetes Auffordern zum Handeln, zur Veränderung von Denk- und Verhaltensweisen, hörergerichtete persönliche Formulierungen (direkte Anrede, Formen der Bitte, der Aufforderung, des Befehls), engagierte emotionale Sprechweise, hohe Sprechspannung;

- *Behaupten:* Darstellung eines Sachverhaltes mit dem Anspruch auf Richtigkeit oder Allgemeingültigkeit, nachdrückliche, deutlich akzentuierte Sprechweise;

- *Begründen:* Analyse von Ursachen oder Motiven, Darstellen von Beziehungen (Grund – Folge, Ursache – Wirkung usw.), Stützen von Geltungsansprüchen, sachbezogene Sprache und Sprechweise;

- *Beweisen:* komplexes Kommunikationsverfahren zum Nachweis der Wahrheit oder Falschheit (Widerlegen) einer Aussage mit Hilfe verschiedener Beweisverfahren (induktiv: Schluss vom Besonderen, von Einzelfällen, auf das Allgemeine; deduktiv: Schluss vom Allgemeinen, einer als wahr anerkannten Aussage, auf das Besondere, den betreffenden Fall; Praxisbeweis: z. B. naturwissenschaftliches Experiment; Autoritätsbeweis: Aussagen von anerkannten Autoritäten zu einem als wahr anerkannten Sachverhalt), Darstellung von Gründen für die Wahrheit/Falschheit;

• *Argumentieren:* komplexes Kommunikationsverfahren zur geistigen Auseinandersetzung mit Sachverhalten, Beweisführung als Begründung für Thesen,
Motive und Interessen, auf Schlussfolgerungen zielendes Abwägen von Behauptungen und Begründungen mit dem Ziel, zu überzeugen, Verfahren zur
Auseinandersetzung mit Strittigem oder Fraglichem.

Diese kommunikativen Grundverfahren können als eigenständige Äußerungen
auftreten oder Teil komplexer Äußerungen sein. Je nach kommunikativer Absicht finden sie sowohl in der Rede als auch in Gespräch und Diskussion Anwendung.

8.4.2 Rede
8.4.2.1 Redearten

Die Rede, die einseitige Übermittlung rhetorischer Äußerungen ohne Sprecherwechsel, wird nach unterschiedlichsten Kriterien klassifiziert: nach der Funktion, dem Charakter, dem Ziel, der Absicht, dem Anlass, der Art der Vorbereitung
usw. Göttert (1994, 17 ff.) beispielsweise stützt sich auf die Merkmale Redegat-
tung (nach Aristoteles: Gerichts-, Beratungs-, Lobrede), Frageweise (Vermu-
tungs-, Definitions-, Rechts-, Verfahrensfrage: Hat er es getan? Was hat er getan? Hat er es zu Recht getan? Ist es zulässig?) und Ziel (Einsicht, Besänftigung,
Erregung erzeugen). Nach Charakter und Anlass untergliedern Allhoff/Allhoff
(2010, 59 f.) in informierende (Sachvortrag), persuasive (Meinungs- und Überzeugungsrede), situative Rede (Anlassrede) und Lemmermann (1992, 47 f.) in
Sachvortrag, Meinungs-/Überzeugungsrede, Gelegenheitsrede, Erzählung. Ebenfalls nach dem Charakter differenziert Pabst-Weinschenk (2004a, 120 ff.) Mei-
nungs- und Informationsrede. Bartsch/Marquart (1999, 45) unterscheiden nach
Zeichenfunktion und Aufgabe: Meinungsrede (Statement), Sachvortrag (Präsentation) und Überzeugungsrede (Motivation). Die Klassifikationen Geißners
(2000, 135 ff.): Informieren, Überzeugen und Preu/Stötzers (1989, 201 f.): Informieren, Aktivieren, Klären basieren auf dem Kriterium Kommunikationsabsicht.

Die Vielfalt der zu Grunde gelegten Merkmale und z. T. auch ihre Vermengung
erschweren Lernenden den Vergleich der vorgelegten Klassifikationen und die
Ableitung von kommunikativen Handlungsmustern. Angesichts der Komplexität
des rhetorischen Redeprozesses erscheint ein mehrdimensionales System sinnvoll (Schmidt/Stock 1977, 48 ff.). Stelzig et al. (1982, 168 ff.) schlagen als Kriterien neben der Richtung der Äußerungsübermittlung (einseitig), der kommunikativen Absicht bzw. Funktion (Informieren oder Aktivieren), dem Modus der
Vorbereitung und Vermittlung der Äußerung (freie Rede – Manuskriptrede) als
weiteres Kriterium die Kommunikationssituation, den Redeanlass vor (Lehrvortrag, politische Rede, Feierrede usw.). Letztgenannte Reden lassen sich jedoch
größtenteils dem Merkmal „kommunikative Absicht" zuordnen. Sie tragen ent-

weder vorwiegend informierenden oder vorwiegend aktivierenden Charakter. Selten treten informierende oder aktivierende Reden „in Reinform" auf. Nur wenn der Hörer vom Redner die nötigen Informationen erhält, wird es gelingen, ihn zu überzeugen. Ein wissenschaftlicher Fachvortrag kann durchaus wertende Passagen oder eine persönliche Stellungnahme des Redners enthalten. Lediglich Anlassreden (Feste, Feiern, Jubiläen) mit vorwiegend unterhaltendem Charakter, sofern sie eine rhetorische Äußerung [8.1] darstellen, können dem Merkmalspaar „vorwiegend informierend – vorwiegend aktivierend" nur bedingt zugeordnet werden.

Im Folgenden werden Reden nach ihrer kommunikativen Absicht (Funktion) in vorwiegend informierende Reden (Sachvortrag) und vorwiegend aktivierende Reden (Meinungs-/Überzeugungsrede) unterschieden.

- *Der Sachvortrag* hat das Ziel, Wissen zu vermitteln, Hörer über einen bestimmten Gegenstand sachbezogen und sachlich zu informieren. Beispiele sind der Lehrvortrag, die Präsentation von Arbeitsergebnissen und Projekten, Berichte u. v. m.

- *Die Meinungs-/Überzeugungsrede* hat das Ziel, beim Hörer Einstellungen, Überzeugungen, Denkweisen zu entwickeln bzw. ihn zu bewegen, vorhandene zu überdenken und ggf. zu ändern; der Hörer soll zum Handeln angeregt werden. Beispiele sind argumentative Reden im sozialen und politischen Kontext, Werbereden, Gedenkreden usw.

Nach dem Modus der Vorbereitung und Vermittlung der Äußerung werden Manuskript- und freie Rede differenziert.

- Bei der *Manuskriptrede* arbeitet der Redner den gesamten Redeinhalt wörtlich aus. Als Manuskriptrede werden vor allem Reden von hoher politischer Tragweite, Reden unter protokollarischen Vorgaben, Reden mit hoher wissenschaftlicher oder kultureller Bedeutung, Laudationes erarbeitet. Die detaillierte Vorbereitung ermöglicht hohe strukturelle, inhaltliche und sprachliche Prägnanz. Bei der Ausarbeitung ist darauf zu achten, dass die situativen Bedingungen und die Wirkungsfaktoren angemessen berücksichtigt werden. Eine Manuskriptrede muss, um hörverständlich und wirksam zu sein, hörgerecht formuliert sein und sprecherisch variabel [8.3] vorgetragen werden.

- Die *freie Rede* kann völlig ohne schriftliche Hilfsmittel gehalten werden. Das setzt eine präzise gezielte gedankliche Vorbereitung, ein hohes Maß an Sicherheit, Übung und Erfahrung voraus. Weitaus häufiger findet im gesellschaftlichen Alltag die freie Rede nach Stichwortkonzept [8.4.2.3] oder in Form einer Powerpoint-Präsentation Verwendung. Freie Reden sind gegenüber Manuskriptreden sprachlich weniger exakt, hinsichtlich der Gliederung können Brüche auftreten, hinsichtlich der Proportionen inhaltlicher Schwerpunkte Verschiebungen. Die freie Rede ermöglicht es dem Redner jedoch, auf Reaktionen der Hörer unmittelbar einzugehen. Die Gedanken werden erst während des Redens ausformuliert (Sprech-Denk-Prozess → Pabst-Weinschenk 2004b, 63 ff., Stelzig et al. 1982, 154 ff.). Denken, Formulieren und Sprechen verlaufen parallel. Das verleiht dem Redeprozess den Charakter des Unmittelbaren.

Wenn die Rede auch als einseitige, vom Sprecher zum Hörer gerichtete Kommunikation gilt, sollte sie stets dialogischen Charakter tragen. Der Redner stellt sich während der Vorbereitung und Ausführung auf seine Hörer ein [8.2]. Er erhält über den optischen (u. a. körpersprachliche Reaktionen) und den akustischen Kanal (Signale der Zustimmung, des Zweifels, der Heiterkeit, Zwischenrufe usw.) Informationen vom und über den Hörer, auf Grundlage derer er noch während der Rede Veränderungen vornehmen kann.

8.4.2.2   Konzeption und Gliederung

Gründliche, gezielte, präzise Vorbereitung ist Grundvoraussetzung für das Gelingen der kommunikativen Aufgabe. Stoffliche Kompetenz und klare Strukturierung entlasten den Redner im Sprech-Denk-Prozess, geben Redesicherheit und vermindern so das gefürchtete „Lampenfieber". Die Redeplanung beginnt mit der möglichst genauen *Definition der kommunikativen Aufgabe*:

• Durchdenken des Themas, seiner Teilaspekte, Fragestellungen und möglichen Widersprüche, der eigenen Motivation, das Thema zu bearbeiten, der eigenen Beziehung zum Gegenstand, des eigenen Kenntnisstandes;

• Festlegen der kommunikativen Absicht (Informieren oder Aktivieren), des Ziels und Formulierung des Zielsatzes (Was soll erreicht werden? Was soll der Hörer am Ende der Rede wissen? Was soll geklärt werden? Wozu soll der Hörer bewegt werden?);

• Klären der situativen Bedingungen [8.2] einschließlich der zur Verfügung stehenden Redezeit.

Es folgt die *Erarbeitung der stofflichen Basis*. Je nach eigenem Kenntnisstand des Redners müssen Informationen eingeholt, Quellen recherchiert, Fakten gesammelt und eine Stoffsammlung (z. B. bei einem wissenschaftlichen Vortrag: neue Erkenntnisse, Lehrmeinungen; bei einer Laudatio: Lebensdaten, Eigenschaften, Verdienste der Person; bei Jubiläen: historische Fakten; bei argumentativen Reden: Fakten, Beispiele, emotionale Aspekte, die Denken und Handeln beeinflussen können) angelegt werden. In Abhängigkeit von Redezeit, Redeziel und den vermutlichen Vorkenntnissen der Hörer sollte bereits zu diesem Zeitpunkt eine Auswahl aus der stofflichen Fülle getroffen werden. Auf diese Weise entsteht ein Grobkonzept, das eine erste Überprüfung hinsichtlich der Ausgewogenheit der Teilaspekte ermöglicht.

Der nächste Arbeitsschritt besteht in der *Feinplanung der Äußerung*. Der erneuten Überprüfung der kommunikativen Absicht (die Entscheidung „vorwiegend informierend – vorwiegend aktivierend" beeinflusst Gliederung, Proportionen der Teilabschnitte und Auswahl der kommunikativen Grundverfahren) und des Kommunikationsziels (Zielsatz) schließt sich der Aufbau der Gliederung an. Die *Gliederung* hat für Redner und Hörer die Funktion eines „Geländers" oder „roten Fadens", um sich in der Stofffülle nicht zu verlieren bzw. um dem Gedankengang des Redners folgen zu können. Es muss ein logisches Gedankengebäude entstehen, d. h., die inhaltliche Ordnung muss für die Hörer nachvollziehbar sein. Für das Erstellen der Gliederung werden zahlreiche Methoden (→ u. a. Allhoff/Allhoff 2010, 83 ff.) angeboten, z. B. so wie bei den Beweisverfahren [8.4.1] das induktive und das deduktive Vorgehen. Geißner (→ 1985, 140 f.) legte mit dem Fünfsatz-Schema für die Redepraxis, insbesondere für argumentative Äußerungen, eine Methode für rationales logisches Gliedern vor. Das fünfgliedrige Strukturprinzip besteht aus einem situativen Einstieg, einem dreischrittigen Mittelteil und einem Schlusssatz. Die Planung beginnt mit dem letzten, die Redewirkung nachhaltig bestimmenden Satz, dem Schluss. Der Fünfsatz lässt sich in das praktisch bewährte Gliederungsprinzip: Einleitung (1. Satz) – Hauptteil (3 Sätze) – Schluss (5. Satz) ohne weiteres einfügen.

- Einleitung;
  Die wichtigste Funktion der Einleitung besteht darin, die Hörer zum Zuhören zu bewegen, ihr Interesse, ihre Aufmerksamkeit, ihre Neugier zu wecken und nicht zuletzt ihr Wohlwollen zu gewinnen. Sie soll die Hörer „abholen", sie auf das Thema einstimmen, ihnen vermitteln, warum gerade dieses Thema in gerade dieser Situation von Bedeutung für sie ist. Zwei typische Fehler treten häufig auf: Der Redner beginnt völlig ohne Einleitung, das Thema abzuhandeln, oder er überdehnt sie, kommt nicht zur Sache. Die Einleitung sollte nicht mehr als 10-15 % der Redezeit in Anspruch nehmen.
  Möglichkeiten, eine Rede einzuleiten, sind z. B. einen Bezug auf den Vorredner, die Situation (Hörer, Raum, Zeit), ein aktuelles Ereignis, ein Beispiel, ein persönliches Erlebnis herzustellen; mit einer Geschichte, einer witzigen Bemerkung, einer Frage, einer gekonnten Formulierung des Themas oder mit der Wiederholung wesentlicher Punkte eines eigenen vorangegangenen Vortrages (Vorlesungen, Vortragsreihen usw.) zu beginnen. Die Einleitung sollte folgerichtig zum Hauptteil überleiten.

- Hauptteil;
  Der Hauptteil hat die Funktion, das Thema entsprechend der kommunikativen Absicht zu entwickeln. Er beinhaltet die themenrelevanten Fakten, Beispiele, Erläuterungen, Begründungen, die Argumentation, die Beweisführung, bereitet ggf. einen möglichen Appell vor. Der Redner stellt Sachverhalte, ihre Ursachen, Folgen und damit verbundene Probleme dar, zeigt mögliche Entwicklungen auf, formuliert Ziele und notwendige Veränderungen und unterbreitet Vorschläge, wie der angestrebte Zustand zu erreichen ist. Die Teilthemen

können chronologisch oder kausal geordnet sein. Das stärkste Argument steht am Ende. Namentlich, wenn der Schluss angekündigt wird, sollte der Redner auch zügig zum Schluss kommen.

- Schluss.
  In Abhängigkeit von der kommunikativen Absicht enthält der Schlussteil eine Bündelung der Kerngedanken, Schlüsse aus der Beweiskette, eine knappe Zusammenstellung von Aufgaben bzw. Konsequenzen oder einen Appell. Der Schluss nimmt Bezug auf den Einstieg, rundet die Gedankenführung ab und schließt so den Bogen. Wie die Einleitung sollte er nicht mehr als 10-15 % der Redezeit in Anspruch nehmen. Das Ende der Rede muss für den Hörer sprachlich und sprecherisch klar markiert werden [7.1.4], so dass er es als Schluss empfindet.

Nach erneuter Überprüfung der inhaltlichen Proportionen und der Zuordnung der Fakten zu den Gliederungspunkten wählt der Redner die kommunikativen Grundverfahren [8.4.1] entsprechend seiner Absicht und seinem Ziel aus. Im Sachvortrag werden z. B. Berichten, Beschreiben, Referieren, Definieren häufig verwendet, während Kommentieren, Beurteilen, Appellieren nicht oder kaum zum Einsatz kommen, da die informierende Rede im Regelfall sachlich neutral ist; subjektive Wertungen sowie emotionale Darstellung sind nur in geringem Maße anzutreffen.

Im Anschluss formuliert der Redner sein Redemanuskript bzw. fertigt ein Stichwortkonzept an. Da Manuskriptreden in der gesellschaftlichen Sprachpraxis vergleichsweise selten vorkommen, wird hier auf detaillierte Hinweise zur Herstellung eines Redemanuskripts verzichtet. In allen Phasen der Vorbereitung sollte der schriftlich festgehaltene Zielsatz präsent sein, der Redner muss ihn stets vor Augen („im Hinterkopf") haben.

8.4.2.3 Stichwortkonzept

Das Stichwortkonzept stellt für den Redner eine Denk-, Formulierungs- und gegebenenfalls auch eine Sprechhilfe dar. Es unterstützt ihn im Sprech-Denk-Prozess und ermöglicht ihm, das gedankliche Gerüst und den Gehalt der Rede für den Hörer transparent zu machen. Dem Umfang nach sollte es so knapp wie möglich und so ausführlich wie nötig sein. Die Erarbeitung eines übersichtlichen Stichwortkonzepts zwingt den Redner in der Vorbereitungsphase zu erneuter gründlicher Auseinandersetzung mit Inhalts- und Verfahrensfragen. Besonders in der populärwissenschaftlichen Ratgeberliteratur zur Rhetorik werden unzählige „Tipps" und Muster, z. T. mit Rezeptcharakter, zum Stichwortkonzept angeboten. Art und Umfang des Stichwortkonzepts hängen jedoch von der individuellen Arbeitsweise des Redners und seinen spezifischen Fähigkeiten ab, seinem Wissensstand, seinen Gewohnheiten und Erfahrungen. Feste Muster kann es daher nicht geben. Gleichwohl lassen sich einige grundsätzliche Empfehlungen zu inhaltlichen und formalen Kriterien formulieren, die sich in der Redepraxis bewährt haben. Oberstes Gebot ist Übersichtlichkeit. Der Redner muss auf einen Blick die Struktur der zu produzierenden Äußerung, die Gewichtung der Teile sowie den Unterschied zwischen inhaltlichen Stichwörtern und Verfahrenshinweisen erkennen können.

Formale Kriterien:

- Karteikarten A 5 oder A 6, Querformat verwenden;
  Eine Karteikarte kann in einer Hand gehalten werden und behindert die Gestik nicht. Der Redner hat immer eine Hand frei, um etwas zeigen, ein Gerät bedienen, etwas anschreiben zu können. Sie knistert bzw. raschelt nicht, durch Aufregung bedingtes Zittern der Hände wird weniger sichtbar.
  Bei kleineren Formaten leidet meist die Übersichtlichkeit, zudem wirken sie häufig wie verschämt gebrauchte „Spickzettel". Jeder Redner hat das Recht, eine schriftliche Vorlage zu verwenden. Steht ein Pult zur Verfügung, kann auch A-4-Format verwendet werden.

- einseitig beschreiben, nummerieren, nicht zu viel auf eine Seite schreiben;
  Einseitig beschriebene Seiten können nach Fertigstellung des Konzepts neben- oder untereinander gelegt werden und ermöglichen so eine erneute Überprüfung des Aufbaus. Einseitig beschriebene, nummerierte, übersichtliche Seiten bewahren den Redner davor, „durcheinander zu kommen".

- deutlich lesbar schreiben;
  Dies gilt insbesondere bei handschriftlichen Notizen. Bei Ausdrucken mindestens Schriftgröße 12 verwenden.

- nicht engzeilig schreiben, Leerzeilen einfügen;
  Engzeilig und ohne Leerzeilen geschriebene Vorlagen erschweren ein schnelles Wiederauffinden der entsprechenden Stelle, wenn sich der Blick von der Vorlage gelöst hatte.

- getreppt (einrücken) oder in Tabellenform (Spalten) notieren;
  Werden einem Hauptpunkt untergeordnete Teile eingerückt, erkennt der Redner auf einen Blick die Struktur und die Gewichtung der einzelnen Stichpunkte.
  Auch die Tabellenform (Spalten) ist möglich, um Übersichtlichkeit zu erreichen. In der ersten Spalte stehen z. B. die Hauptpunkte, in der zweiten die Unterpunkte, in einer dritten Beispiele oder Verfahrenshinweise usw.

- optische Markierungen anbringen, Hervorhebungen kennzeichnen;
  Mit Hilfe optischer Markierungen (unterschiedliche Schriftarten und -größen, Unterstreichungen, farbige Markierungen, Pfeile und andere Symbole) werden Beziehungen, geplante Hervorhebungen oder auch Hinweise für die sprachliche bzw. sprecherische Gestaltung gekennzeichnet. Sie sollten jedoch sparsam eingesetzt werden und individuell gebräuchlich sein.

- Raum für Ergänzungen frei lassen.
  Am rechten Seitenrand sollte Raum für evtl. nötige Ergänzungen frei bleiben. Nachträglich Eingefügtes kann ansonsten die Übersichtlichkeit erheblich einschränken.

Inhaltliche und sprachliche Kriterien:

- konkrete inhaltsreiche aussagekräftige Stichwörter aufnehmen;
  Die Stichwörter sollen dem Redner Impulse für die Entwicklung des Gedankengangs sowie für die sprachliche und sprecherische Gestaltung geben. Isolierte abstrakte Begriffe stellen keine Formulierungshilfen dar und verleiten u. U. zu verallgemeinernden, für die Hörer nicht anschaulichen Aussagen.

- Wortgruppen in klaren Sinnblöcken, keine verknappten Sätze notieren;
  Zu lange Stichwörter sind schwer zu überblicken und lassen kaum Formulierungsspielraum. Es fehlt ein ganz bestimmtes Wort, und genau das fällt dem Redner im Moment der Äußerungsproduktion nicht ein.

- wörtlich festhalten: den ersten und letzten Satz (den Ein- und Ausstieg), Zitate, Definitionen, Lehrsätze, Regeln, wichtige Stellungnahmen, rhetorische Fragen;
  Einstieg und Schlusssatz beeinflussen die Wirkung der Rede beträchtlich [8.4.2.2]. Ein gut durchdachter vorgeplanter erster und letzter Satz geben zusätzliche Sicherheit. Sie bewahren den Redner vor einem stockenden, verworrenen, ihn selbst verunsichernden Redebeginn und -schluss. Zudem stellt der vorgedachte letzte Satz gewissermaßen einen sicheren Hafen für den Redner dar, in den er beruhigt einlaufen kann.

- verbal formulieren, kein Nominalstil;
  Nominalstil in den Stichwörtern verführt zu Nominalstil in der Rede [8.3]. Es empfiehlt sich, insbesondere an bedeutsamen Stellen, ausdrucksstarke Verben und auch Adjektive zu notieren.

- Koppelwörter aufnehmen;
  Koppelwörter (Konjunktionen, Wörter und Wortgruppen, die Beziehungen der Teilthemen kennzeichnen) verkörpern hilfreiche Denk- und Formulierungsimpulse [8.3]. Sie sind im aktuellen Redevollzug häufig nicht präsent, so dass es zu der bereits erwähnten ständigen semantisch und grammatisch unmotivierten Verknüpfung durch die Konjunktion „und" kommt, verbunden mit permanent progredienter Endmelodie [7.1.4, 7.1.8]. Ungenaue oder falsche semantische bzw. grammatische Beziehungen und Zusammenhänge erschweren dem Hörer das Mitdenken und das Verstehen.

- Stichwortkonzept durch individuell notwendige Zusatzbemerkungen ergänzen (zeitliche Abfolge, Kommunikationsverfahren, Sprechweise usw.);
  Ein gut überlegter Zeitplan bewahrt den Hörer davor, unangemessen lange bei einem Teilaspekt zu verweilen und am Ende unter Zeitdruck zu geraten. Hinweise zur Sprechweise (z. B.: Pause! Langsam! Markierung von Wörtern, die sprecherisch besonders hervorgehoben werden sollen) unterstützen den Redner bei der hörverständlichen, situations- und inhaltsadäquaten Äußerungsproduktion.

- Pufferzonen einbauen.
  Trotz sorgfältiger Vorbereitung kann es in der aktuellen Redesituation zu Verzögerungen kommen (u. a. Zwischenfragen, plötzlich eintretende technische Defekte). Unter Zeitdruck ist es schwierig, eine sinnvolle Auswahl unverzichtbarer Teilaspekte zu treffen. Redner

neigen dann häufig dazu, veranschaulichende Beispiele und Erläuterungen wegzulassen und nur noch abstrakte Fakten aneinander zu reihen [8.3]. Empfehlenswert ist daher die Kennzeichnung von Passagen, die weggelassen werden können, ohne die Gesamtaussage zu beeinträchtigen.

Was den Hörer nicht erreicht, was er nicht verstanden hat, was deshalb für ihn inakzeptabel bleibt, war vergebens. Der letzte Schritt der Vorbereitung besteht darin, die freie Rede mindestens einmal auf der Grundlage des Stichwortkonzepts laut zu sprechen (Stilles Lesen genügt nicht!): eventuelle Schwachpunkte des Konzepts werden sichtbar; der Redner erkennt zudem, welche Wörter bzw. Wortverbindungen für ihn artikulatorisch schwierig sind, und hat die Möglichkeit zur Korrektur.

8.4.3   Gespräch
8.4.3.1   Gesprächsarten

Gespräche sind Formen der wechselseitigen rhetorischen Kommunikation, d. h., innerhalb des gleichen Kommunikationsaktes findet ein beständiger Wechsel der Sprecher- und Hörerrolle statt. „Das Gespräch ist keine Summation von Äußerungen, sondern im Idealfall verteilt sich ein fortlaufender Denkvorgang auf zwei oder mehrere Gesprächspartner und führt zu einer höheren Erkenntnisstufe, die keiner der Kommunikationspartner für sich allein gefunden hätte." (Stelzig et al. 1982, 172) Gespräche finden stets auf zwei Ebenen statt: auf der Sachebene und auf der Beziehungsebene. Treten Störungen auf der Beziehungsebene (unsachliche Bemerkungen, persönliche Angriffe, Verletzung des Selbstwertgefühls) auf, ist auch die Sachebene blockiert. Ursachen für die Störungen müssen geklärt werden, um das Gespräch ergebnisorientiert fortsetzen zu können.
Bereits bei der Beschreibung der Redearten [8.4.2.1] wurde deutlich, dass sie nicht „sauber" voneinander abgrenzbar sind. In derselben Rede können sowohl die informierende als auch die aktivierende Kommunikationsabsicht auftreten, wenngleich sie im Ganzen als vorwiegend informierende oder vorwiegend aktivierende Rede klassifizierbar ist. So verhält es sich auch beim Gespräch. Das Gespräch ist die Primärform sprachlicher Kommunikation, zudem die häufigste. Der Versuch einer Systematisierung gestaltet sich auf Grund der Vielfalt praktischer Erscheinungsformen, ihrer gegenseitigen Durchdringung und ihrer Variation durch Veränderung der situativen Bedingungen äußerst problematisch. Entsprechende Vorschläge basieren auf unterschiedlichsten Kriterien (u. a. Absicht, Ziel, Gegenstand, Inhalts- oder Personenbezug, Charakter, Anlass, Methode, Einstellung zu den Gesprächspartnern, Gesprächsverhalten, Art der Vorbereitung, Ablauf, Anzahl der Gesprächsteilnehmer), die z. T. miteinander kombiniert sind bzw. sich überschneiden (→ Allhoff/Allhoff 2010, 191 ff., Bartsch/Marquart 1999, 46, Bartsch/Pabst-Weinschenk 2004, 124, Geißner 2000, 128 ff., Pawlowski 2005, 16 ff., Preu/Stötzer 1989, 222 ff., Stelzig et al. 1982, 171 ff.,

Schmidt/Stock 1977, 54 ff.). Wie die Klassifizierungsschemata zur Rede sind die zum Gespräch sowie die jeweils abgeleiteten Hinweise für die Gesprächspraxis für Lernende schwer vergleichbar.

Unter dem Aspekt der Lehrbarkeit erwies sich auch hier ein mehrdimensionales System als sinnvoll. Klassifizierungsmerkmale sind: Richtung der Äußerungsübermittlung (wechselseitig), kommunikative Absicht (Funktion) und Ziel, Art der Vorbereitung und Durchführung, Anzahl der Gesprächsteilnehmer. Im Weiteren werden Gespräche nach der kommunikativen Absicht (Funktion) und dem Ziel unterschieden in Informationsgespräch, Klärungsgespräch und Streitgespräch. Während das Informationsgespräch der vorwiegend informierenden und das Streitgespräch der vorwiegend aktivierenden Kommunikationsabsicht zuzuordnen ist, kann das Klärungsgespräch je nach spezifischem Ziel und konkreten situativen Bedingungen eine vorwiegend informierende oder eine vorwiegend aktivierende kommunikative Absicht verfolgen [8.4.1].

- Das *Informationsgespräch* hat das Ziel, wertungsfrei Informationen zu einem bestimmten Thema auszutauschen und damit einen gemeinsamen Kenntnisstand zu schaffen. Es dient so der Verbreitung und Aneignung von Kenntnissen. Diese Informationen können sowohl den themenbezogenen Wissensstand der Kommunikationspartner (faktenbezogene Informationen) als auch Einstellungen, Haltungen, Denkweisen, Ansichten der Kommunikationspartner zum Gegenstand haben (personenbezogene Informationen). Beispiele sind das Interview, das Lehrgespräch zur Wissensvermittlung, das Unterrichtsgespräch zur Wiederholung des Stoffes, das Podiumsgespräch von Experten zur Information der Öffentlichkeit, das Arbeitsgespräch zum Austausch von Informationen über wissenschaftliche oder Arbeitsergebnisse.

- Das *Klärungsgespräch* zielt darauf, die Meinung der Kommunikationspartner zu erfahren, sich mit ihr auseinander zu setzen und ein gemeinsames Problemverständnis zu entwickeln, zielt auf kooperativen Erkenntnisgewinn. Einen Sachverhalt klären bedeutet, ihn zu analysieren, Probleme und Differenzen zu erkennen, zu benennen und gemeinsam nach einer für alle akzeptablen Lösung zu suchen. Das Klärungsgespräch ist ein Problemlösungsgespräch mit dem Ziel der Annäherung der Gesprächspartner. Sie versuchen, einen Konsens, einen „gemeinsamen Nenner" zu finden. Beispiele sind das problematisierende Unterrichtsgespräch, das Forumsgespräch, das Arbeitsgespräch zur Beilegung von Meinungsverschiedenheiten, die Beratung über die künftige Entwicklung einer Struktureinheit oder künftige Forschungsschwerpunkte.

- Im *Streitgespräch* stehen sich kontroverse Standpunkte und Lösungsvorschläge (These und Antithese, Behauptung und Gegenbehauptung) gegenüber. Ziel ist grundsätzlich, die Vertreter der Gegenmeinung von der eigenen Position zu überzeugen, nicht, einen Kompromiss zu schließen. Der Begriff Streit hat nichts mit Zank, mit emotionalen Ausfällen zu tun. Wenn die Auseinandersetzung in der Sache auch hart sein kann, sind persönliche Angriffe zu vermeiden. Insbesondere bei strittigen Gegenständen besteht die Gefahr, dass Gesprächsteilnehmer die Sachebene verlassen und es zu Störungen auf der Beziehungsebene kommt.

Über einen Sachverhalt streiten bedeutet, die Argumente der Gesprächspartner rational zu analysieren, auf ihre Beweiskraft zu überprüfen, eigene Aussagen sachlich zu begründen, Behauptungen zu beweisen, in Rede und Gegenrede den eigenen Standpunkt mit stets neuen Argumenten zu stützen, widersprechende Argumente zu entkräften. Das Streitgespräch ist ein Problemlösungsgespräch mit dem Ziel der Entscheidungsfindung. Die Entscheidung kann durch Abstimmung oder das Votum einer autorisierten Person bzw. eines Gremiums erfolgen. Beispiele sind der wissenschaftliche oder politische Meinungsstreit und Arbeitsgespräche zu kontroversen Problemlösungsvorschlägen.

Nach der Anzahl der Gesprächsteilnehmer werden *Zweier- und Gruppengespräch* unterschieden. Dieses Merkmal ist nicht schlechthin formaler Natur. Das Zweiergespräch unterliegt anderen situativen Bedingungen als das Gruppengespräch. Die Beziehung der Gesprächspartner beispielsweise (soziale Beziehungen und Abhängigkeiten, Sympathie usw.) beeinflusst den Gesprächsverlauf in stärkerem Maße als beim Gruppengespräch. Im Gruppengespräch haben die Teilnehmer die Wahl, sich zu äußern oder dies nicht zu tun; im Zweiergespräch sind sie zur Äußerung gezwungen, soll das Gespräch nicht abreißen.

Nach der Art der Vorbereitung und Durchführung können *geleitetes und ungeleitetes Gespräch* differenziert werden. Ist der Gesprächsgegenstand besonders problembehaftet oder von hoher gesellschaftlicher Relevanz, empfiehlt es sich, einen Gesprächsleiter einzusetzen, ebenso bei hoher Teilnehmerzahl oder wenn die Kommunikationsgemeinschaft wenig strukturiert ist und keine usuellen Gesprächsregeln ausgebildet hat. Daneben kann die Geschäftsordnung eines Gremiums einen Gesprächsleiter vorschreiben. Ihm obliegt die Aufgabe, das Gespräch zu planen, vorzubereiten, in Gang zu bringen und zu steuern. Der Gesprächsleiter sollte Autorität besitzen, über umfangreiche Sachkenntnis zum Gesprächsgegenstand verfügen und zu kooperativer Problemlösung fähig sein.

Im Einzelnen bestehen die *Aufgaben des Gesprächsleiters* darin:
• die inhaltliche und organisatorische Vorbereitung zu koordinieren,
• das Gespräch zu eröffnen, die Gesprächsteilnehmer zu begrüßen und vorzustellen,
• Anlass und Thema zu erläutern, das Ziel zu formulieren,

- den organisatorischen Rahmen zu klären (Zeitplan und Gesprächsstruktur vorschlagen, zur Abstimmung bringen),
- gleiches Rederecht für alle zu sichern (Rednerliste führen, Wort erteilen, u. U. Redezeit begrenzen oder Wort entziehen),
- auf die Einhaltung der Struktur und des Zeitplans zu achten,
- dafür zu sorgen, dass die Teilnehmer die Sachebene einhalten und Störungen der Beziehungsebene vermieden bzw. bereinigt werden,
- Missverständnisse zu klären, bei Abweichungen vom Thema einzugreifen,
- zielorientierende Gesprächsimpulse zu geben,
- Teilzusammenfassungen zu geben,
- Abstimmungen zu leiten, Anträge zu formulieren, Entscheidungen herbeizuführen,
- das Gespräch zusammenzufassen, Ergebnisse im Vergleich zum Ziel zu formulieren,
- das Schlusswort zu sprechen, die Teilnehmer zu verabschieden, das Gespräch zu beenden.

Diskussion und Debatte als Sonderformen der rhetorischen Kommunikation haben stets einen Gesprächsleiter. Die Diskussion wird als Kombination des einseitigen und des wechselseitigen Vorgangs während des gleichen Kommunikationsereignisses definiert (→ Schmidt/Stock 1977, 56 f., Stelzig et al. 1982, 167 f., 184 ff.). Eine vorbereitete Rede bildet die Gesprächsgrundlage, daran können sich weitere vorbereitete Diskussionsbeiträge in Redeform anschließen. Darauf folgt ein geleitetes Gespräch (Konferenzen, politische Großveranstaltungen). Die Debatte (auch Meinungskampf) ist ein streng genormtes Streitgespräch, das sich nach festen Regeln mit kontroversen Gegenständen auseinander setzt (→ Debye-Göckler 2004, 133 ff.). Grundformen sind die amerikanische und die englische Debatte (Geißner/Slembek 2008, 39 ff., Pawlowski et al. 1995, 50 ff.).

8.4.3.2 Planung und Vorbereitung

Ein Gespräch lässt sich nicht so exakt und detailliert planen wie eine Rede, da die Äußerungsproduktion in weitaus stärkerem Maße von den konkreten kommunikativen Bedingungen und dem Verhalten der Gesprächspartner abhängt, von ihren Reaktionen, ihren Einstellungen, ihren Interessen und Zielen. Grundsatz der Gesprächsplanung muss daher ein „... 'Denken vom Partner her' (sein), d. h. ein vorausschauendes Planen seiner absehbaren und vermutlichen Reaktionen und meiner Einstellung auf sie ..." (Stelzig et al. 1982, 172). Die Gesprächsplanung muss flexibel gestaltet sein und variables Handeln zulassen. Folgende Schritte der Planung und Vorbereitung gelten mit Ausnahme der speziellen Aufgaben des Gesprächsleiters und des für die Organisation Verantwortlichen sinngemäß für alle Gesprächsteilnehmer. Wie die Redeplanung [8.4.2.2] beginnt auch die Gesprächsplanung mit der möglichst genauen *Definition der kommunikativen Aufgabe*:

• Durchdenken des Themas, seiner Teilaspekte, Fragestellungen und möglichen Widersprüche, der Motivation, sich mit dem Thema auseinander zu setzen, der Beziehung und der Meinung zum Gegenstand, des Kenntnisstandes, der Interessenlage (bezogen sowohl auf die eigene Person als auch auf die Gesprächspartner); Klären, worüber voraussichtlich Konsens bzw. Dissens besteht;

• Festlegen der kommunikativen Absicht [8.4.1], der Gesprächsart [8.4.3.1], auch der formalen Gestaltung des Gesprächsendes (Formulierung konkreter Aufgaben, Termine, Verfahrensweisen, offener Schluss oder Abstimmung) und des Ziels (Was soll erreicht werden? Worüber soll informiert werden? Was soll geklärt, worüber soll entschieden werden?), Gewinnen eines Gesprächsleiters (geleitete Gespräche), eines Redners für den Grundlagenvortrag (Diskussion) und Initiieren der inhaltlichen und organisatorischen Koordinierung zwischen ihnen;

• Klären der situativen Bedingungen [8.2] und der zur Verfügung stehenden Zeit, Auswahl und Absicherung eines geeigneten Raumes und Zeitpunktes.

Zur *Erarbeitung der stofflichen Basis* müssen wie bei der Redevorbereitung je nach eigenem Kenntnisstand Informationen eingeholt, Quellen recherchiert und Fakten gesammelt werden. Solides Hintergrundwissen über Inhalt und Stand der themenbezogenen Diskussion, offene Fragen, zu erwartende Probleme und möglichst auch über die Gesprächsteilnehmer ist Grundbedingung für die erfolgreiche Teilnahme an Gesprächen.

In der Phase der *Feinplanung des Gesprächs* sollte zunächst überprüft werden, ob die kommunikative Absicht und die gewählte Gesprächsart geeignet sind, das Thema zielführend zu bearbeiten. Dem Formulieren der konkreten Ziele folgt die Erarbeitung des detaillierten Gesprächsplans:

• Gliederung des Themas in Teilthemen, Formulierung von Teilzielen,

• Zuordnung von Fakten, Beispielen, emotionalen Aspekten, die das Denken und Handeln beeinflussen können, Auswahl der geeigneten kommunikativen Grundverfahren, Prüfung der Ziel-Mittel-Relation,

• Planung des zeitlichen Ablaufs,

• Überlegungen zu den Gesprächsteilnehmern: wer nimmt in welcher Funktion und mit welchen Kompetenzen teil, wer sollte wann besonders einbezogen werden,

- Bedenken, welche Einwände zu erwarten sind (Wie können sie vorweggenommen, vermieden oder wie kann ihnen begegnet werden?),
- Notieren von Gesprächsimpulsen, besonders von Fragen (Wie kann das Gespräch wieder in Gang gebracht werden, wenn es ins Stocken geriet?),
- Planen der Gesprächseröffnung und des Gesprächsabschlusses,
- Vorbereitung der Tagesordnung und der notwendigen Unterlagen, u. U. Festlegen der Sitzordnung.

Für den Gesprächsleiter bzw. für den für die Vorbereitung Verantwortlichen verbleiben noch organisatorische Aufgaben wie das Verschicken von Tagesordnung, Einladungen und im Bedarfsfall von Unterlagen, die nochmalige Absicherung der Raumbestellung und die Kontrolle der benötigten technischen Ausrüstung.

8.5 Übungen

Arbeiten Sie bei den gekennzeichneten (*) Übungen möglichst immer mit Ton- oder Videoaufzeichnung.

Übungen zum konzentrierten Zuhören

Z: Training der Merkfähigkeit, der Fähigkeit zum konzentrierten Zuhören, und zum Erfassen von Kernaussagen einer Äußerung, der Fähigkeit, gemeinsam mit dem Kommunikationspartner zu denken, nicht mit anderen Gedanken befasst zu sein

Ü 1 Kettenerzählung *
A: Es soll eine in sich stimmige Geschichte entstehen. Je nach Teilnehmerzahl (5-10) wird festgelegt, wie viele Runden es geben soll.
Der erste Teilnehmer (TN) beginnt mit einem Satz,

> z. B.: Auf dem Weg in die Uni ist mir heute die Fahrradkette gerissen.
> Gestern hab ich etwas Irres erlebt!
> Als ich im Tierpark war, sprach mich plötzlich ganz höflich ein Löwe an.

Jeder schließt einen Satz an. Anhand der Ton- bzw. Videoaufzeichnung ist bei der Auswertung zu erkennen, ob die TN einander wirklich zugehört haben und wo Brüche auftraten.
Variante 1: Jeder wiederholt alles bisher Gesagte, bevor er seinen Satz anschließt.
Variante 2: Ein bestimmtes Ziel oder eine Stimmung wird vorgegeben.

Ü 2   Stille Post *

A: Mindestens zehn TN stehen oder sitzen nebeneinander.
Der erste spricht seinem Nachbarn einen Satz ins Ohr, so dass nur dieser ihn hören kann. TN zwei gibt den Satz in gleicher Weise an TN drei weiter und so fort.
Der letzte TN spricht den Satz, der bei ihm ankam, laut. Er wird mit dem Ursprungssatz verglichen.
Länge und Komplexität des Satzes richten sich nach den Fähigkeiten der TN.

!   Nicht wie bei vergleichbaren Gesellschaftsspielen auf lustige Pointen abzielen, sondern auf inhaltliche Genauigkeit.

Ü 3   *

A: Mindestens 3 TN. Ein TN hält eine Kurzrede von 2-3 min.
Ein anderer TN (oder mehrere) erhalten den Auftrag, aufmerksam zuzuhören und im Anschluss das Gehörte in den wesentlichen Punkten zu wiederholen.
Danach bewertet ein dritter TN (oder auch mehrere), ob der wesentliche Inhalt der Kurzrede erfasst und inhaltsadäquat wiedergegeben wurde.
Vor Beginn wird festgelegt, wer welche Aufgabe hat. Die jeweiligen Aussagen werden mit der Ton-/Videoaufzeichnung verglichen.

Übungen zum hörverständlichen Formulieren

Z: Sensibilisierung für sprachliche Unterschiede zwischen Gesprochenem und Geschriebenem, Sicherheit gewinnen im hörverständlichen Formulieren

Ü 4

A: Notieren Sie Wörter (besonders Verben, Adjektive), die Sie häufig verwenden (*tun, sprechen, gut, schön*). Suchen Sie redesprachlich verwendbare Wörter ähnlicher Bedeutung,

z. B.: sprechen   sagen, mitteilen, erwähnen, ersuchen, berichten, behaupten, fragen, antworten, erwidern, bekennen, beschwören, bitten, befehlen, murmeln, flüstern, stammeln,

Variante: Wörter und Wendungen, die Beziehungen angeben (Koppelwörter) wie *und, aber, aus diesem Grund, es folgt,*

z. B.: aber   allerdings, allein, andererseits, dabei, dagegen, dennoch, hingegen, indessen, jedoch, nur, sondern, im Gegensatz, im Unterschied.

Legen Sie sich dazu eine Kartei an.

Ü 5

A: Notieren Sie Fremdwörter und Termini, die Sie häufig benutzen (*abstrahieren, initiieren, konkretisieren, Projekt, Restriktion, transparent*). Suchen Sie deutsche Entsprechungen,

z. B.: transparent   durchsichtig, durchscheinend, deutlich, erkennbar, verstehbar,
Projekt   Plan, Unternehmen, Vorhaben, Entwurf, Aufgabe.

Ü 6

A: Suchen Sie mehrere bzw. differenzierte Bedeutungen eines Wortes: *Bruch, Einstellung, Entlastung, Kosmos, Kreis, Motor, Neugier, Schlüssel,*

z. B.: Schlüssel   Aufklärung, Gerät zum Öffnen eines Schlosses, Handwerkszeug, Lösungsweg, Tonlagenhinweis,
Bruch   mathematischer Begriff, Schaden, Falz, Trophäe am Jägerhut.
Variante: Verwenden Sie auch die Beispielwörter aus Ü 5.

Ü 7

A: Suchen Sie zu Wörtern und Wortgruppen bildhafte Entsprechungen: *initiieren, konkretisieren, nicht sachkundig sein, genau informiert sein, vorschnell handeln oder urteilen, unsicher sein, jemanden unterstützen, aussichtsloses Unterfangen, keine Aussicht auf Erfolg haben, Wissensdrang verspüren,*

z. B.: konkretisieren   etwas auf den Punkt bringen,
initiieren   Motor sein, die Sache ins Rollen bringen,
aufmerksam und
genau informiert sein   das Gras wachsen hören.

Ü 8   Umformübung *

A: Wählen Sie aus einem komplexen Text (z. B. einer wissenschaftlichen Abhandlung, einem Gesetzestext, einer Wirtschaftsanalyse) einen Abschnitt (10-15 Zeilen) aus.
Unterstreichen Sie die Informationskerne.
Bilden Sie zu jeder Einzelinformation einen kurzen Satz.
Formulieren Sie hörverständlich [8.3].
Halten Sie eine Kurzrede. Ziel ist es, verständlich über den Inhalt zu informieren.
Legen Sie Hörerkreis und Situation fest.
Fertigen Sie auf der Grundlage des umformulierten Textes ein Stichwortkonzept [8.4.2.3] an.
Die Auswertung konzentriert sich auf die Frage, ob alle wesentlichen Informationen enthalten waren, ob die schriftsprachlichen Formulierungen in redesprachliche umgewandelt wurden und die Information damit hörverständlich war.

Stellen Sie sich bei den Übungen zu den kommunikativen Grundverfahren und zur Rede stets einen konkreten Hörerkreis, ein konkretes Ziel und eine konkrete Situation vor. Erarbeiten Sie als Grundlage für die jeweilige Übung immer ein Stichwortkonzept [8.4.2.3].

Übungen zu den kommunikativen Grundverfahren

Analysieren Sie die Ton- bzw. Videoaufzeichnung (Feedback und Selbstbeobachtung) anhand der "Beobachtungskriterien: Freisprachliche Gestaltung" [9].

Z: Sensibilisierung für sprachliche und sprecherische Merkmale unterschiedlicher kommunikativer Grundverfahren,
      Sicherheit gewinnen in der Anwendung der kommunikativen Grundverfahren

Ü 9   Beschreiben *
A: Beschreiben Sie einen Gegenstand, ein Zimmer, ein Bild, ein Spiel.
      Überlegen Sie zuerst, welche Sachverhalte, Eigenschaften, Zusammenhänge (Größe, Form, Lage, Farben, Abfolge usw.) Sie für eine möglichst wirklichkeitsnahe verständliche Darstellung benötigen.
      Gliedern Sie die Fakten nach ihrer Relevanz.
      Variante: Beschreiben Sie einen Gegenstand ausführlich. Definieren Sie ihn im Anschluss prägnant in seinen wesentlichen Eigenschaften.
!   Beachten Sie besonders die Reihenfolge der Informationen. Das Auslassen oder Vertauschen von einzelnen Schritten kann zur Unverständlichkeit der gesamten Beschreibung führen.

Ü 10   Berichten *
A: Berichten Sie über ein Ereignis oder Erlebnis.
      Beschränken Sie sich auf das Wesentliche.
      Geben Sie die Fakten exakt und wertungsfrei wieder. Ordnen Sie diese nach ihrem zeitlichen Verlauf oder nach ihrer Bedeutung.
      Formulieren Sie knapp, sachlich und präzise.
      Achten Sie auf sachlich-informierende Sprechweise.

Ü 11   Erzählen *
A: Erzählen Sie aus Ihrer persönlichen Sicht emotional anschaulich über dieses Ereignis oder Erlebnis (Ü 10).
      Bemühen Sie sich um variable, nuancierte Sprache und Sprechweise.

Ü 12 Beurteilen, Kommentieren *
A: Beurteilen Sie dieses Ereignis oder Erlebnis (Ü 10) anhand eines Maßstabes (z. B. Bedeutung für Sie selbst, für Ihre berufliche oder eine historische Entwicklung, Wertmaßstäbe verschiedener sozialer Gruppen).
Achten Sie auf sachbetonte Sprache und Sprechweise.
Variante: Kommentieren Sie das Ereignis oder Erlebnis. Erläutern Sie Ursachen, Zusammenhänge, Beziehungen. Formulieren Sie variabel und anschaulich, sprechen Sie nuanciert, aber nicht vordergründig emotional gefärbt.

Ü 13 *
A: Drücken Sie aus, dass Sie mit der Arbeit oder dem Verhalten einer Person zufrieden bzw. unzufrieden sind.
Formulieren Sie dies als sachliche Mitteilung an den Betreffenden selbst, dann an eine dritte Person (jemandem berichten).
Variante 1: Formulieren Sie den gleichen Sachverhalt nun in Form einer Beurteilung.
Variante 2: Begründen Sie, warum die zufriedenstellende Arbeits- bzw. Verhaltensweise auch bei anderen wünschenswert ist. Schließen Sie einen Appell an diese Personen an.
Variante 3: Begründen Sie, warum die nicht zufriedenstellende Arbeits- bzw. Verhaltensweise geändert werden muss. Schließen Sie einen Appell an den Betreffenden an.

Ü 14 *
A: Gestalten Sie die Äußerungen aus den Übungen 8, 9, 11, 12 mit unterschiedlichen Zielen und/oder für verschiedene Hörerkreise.
Berücksichtigen Sie die vermutlichen Bedingungen Ihrer Hörer in angemessener Weise (stoffliche und sprachliche Kompetenzen, Einstellungen, Motivationen usw.).
Überprüfen Sie sorgfältig die Ziel-Mittel-Relation.

Übungen zur Rede

Analysieren Sie die Ton- bzw. Videoaufzeichnung (Feedback und Selbstbeobachtung) anhand der "Beobachtungskriterien: Freisprachliche Gestaltung" [9].

Z: Bewusstmachen der gedanklichen Struktur sowie unterschiedlicher Hörerkreise, situativer Bedingungen, kommunikativer Absichten und Ziele sowie ihrer Bedeutung für die wirkungsvolle Redegestaltung

Ü 15 Gliedern *

A: Begründen Sie in fünf Sätzen,

- warum ein Mensch, eine Beziehung, ein Gegenstand wertvoll für Sie ist,
- warum ein Tag, ein Ereignis, eine Entscheidung sich für Sie positiv/negativ ausgewirkt hat bzw. bedeutungsvoll/bedeutungslos für Sie blieb,
- warum Sie etwas/jemanden mögen bzw. für sinnvoll/nicht sinnvoll halten (Schwarzbrot, Apfelsaft, Glastische, Briefe, Arbeit, Liebe, Familie, Freunde).

Notieren Sie diese Sätze.

Der erste Satz, die Einleitung, enthält Ihre These, Satz zwei bis vier enthalten die Argumente, der fünfte Satz enthält die Schlussfolgerung und schließt ab.

Formulieren Sie konkret, knapp und präzise.

Überprüfen Sie, ob Ihre Argumente logisch geordnet sind.

Ü 16 *

A: Wählen Sie ein beliebiges Sprichwort aus,

z. B.: Früher Vogel fängt den Wurm.
Die Dummen und die Dreisten, die schreien am meisten.
Was Hänschen nicht lernt, lernt Hans nimmermehr.

Beweisen oder widerlegen Sie dieses Sprichwort wieder mit fünf Sätzen,

z. B.: Morgenstund hat Gold im Mund; das finde ich auch.
Morgens herrscht ein klares Licht.
Die Luft ist frisch und rein.
Es ist noch still.
Das wirkt sich positiv auf den Menschen aus; dem Sprichwort ist zuzustimmen.

Variante: Beweisen bzw. widerlegen Sie das Sprichwort im Anschluss anhand eines konkreten Beispiels (eigene oder fremde Erfahrungen, Ereignisse).

Ü 17 *

A: Erweitern Sie die fünf Sätze (Ü 16) zu einer Kurzrede von etwa zwei Minuten.

Ergänzen Sie die fünf Sätze durch Beispiele, Vergleiche, konkrete Fakten (v. a. zu den drei mittleren Sätzen).

Ü 18 *

A: Wählen Sie ein Thema (z. B.: Fachgebiet, Politik, Hobbybereich).

Entscheiden Sie, ob Sie einen Sachvortrag oder eine Meinungsrede [8.4] halten wollen.

Formulieren Sie den Zielsatz.

Gestalten Sie verschiedene Möglichkeiten für Einstieg und Schluss [8.4.2.2].

Ü 19

A: Gliedern Sie das Thema aus Übung 18. Verwenden Sie zuerst das Verfahren der Induktion, dann das der Deduktion.

Überprüfen Sie die Ausgewogenheit der Teilaspekte und die Schlüssigkeit der Gedankenführung.

Ü 20 *

A: Erarbeiten Sie einen Sachvortrag zu einem Thema aus Ihrem Fachgebiet für unterschiedliche Hörerkreise und unterschiedliche Situationen (z. B.: Kommilitonen der gleichen Fachrichtung – anderer Fachrichtungen, Schüler einer 6. Klasse – einer 10. Klasse, Seminarreferat – Vortrag zu einer Konferenz, Präsentation vor Nichtfachpublikum – vor einem Expertengremium).

Gehen Sie nach den Hinweisen für die Redeplanung [8.4.2.2, 8.4.2.3, 8.6] vor.

!   Berücksichtigen Sie die vermutlichen Bedingungen Ihrer Hörer in angemessener Weise (stoffliche und sprachliche Kompetenzen, Einstellungen, Motivationen usw.).

Ü 21 *

A: Wählen Sie ein Thema (Ü 18). Bearbeiten Sie es mit dem Ziel, sachlich zu informieren, zu würdigen, zu begründen, zu widerlegen, zu überzeugen.

Variante: Gestalten Sie für verschiedene Hörerkreise und Situationen.

Übungen zum Gespräch

Analysieren Sie die Ton- bzw. Videoaufzeichnung (Feedback und Selbstbeobachtung) anhand der "Beobachtungskriterien: Freisprachliche Gestaltung" [9] und des Arbeitsblattes zur Gesprächsplanung [8.6].

Z: Sicherheit gewinnen im Argumentieren, im zielgerichteten Anwenden der Gesprächsarten und ihrer praktischen Anwendung

Ü 22

A: Stellen Sie eine These auf, von der Sie überzeugt sind.

Begründen Sie die These. Beweisen Sie diese.

Variante: Überlegen Sie, welche Gegenargumente Ihrer These entgegenstehen könnten. Widerlegen Sie Ihre These.

Ü 23

A: Formulieren Sie schätzenswerte Eigenschaften eines Menschen, eines Gegenstandes, einer Verhaltensweise.
Begründen Sie Ihre Ansicht. Veranschaulichen Sie die Aussage durch konkrete Beispiele (Erlebnisse, Erfahrungen u. a.).
Variante: Begründen Sie, warum genau diese Eigenschaften unter bestimmten Umständen evtl. von Nachteil sein können.

Ü 24 *

A: Versuchen Sie, ihren Gesprächspartner zu überzeugen, etwas Bestimmtes zu kaufen.
Berücksichtigen Sie seine Möglichkeiten, Bedürfnisse und Interessen.
Variante: Suchen Sie nach Gegenargumenten. Begründen Sie, warum Sie nicht kaufen können, wollen, dürfen.

Ü 25 *

A: Formulieren Sie ein Nonsens-Thema,

> z. B.: Die essbare Skulptur – ein nahrhafter Kunstgenuss.
> Die sprechende Kaffeemaschine – eine Alternative zum Lebenspartner.
> Sollten Haustiere Pantoffeln tragen?
> Sollten Brillen mit Regenschirmen ausgerüstet werden?

Führen Sie ein Klärungsgespräch in einer fiktiven Expertenrunde.
Arbeiten Sie Vor- und Nachteile heraus. Bestimmen Sie Bedingungen für die Bestätigung oder Ablehnung der These.
Variante 1: Legen Sie vor Beginn Rollen für die TN fest.
Variante 2: Führen Sie ein Streitgespräch zu diesem Thema. Sprechen Sie in Ihrer Gruppe (pro oder contra) Ihre Strategie ab.

Ü 26 *

A: Führen Sie ein Gespräch.
Formulieren Sie ein problembehaftetes Thema,

> z. B.: Sind Studiengebühren sinnvoll?
> Schreibt mal wieder einen Brief.
> Das Internet – Fluch und Segen.
> Umweltbewusst leben – täglich.
> Ist die Ehe noch zeitgemäß?
> Sollten Mütter kleiner Kinder berufstätig sein?
> Wie viel Sport ist gesund?

Bereiten Sie zu diesem Thema nach den Hinweisen für die Gesprächsplanung [8.4.3.1, 8.4.3.2, 8.6] ein Informationsgespräch vor.
Informieren Sie sich gegenseitig über Ihre Kenntnisse und Erfahrungen zum Thema.

Besprechen Sie, welche Teilaspekte das Thema beinhaltet. Listen Sie auf, was dafür, was dagegen sprechen könnte.

Legen Sie die Gesprächsdauer fest.

Formulieren Sie das Ziel des Gesprächs.

Stellen Sie eine Checkliste zusammen. Orientieren Sie sich am Arbeitsblatt „Gesprächsvorbereitung" [8.6].

Sprechen Sie mit den anderen Teilnehmern ab, ob Sie als reale Personen oder in Rollen agieren wollen.

Variante 1: Planen Sie das Gespräch als geleitetes Klärungsgespräch.

Formulieren Sie Ziel und Anlass des Gesprächs.

Bestimmen Sie einen Gesprächsleiter.

Variante 2: Planen Sie das Gespräch als geleitetes Streitgespräch.

Formulieren Sie Ziel und Anlass des Gesprächs.

Bestimmen Sie einen Gesprächsleiter.

Formulieren Sie These und Antithese.

Sprechen Sie ab, wer welcher Gruppe (pro oder contra) angehört.

Besprechen Sie in Ihrer Gruppe, welche Argumente für und welche gegen Ihre Position sprechen und wie sie gewichtet sind.

Legen Sie gemeinsam die Strategie Ihrer Gruppe fest (welche Argumente werden wann eingesetzt, welches Argument wollen Sie als Schlussargument verwenden, mit welchem Aspekt wollen Sie beginnen usw.).

! Bleiben Sie sachlich. Vermeiden Sie Störungen der Beziehungsebene.

8.6 Arbeitsblätter

Hörverständlich formulieren

Der Hörer hat nur einmalig die Chance, die Botschaft des Sprechers zu verstehen. Zurückblättern oder Wiederholen wie beim Lesen sind nicht möglich. Wenn Sie gut verstanden werden, Ihren Zuhörern das Verstehen erleichtern wollen, sollten Sie die folgenden Hinweise beachten:

- kurze, überschaubare Sätze (vermeiden: Schachtelsätze, lange Satzrahmen, Ausrahmungen, häufige Einschübe, doppelte Verneinungen),

- klare Verknüpfungen (präzise und variable Verwendung von Konjunktionen, Präpositionen sowie Wörtern und Wortgruppen, die Beziehungen der Sinnschritte kennzeichnen),

- Vermeiden von Infinitiv- und Partizipialkonstruktionen,

- Verbalstil (kein Nominalstil),

- Besonderheiten bei bestimmten Verbformen (Perfekt als bevorzugte Vergangenheitsform, Umschreibung des Konjunktivs),

- persönliche, konkrete Formulierungen (Hörer direkt ansprechen, Personen konkret benennen, rhetorische Fragen; vermeiden: Formulierungen im Passiv, verallgemeinernde Formulierungen - „man"),

- Anschaulichkeit in den Formulierungen (sprachliche Bilder, feste Redewendungen, Sprichwörter, Vergleiche),

- sparsame Verwendung von Fremdwörtern, Termini, Zahlen, Abkürzungen (vermeiden bzw. klar definieren: nicht geläufige Fremdwörter, Termini und Abkürzungen; Zahlen runden, größere Zahlen durch Vergleiche veranschaulichen),

- Redundanz (Verweise auf bereits Gesagtes, Wiederholung wichtiger Begriffe und Fakten, Teilzusammenfassungen; vermeiden: „Telegrammstil").

Redevorbereitung

Definition der kommunikativen Aufgabe:
- Durchdenken des Themas (Teilaspekte, Fragestellungen, Widersprüche), der eigenen Motivation, das Thema zu bearbeiten, der eigenen Beziehung zum Gegenstand, des eigenen Kenntnisstandes,
- Festlegen der kommunikativen Absicht, des Ziels, Formulierung des Zielsatzes,
- Klären der situativen Bedingungen und der zur Verfügung stehenden Redezeit.

Erarbeitung der stofflichen Basis:
- Anlegen einer Stoffsammlung (Informationen einholen, Quellen recherchieren, Fakten sammeln),
- Auswahl aus der stofflichen Fülle treffen,
- Erstellen eines Grobkonzeptes, Überprüfung der Ausgewogenheit von Teilaspekten.

Feinplanung der Äußerung:
- Überprüfung der kommunikativen Absicht und des Kommunikationsziels (Zielsatz),

- Aufbau der *Gliederung* („Geländer" oder „roter Faden"),

- *Einleitung,*
  - max. 10-15 % der Redezeit,
  - Wecken von Interesse, Aufmerksamkeit, Neugier, Wohlwollen,
  - Möglichkeiten: Bezug auf den Vorredner, die Situation (Hörer, Raum, Zeit), aktuelles Ereignis, Beispiel, persönliches Erlebnis, Geschichte, witzige Bemerkung, Frage, gekonnte Formulierung des Themas, Wiederholung wesentlicher Punkte eines eigenen vorangegangenen Vortrages (Vorlesungen, Vortragsreihen usw.),
  - folgerichtige Überleitung zum Hauptteil,

- *Hauptteil,*
  - Entwicklung des Themas entsprechend der kommunikativen Absicht,
  - Fakten, Beispiele, Erläuterungen, Begründungen, Argumentation, Beweisführung, Vorbereitung eines möglichen Appells,
  - Sachverhalte, Ursachen, Folgen, Probleme, Entwicklungen,
  - Ziele, notwendige Veränderungen, Lösungsvorschläge,
  - chronologische oder kausale Ordnung, stärkstes Argument am Ende,
  - Überleitung zum Schluss,

- *Schluss,*
  - max. 10-15 % der Redezeit,
  - in Abhängigkeit von der kommunikativen Absicht: Bündelung der Kerngedanken, Abschluss der Beweiskette, knappe Zusammenstellung von Aufgaben bzw. Konsequenzen oder Appell,
  - Herstellen des Bezugs zum Einstieg („Bogen schließen"),
  - Ende für den Hörer sprachlich und sprecherisch klar markieren, muss als Schluss empfunden werden,

- erneute Überprüfung der inhaltlichen Proportionen und der Zuordnung der Fakten,

- Auswahl der kommunikativen Grundverfahren,

- Erstellen des *Stichwortkonzepts* (so knapp wie möglich und so ausführlich wie nötig),

Formale Kriterien:
  - Karteikarten A 5 oder A 6, Querformat,
  - Seiten einseitig beschreiben, nummerieren, nicht zu viel Text auf eine Seite,
  - übersichtlich gestalten (deutlich lesbar, nicht engzeilig, Leerzeilen einfügen, einrücken oder Tabellenform),
  - optische Markierungen anbringen, Hervorhebungen kennzeichnen,
  - Raum für Ergänzungen frei lassen,

Inhaltliche und sprachliche Kriterien:
  - konkrete inhaltsreiche aussagekräftige Stichwörter, keine abstrakten Begriffe,
  - Wortgruppen, klare Sinnblöcke, keine verknappten Sätze,
  - wörtlich ausformulieren: ersten und letzten Satz (Ein- und Ausstieg),
                                 Zitate, Definitionen, Lehrsätze, Regeln,
                                 wichtige Stellungnahmen, rhetorische Fragen,
  - hörverständlich, verbal formulieren (kein Nominalstil),
  - Koppelwörter notieren (Konjunktionen; Wörter und Wortgruppen, die Beziehungen der Teilthemen kennzeichnen),
  - individuell notwendige Ergänzungen (zeitliche Abfolge, Kommunikationsverfahren, Sprechweise usw.),
  - Pufferzonen einbauen,

- mindestens einmal *laut* sprechen (Erkennen von Schwachpunkten des Konzepts, artikulatorisch schwierigen Wörtern bzw. Wortverbindungen).

Zielsatz in allen Phasen der Vorbereitung vor Augen („im Hinterkopf") haben.

Gesprächsvorbereitung

Definition der kommunikativen Aufgabe:
- Durchdenken des Themas (Teilaspekte, Fragestellungen, Widersprüche), der Motivation, sich mit dem Thema zu beschäftigen, der Beziehung und der Meinung zum Gegenstand, des Kenntnisstandes, der Interessenlage (auch bezogen auf die Gesprächspartner),

- Festlegen der kommunikativen Absicht, der Gesprächsart, der formalen Gestaltung des Gesprächsendes (offener Schluss oder Abstimmung), des Ziels, Gewinnen eines Gesprächsleiters (geleitete Gespräche) sowie eines Redners für den Grundlagenvortrag (Diskussion) und Initiieren der inhaltlichen und organisatorischen Koordinierung,

- Klären der situativen Bedingungen und der zur Verfügung stehenden Zeit, Auswahl und Absicherung eines geeigneten Raumes und Zeitpunktes.

Erarbeitung der stofflichen Basis:
- Einholen von Informationen, Quellenrecherche, Faktensammlung,
  - Inhalt und Stand der themenbezogenen Diskussion,
  - offene Fragen, zu erwartende Probleme,
  - Gesprächsteilnehmer,
- Überprüfung der Ausgewogenheit von Teilaspekten.

Feinplanung des Gesprächs:
- Überprüfen der Eignung von kommunikativer Absicht und gewählter Gesprächsart für die zielführende Bearbeitung des Themas,
- Formulieren des konkreten Ziels,
- Erarbeitung des *detaillierten Gesprächsplans:*
  - Gliederung des Themas in Teilthemen, Formulierung von Teilzielen,
  - Definition themenrelevanter Begriffe, Zuordnung von Fakten, Beispielen, emotionalen Aspekten, die das Denken und Handeln beeinflussen können,
  - Auswahl der geeigneten kommunikativen Grundverfahren, Prüfung der Ziel-Mittel-Relation,
  - Planung des zeitlichen Ablaufs,
  - Überlegungen zu den Gesprächsteilnehmern (Funktion, Kompetenzen usw.),
  - Zusammenstellen zu erwartender Einwände, Umgang mit ihnen,
  - Notieren von Gesprächsimpulsen, besonders von Fragen,
  - Planen der Gesprächseröffnung und des Gesprächsendes,
  - Vorbereitung der Tagesordnung, notwendiger Unterlagen, u. U. der Sitzordnung,

Aufgaben des Gesprächsleiters:

- Koordinieren der inhaltlichen und organisatorischen Vorbereitung,
- Gesprächseröffnung, Begrüßung und Vorstellung der Gesprächsteilnehmer,
- Klären der Rahmenbedingungen:
  - Anlass, Thema, Ziel,
  - Zeitplan, Gesprächsstruktur,
- Steuern des Gesprächsverlaufs:
  - Rederecht sichern (Rednerliste führen, Wort erteilen, u. U. Redezeit begrenzen, Wort entziehen),
  - Struktur und Zeitplan einhalten,
  - Störungen der Beziehungsebene und Missverständnisse klären,
  - Abweichungen vom Thema verhindern,
  - zielorientierende Gesprächsimpulse geben,
  - Teilzusammenfassungen geben,
- Leiten von Abstimmungen, Formulieren von Anträgen, Herbeiführen von Entscheidungen,
- Beenden des Gesprächs:
  - Gespräch zusammenfassen, Ergebnisse formulieren,
  - Schlusswort sprechen,
  - Teilnehmer verabschieden.

Organisatorische Aufgaben:

- Verschicken von Tagesordnung, Einladungen, im Bedarfsfall von Unterlagen,
- Absicherung der Raumbestellung,
- Kontrolle der benötigten technischen Ausrüstung.

9 Beobachtungsmethoden und -kriterien

Die Entwicklung der sprechsprachlichen Kompetenz, das Training der dauerbelasteten Stimme und die Prävention von Störungen des Sprechprozesses setzen
die gezielte Beobachtung der Funktionskreise Atmung, Stimme, Aussprache, der
Sprechausdrucksparameter und des rhetorischen Kommunikationsvermögens
voraus. Bestimmte Elemente des Sprechens müssen vorübergehend ins Bewusstsein gerückt werden, um sie einer sachlichen Analyse unterziehen zu können. Verantwortungsbewusste Beratung und Betreuung sowie die Planung sinn-
voller Übungsarbeit sind nur auf der Grundlage einer solchen Analyse möglich.
Dabei geht es nicht um Kritik, um Bewertung (→ Geißner 1986, 42 ff., Thiel
2008, 115 ff.), um ein Richtig oder Falsch. Richtiges oder „gutes" Sprechen an
sich gibt es nicht. Sprechweise und Sprechwirkung eines Menschen können nur
im Kontext der situativen Bedingungen der Kommunikation betrachtet werden.
Hinzu kommt, dass Stimme und Sprechweise in starkem Maße individuell geprägt sind (physische und psychische Gegebenheiten, sozialer Hintergrund
usw.). Sie sind individuelle Merkmale der Persönlichkeit.
Die Einschätzung von Sprechweise und Sprechwirkung sollte sich daher auf die
Frage konzentrieren, ob die jeweilige Äußerung situativ angemessen, hörerge-
richtet und physiologisch produziert wurde. Sie sollte stets auf der Grundlage
konkreter gegenstandsbezogener Kriterien erfolgen. Videofeedback unterstützt
und erleichtert diese Arbeit erheblich. Der Sprecher erhält die Möglichkeit, die
eigene Wahrnehmung während des Sprechens mit seiner Wahrnehmung beim
Hören und Sehen des Mitschnitts zu vergleichen. Er erhält von seinen Hörern
Informationen darüber, wie seine Sprechweise auf sie wirkt, und kann so u. U.
erkennen, warum bei anderen ein bestimmter Eindruck entsteht. Gezielte Beobachtung und Analyse von Sprechweise und Sprechwirkung tragen erheblich
zur Sensibilisierung für Parameter, Abläufe und Zusammenhänge in sprechsprachlichen Kommunikationsprozessen sowie zur Hörschulung und Hörerzie-
hung bei. Eigene Wahrnehmungen werden bewusst gemacht, können mit Wahrnehmungen der Kommunikations- und Übungspartner (Fremd- und Selbstbild)
verglichen und Ursachen für bestimmte Wirkungen hinterfragt werden.
Lehrer tragen, unabhängig vom jeweiligen Fach, Verantwortung für die Ausbildung und Schulung sprechsprachlicher Kompetenz von Kindern und Jugendlichen sowie für die Beratung von Schülern mit Stimm-, Sprach- und Sprechstörungen. Sie sollten daher nicht nur gegenüber der eigenen Sprechweise sensibi-
lisiert sein, sie bewusst wahrnehmen und steuern können, sie sollten darüber hinaus in der Lage sein, auf diesem Gebiet als Multiplikator zu fungieren. Die Fähigkeit zu gezielter Beobachtung und zu produktivem Feedback ist insbesondere
in Lehr- und Lernprozessen von entscheidender Bedeutung für die Kommunikationsatmosphäre und damit für den Fortschritt bei der Fähigkeits- und Fertig-
keitsentwicklung.

Beobachtungskriterien: Sprechweise/Sprechwirkung

Gesamteindruck/Wirkung
- überzeugend/nicht überzeugend
- engagiert/nicht engagiert
- situativ angemessen/nicht angemessen

Ansprechhaltung
- vorhanden/nicht vorhanden
- kontaktfördernd/
  nicht kontaktfördernd
- Blickkontakt vorhanden/
  nicht vorhanden

Körpersprache
- Gestik und Mimik angemessen/
  nicht angemessen
- Körperhaltung locker-aufrecht/
  zu hohe/zu geringe Spannung

Atmung
- unauffällig/auffällig
- sinnentsprechend/sinnwidrig
- hörbar/deutlich sichtbar

Stimme
- locker, voll, kräftig/verlagert, verspannt, gepresst/kraftlos, resonanzarm
- klar/belegt, behaucht, rau, knarrend, heiser
- angemessen/überhöht

Aussprache
- standardsprachlich/regional gefärbt/nachlässig-verschliffen/überdeutlich
- gut verständlich/nicht gut verständlich
- situativ angemessen/nicht angemessen

Sprechspannung
- angemessen/unangemessen
- zu hoch/zu gering

Gliederung/Pausierung
- sinnentsprechend/sinnwidrig
- Pausen angemessen/
  zu lang/zu kurz
- differenziert/nicht differenziert

Lautstärke
- angemessen/nicht angemessen
- differenziert/nicht differenziert

Akzentuierung
- sinnentsprechend/
  nicht sinnentsprechend
- angemessen/
  zu häufig/zu stark/zu schwach

Sprechtempo
- angemessen/nicht angemessen
- differenziert/nicht differenziert

Melodieführung
- sinnentsprechend/
  nicht sinnentsprechend
- differenziert/monoton

Klangfarbe
- sinngestaltend/
  nicht sinngestaltend
- anschaulich variiert/nicht variiert

Feedback-Regeln

- Formulieren Sie Ihr Feedback konkret und nicht allgemein. Vermeiden Sie Wertungen (Urteile zu fällen).

- Vermeiden Sie verallgemeinernde Äußerungen wie „man sah ..., es war zu erkennen ..., wir konnten alle sehen ...".

- Formulieren Sie so, dass dem Angesprochenen klar wird, es handelt sich um Ihre Beobachtungen, Ihre Wahrnehmungen, Ihre Vermutungen, Ihre Gefühle, Ihre Eindrücke („Ich-Botschaften", z. B. „Du wirkst auf mich hektisch!" „Ich empfinde dich als hektisch!" *nicht*: „Du bist hektisch!").

- Formulieren Sie keine kausalen Zusammenhänge, die Sie nicht unmittelbar überprüfen oder beweisen können; wenn überhaupt, dann als Vermutung, nicht als Tatsache, z. B. „Vielleicht warst du aufgeregt und hast deshalb etwas schnell gesprochen." *nicht:* „Du hast so schnell gesprochen, weil du aufgeregt warst."

- Geben Sie Ihr Feedback direkt und nicht auf dem Umweg über einen Dritten, z. B. „Du hast ziemlich leise gesprochen." *nicht*: „Sie hat ziemlich leise gesprochen."

- Wenn Sie ein Feedback erhalten, versuchen Sie nicht, sich zu verteidigen, zu rechtfertigen oder etwas richtig zu stellen. Reagieren Sie nicht sofort darauf. Versuchen Sie, dieses Feedback erst einmal anzuhören und zu verarbeiten.

- Betrachten Sie Feedback als Angebot, als helfende Kritik, nicht als Bewertung oder Urteil.

Beobachtungskriterien: Textgestaltung

Gesamteindruck/Wirkung
- überzeugend/nicht überzeugend
- engagiert/nicht engagiert
- Grundhaltung des Textes erfasst/nicht erfasst
- Wirkungsabsicht des Sprechers klar/nicht klar

Ansprechhaltung
- vorhanden/nicht vorhanden
- kontaktfördernd/nicht kontaktfördernd
- Blickkontakt vorhanden/nicht vorhanden

Sprecherische Gestaltung
- textadäquat/nicht textadäquat in Bezug auf die sprecherischen Gestaltungs-mittel
  - Sprechspannung
  - Gliederung
  - Akzentuierung
  - Melodieführung
  - Sprechtempo
  - Lautstärke
  - Klangfarbe
  - Artikulation
- Atmung und Stimme auffällig/unauffällig
  (s. Beobachtungskriterien: Sprechweise/Sprechwirkung)

Körpersprache
- Gestik und Mimik angemessen/nicht angemessen
- Körperhaltung und Körperspannung locker-aufrecht/
  zu hohe/zu geringe Spannung

Beobachtungskriterien: Freisprachliche Gestaltung

Gesamteindruck/Wirkung
- überzeugend/nicht überzeugend
- engagiert/nicht engagiert
- kontaktfördernd/nicht kontaktfördernd

Kommunikationsabsicht
- klar/nicht klar
- Ziel erreicht/nicht erreicht

Hörerbezug/Ansprechhaltung
- vorhanden/nicht vorhanden
- kontaktfördernd/nicht kontaktfördernd
- Blickkontakt vorhanden/nicht vorhanden
- Hörerbezug hergestellt/nicht hergestellt

Inhalt
- zweckentsprechend vollständig/nicht vollständig
- sachlich richtig/nicht richtig
- klar verständlich/nicht verständlich

Gliederung
- klare Struktur erkennbar/nicht erkennbar
- folgerichtig/nicht folgerichtig
- nachvollziehbar/nicht nachvollziehbar
- Anschlüsse und Verknüpfungen klar/nicht klar
- Einleitung und Schluss situativ angemessen/nicht angemessen

Sprachliche Gestaltung
- inhaltsbezogen klar/nicht klar
- anschaulich/nicht anschaulich
- redesprachlich/schriftsprachlich

Sprecherische Gestaltung
- angemessen/nicht angemessen in Bezug auf die sprecherischen Gestaltungs-mittel (s. Beobachtungskriterien: Sprechweise/Sprechwirkung)
- Atmung und Stimme auffällig/unauffällig (s. Beobachtungskriterien: Sprechweise/Sprechwirkung)
- Sprechablauf flüssig/nicht flüssig (u. a. Flicklaute/Flickwörter)

Körpersprache
- Gestik und Mimik angemessen/nicht angemessen
- Körperhaltung und -spannung locker-aufrecht/zu hohe/zu geringe Spannung

Literaturverzeichnis

Allhoff, D.-W., Allhoff, W. (1998): Rhetorik und Kommunikation. 12. Aufl., Regensburg.

Bartsch, E., Marquart, T. (1999): Grundwissen Kommunikation. Stuttgart.

Bartsch, E., Pabst-Weinschenk, M. (2004): Gesprächsführung. In: Pabst-Weinschenk, M. (Hg.): Grundlagen der Sprechwissenschaft und Sprecherziehung. München/Basel, 122-133.

Becker, K.-P., Sovák, M. (1983): Lehrbuch der Logopädie. Berlin.

Bitsch, K. (2007): Stottern im Kindesalter. Die Kasseler Stottertherapie – Evaluation einer computergestützten Biofeedbackmethode. Magisterarbeit Würzburg.

BMBF (2010): Berufsbildungsbericht 2010. www.bmbf.de/pub/bbb_2010.pdf, Stand 11/2010.

Brinker, K. (2000) (Hg.): Text- und Gesprächslinguistik: Ein internationales Handbuch zeitgenössischer Forschung. Bd. 1. Berlin/New York.

Brinker, K. (Hg.) (2001): Text- und Gesprächslinguistik: Ein internationales Handbuch zeitgenössischer Forschung. Bd. 2. Berlin/New York.

Bruner, J. (1997): Wie das Kind sprechen lernt. Bern/Göttingen/Toronto/Seattle.

Bühler, K. (1934): Sprachtheorie. Jena.

Bzdega, A., Foss, G. (1961): Abriss der beschreibenden deutschen Grammatik. Warschau.

Chomsky, N. (1969): Aspekte der Syntaxtheorie. Frankfurt/M.

Debye-Göckler, G. (2004): Debattieren. In: Pabst-Weinschenk, M. (Hg.): Grundlagen der Sprechwissenschaft und Sprecherziehung. München/Basel, 133-143.

Dieling, H., Hirschfeld, U. (2000): Phonetik lehren und lernen. München.

Drach, E. (1938): Sprecherziehung. Frankfurt/M.

Duden Band 6. Aussprachewörterbuch (2000). Mannheim/Leipzig/Wien/Zürich.

Essen, O. v. (1966): Allgemeine und angewandte Phonetik. 4., veränd. Aufl., Berlin.

Essen, O. v. (1979): Allgemeine und angewandte Phonetik. 5., neubearb. u. erw. Aufl., Berlin.

Europarat/Rat für kulturelle Zusammenarbeit (Hg.) (2001): Gemeinsamer europäischer Referenzrahmen für Sprachen: lernen, lehren, beurteilen. Berlin/München/Wien/Zürich/New York.

Fix, U., Poethe, H., Yos, G. (2003): Textlinguistik und Stilistik für Einsteiger. Ein Lehr- und Arbeitsbuch. 3., durchges. Aufl., Frankfurt/M.

Fiukowski, H. (1992): Sprecherzieherisches Elementarbuch. 5., durchges. Aufl., Tübingen.

Geißner, H. K. (1985): Mit Gründen streiten (Argumentationspraxis). In: Diskussion Deutsch 82, 140-151.

Geißner, H. K. (1986): Sprecherziehung. Didaktik und Methodik der mündlichen Kommunikation. Frankfurt/M.

Geißner, H. K. (2000): Kommunikationspädagogik. Transformationen der Sprecherziehung. St. Ingbert.

Geißner, H. K., Slembek, E. (2008): Amerikanische Debatte: Ernstspiel oder Ernstfall? In: Heilmann, Ch. M., Lepschy, A. (Hg.): Rhetorische Prozesse. Vom Konzept zur Handlung. München/Basel, 39-48.

Glück, H. (Hg.) (2000): Metzler Lexikon Sprache. 2., überarb. u. erw. Aufl., Stuttgart/Weimar.

Göttert, K.-H. (1994): Einführung in die Rhetorik. 2. Aufl., München.

Götze, L. (2004): "Deutsch als Fremdsprache" an deutschen Schulen. In: Gutenberg, N. (Hg.): Sprechwissenschaft und Schule. Sprecherziehung – Lehrerbildung – Unterricht. München/Basel, 48-53.

Greifenhahn, L. (1982): Funktionelles Hören. In: Pfau, E.-M., Streubel, H.-G. (Hg.): Die Behandlung der gestörten Sprechstimme. Leipzig, 93-94.

GWdA: Großes Wörterbuch der deutschen Aussprache (1982). Leipzig.

Haase, M. (2004): Beispiel für eine sprechkünstlerische Erarbeitung. In: Pabst-Weinschenk, M. (Hg.): Grundlagen der Sprechwissenschaft und Sprecherziehung. München/Basel, 31-48.

Heinemann, W., Viehweger, D. (1991): Textlinguistik. Eine Einführung. Tübingen.

Hirschfeld, U. (2001): Vermittlung der Phonetik. In: Helbig, G., Goetze, L., Henrici, G., Krumm, H.-J. (Hg.): Deutsch als Fremdsprache. Ein internationales Handbuch. 2. Halbband. Berlin/New York, 872-879.

Hirschfeld, U. (2003): Phonologie und Phonetik in Deutsch als Fremdsprache. In: Altmayer, C., Forster, R. (Hg.): Deutsch als Fremdsprache: Wissenschaftsanspruch – Teilbereiche – Bezugsdisziplinen. Frankfurt/M. etc., 189-233.

Hirschfeld, U. (2004): Ausspracheprobleme nicht deutschsprachiger Schülerinnen und Schüler an deutschen Schulen. In: Gutenberg, N. (Hg.): Sprechwissenschaft und Schule. Sprecherziehung – Lehrerbildung – Unterricht. München/Basel, 155-163.

Hirschfeld, U., Kelz, H. P., Müller, U. (Hg.) (2002 ff.): Phonetik international. Grundwissen von Albanisch bis Zulu. Ein Online-Portal: www.phonetik-international.de.

Hirschfeld, U., Neuber, B. (2010): Prosodie im Fremdsprachenunterricht Deutsch – ein Überblick über Terminologie, Merkmale und Funktionen. In: Deutsch als Fremdsprache 1. München, 10-16.

Hirschfeld, U., Reinke, K. (1997): Simsalabim. Übungskurs zur deutschen Phonetik (Video, Kassette, Arbeitsbuch). München.

Hirschfeld, U., Stock, E. (2004): Aussprache. In: Pabst-Weinschenk, M. (Hg.): Grundlagen der Sprechwissenschaft und Sprecherziehung. München/Basel, 31-48.

Hirschfeld, U., Stock, E. (Hg.) (2000): Phonothek interaktiv (CD-ROM). München.

Hofstede, G. (2001): Lokales Denken, globales Handeln. München.

Homburg, G., Iven, C., Maihack, V. (2002): Zentral-auditive Wahrnehmungsstörungen – therapierelevantes Phänomen oder Phantom? Köln.

Jacobson, E. (1929): Progressive Relaxation. Chicago.

Jaskolski, E., Pabst-Weinschenk, M. (2004): Körpersprache. In: Pabst-Weinschenk, M. (Hg.): Grundlagen der Sprechwissenschaft und Sprecherziehung. München/Basel, 48-57.

Kauschke, Ch. (2000): Der Erwerb des frühkindlichen Lexikons. Eine empirische Studie zur Entwicklung des Wortschatzes im Deutschen. Tübingen.

Klann-Delius, G. (1999): Spracherwerb. Stuttgart/Weimar.

Kotthoff, H. (Hg.) (2002): Kulturen im Gespräch. Tübingen.

Krech, E.-M. (1987): Vortragskunst. Grundlagen der sprechkünstlerischen Gestaltung von Dichtung. Leipzig.

Krech, E.-M., Stock, E., Hirschfeld, U., Anders, L. C. (2009): Deutsches Aussprachewörterbuch. Berlin.

Krech, H. (1959): Die kombiniert-psychologische Übungstherapie. In: Wiss. Z. Univ. Halle, Ges.-Sprachwiss. R., VIII, 397-430.

Kultusministerkonferenz (2009): Bundesweit geltende Bildungsstandards. www.kmk.org/bildung-schule/qualitaetssicherung-in-schulen/bildungsstandards/dokumente.html, Stand 11/2010.

Lemmermann, H. (1992): Lehrbuch der Rhetorik. 4. Aufl., München.

Lämke, O. (2004): Grundlagen des interpretierenden Textsprechens. In: Pabst-Weinschenk, M. (Hg.): Grundlagen der Sprechwissenschaft und Sprecherziehung. München/Basel, 180-198.

Lemke, S. (2006): Die Funktionskreise Respiration, Phonation, Artikulation – Auffälligkeiten bei Lehramtstudierenden. In: Sprache – Stimme – Gehör 30. Stuttgart/New York, 24-28.

Lemke, S. (1988): Sprechwissenschaftliche Untersuchungen zum Problem von Norm und Störung der S-Laute. Phil. Diss. Halle (Mskr.).

Lemke, S. (2012): Stimmintensiver Beruf Lehrer/-in: Voraussetzungen – Ausbildungsbedingungen – Projekte. In: Gaul, M., Lang, S. (Hg.): Voice Coaching. Zum richtigen Umgang mit der Stimme im Lehrberuf. Hohengehren, 100-113.

Lemke, S. (2003): Stimmliche und sprecherische Auffälligkeiten Studierender. In: Andersen, Ch., Hirschfeld, U. (Hg.): Hallesche Schriften zur Sprechwissenschaft und Phonetik, Bd. 12. Frankfurt/M., 193-200.

Lemke, S. (1998): Untersuchungen zur Realisierung des Schwa-Lautes in öffentlichen Gesprächen. In: Biege, A., Bose, I. (Hg.): Theorie & Empirie in der Sprechwissenschaft. Hanau/Halle, 123-128.

Lemke, S. (2005): Zur stimmlich-sprecherischen Ausbildung Lehramtsstudierender. In: Anders, L. Ch., Hirschfeld, U. (Hg.): Probleme und Perspektiven sprechwissenschaftlicher Arbeit. Frankfurt/M., 85-93.

Lemke, S., Thiel, S., Zimmermann, S. (2004): Zur Notwendigkeit der Überprüfung stimmlich-sprecherischer Eignung für den Lehrerberuf. In: Gutenberg, N. (Hg.): Sprechwissenschaft und Schule. Sprecherziehung – Lehrerbildung – Unterricht. München/Basel, 164-171.

Lewis, R. D. (2000): Handbuch Internationale Kompetenz. Frankfurt/M.

Lindner, G. (1969): Einführung in die experimentelle Phonetik. Berlin.

Maletzke, G. (1996): Interkulturelle Kommunikation. Opladen.

Meinhold, G., Stock, E. (1980): Phonologie der deutschen Gegenwartssprache. Leipzig.

Meißner, B. (1997): Vorschlag einer Aussprachekodifikation des r-Lauts für Deutschland. In: Haase, M., Meyer, D. (Hg.): Von Sprechkunst und Normphonetik. Hanau/Halle, 131-137.

Mönnich, A. (2004): Von der antiken Rhetorik zur Rhetorik der Gegenwart. In: Pabst-Weinschenk, M. (Hg.): Grundlagen der Sprechwissenschaft und Sprecherziehung. München/Basel, 104-113.

Neuber, B. (2010): Funktionen der Prosodie im Blickwinkel der interkulturellen Kommunikation. In: Hirschfeld, U., Stock, E. (Hg.): Sprechwissenschaftlich-phonetische Untersuchungen zur interkulturellen Kommunikation Russisch-Deutsch. Frankfurt/M., 69-80.

Neuber, B. (2002): Prosodische Formen in Funktion. Frankfurt/M.

Neuber, B. unter Mitarbeit von Biege, A., Bose, I., Stock, E. (2003): Gedanken über den Gegenstand der Sprechwissenschaft. In: Krech, E.-M., Stock, E. (Hg.): Gegenstandsauffassung und aktuelle phonetische Forschungen der halleschen Sprechwissenschaft. Frankfurt/M., 11-22.

Neuber, B., Naumann, C. L. (2003): Sprechbildung/Orthoepie. In: Bredel, U., Günther, H., Klotz, P., Ossner, K., Sieber-Ott, G. (Hg.): Didaktik der deutschen Sprache – ein Handbuch. 2. Teilband. Paderborn, 160-167.

Neuber, B. (2004): Sprecherische Erarbeitung künstlerischer Texte. In: Pabst-Weinschenk, M. (Hg.): Grundlagen der Sprechwissenschaft und Sprecherziehung. München/Basel, 198-202.

Ockel, E. (2004): Leselehre. In: Pabst-Weinschenk, M. (Hg.): Grundlagen der Sprechwissenschaft und Sprecherziehung. München/Basel, 81-90.

Pabst-Weinschenk, M. (2004a): Argumentation und Redeformen. In: Pabst-Weinschenk, M. (Hg.): Grundlagen der Sprechwissenschaft und Sprecherziehung. München/Basel, 113-122.

Pabst-Weinschenk, M. (2004b): Hörverstehen und Sprechdenken. In: Pabst-Weinschenk, M. (Hg.): Grundlagen der Sprechwissenschaft und Sprecherziehung. München/Basel, 57-81.

Pabst-Weinschenk, M., Wachtel, S. (2004): Schriftgeprägte Mündlichkeit: Schreiben fürs Hören. In: Pabst-Weinschenk, M. (Hg.): Grundlagen der Sprechwissenschaft und Sprecherziehung. München/Basel, 90-100.

Pawlowski, K. (2005): Konstruktiv Gespräche führen. München/Basel.

Pawlowski, K., Lungershausen, H., Stöckner, F. (1995): Jetzt rede ich. Hannover.

Pfau, E.-M., Streubel, H.-G. (Hg.) (1982): Die Behandlung der gestörten Sprechstimme – Stimmfunktionstherapie. Leipzig.

Preu, O., Stötzer, U. (1989): Sprecherziehung für Studenten pädagogischer Berufe. 6. Aufl., Neuwied.

Probst, R., Grevers, G., Iro, H. (2000): Hals-Nasen-Ohren-Heilkunde. Stuttgart/New York.

Ritter, H. M. (2004): Gestisches Sprechen. In: Pabst-Weinschenk, M. (Hg.): Grundlagen der Sprechwissenschaft und Sprecherziehung. München/Basel, 190-198.

Roche, J. (2001): Interkulturelle Sprachdidaktik: Eine Einführung. Tübingen.

Sandrieser, P., Schneider, P. (2008): Stottern im Kindesalter. 3. Aufl., Stuttgart/New York.

Saussure, F. de (1931): Grundfragen der allgemeinen Sprachwissenschaft. Berlin.

Schmidt, W., Stock, E. (Hg.) (1977): Rede – Gespräch – Diskussion. Leipzig.

Scherer, K. R. (1977): Die Funktionen des nonverbalen Verhaltens im Gespräch. In: Wegener, D. (Hg.): Gesprächsanalysen. Hamburg, 275-297.

Schweinsberg, F. (1946): Stimmliche Ausdrucksgestaltung im Dienste der Kirche. Heidelberg.

Seidner, W., Wendler, J. (1978): Die Sängerstimme. Berlin.

Slembek, E. (1995): Lehrbuch der Fehleranalyse und Fehlertherapie. Deutsch hören, sprechen und schreiben. Für Lernende mit griechischer, italienischer, polnischer, russischer oder türkischer Muttersprache. Heinsberg.

Spalteholz, W., Spanner, R. (1959/60): Handatlas der Anatomie des Menschen. 16., völlig umgest. u. neubearb., mit der Pariser Nomenklatur versehene Aufl., Amsterdam.

Sowinski, B. (1991): Deutsche Stilistik. Beobachtungen zur Sprachverwendung und Sprachgestaltung im Deutschen. Frankfurt/M.

Sowinski, B. (1999): Stilistik: Stiltheorien und Stilanalysen. 2. Aufl., Stuttgart/Weimar.

Stelzig, H., Fiukowski, H., Lindner, G., Preu, O., Qualmann, E., Stock, E. unter Mitarbeit von Heilmann, Ch., Richter, G. (1982): Einführung in die Sprechwissenschaft. 3., neubearb. Aufl., Leipzig.

Stock, E. (1999): Deutsche Intonation. Berlin/München/Leipzig.

Stock, E., Suttner, J. (1991): Wirkungen des Stimm- und Sprechausdrucks. In: Krech, E.-M., Richter, G., Stock, E., Suttner, J. (Hg.): Sprechwirkung. Berlin, 59-142.

Streubel, H.-G. (1982): Grundlagen der sprechwissenschaftlichen Beurteilung des Stimmstatus. In: Pfau, E.-M., Streubel, H.-G. (Hg.): Die Behandlung der gestörten Sprechstimme. Leipzig, 25-63.

Suttner, J. (1982): Übungsverfahren. In: Pfau, E.-M., Streubel, H.-G. (Hg.): Die Behandlung der gestörten Sprechstimme. Leipzig, 108-112.

Szagun, Gisela (2000): Sprachentwicklung beim Kind. 6. Aufl., Weinheim/Basel.

Tembrock, G. (1977): Tierstimmenforschung. 2. Aufl., Lutherstadt Wittenberg.

Trojan, F. (1952): Der Ausdruck der Sprechstimme. 2. Aufl., Wien/Düsseldorf.

Ueding, G., Steinbrink, B. (1994): Grundriss der Rhetorik. Geschichte, Technik, Methode. 3. Aufl., Stuttgart/Weimar.

Wängler, H.-H. (1981): Atlas deutscher Sprachlaute. 5., bericht. Aufl., Berlin.

Weinrich, M., Zehner, H. (2003): Phonetische und phonologische Störungen. Berlin/Heidelberg/New York/Hongkong/London/Mailand/Paris/Tokio.

Wendlandt, W. (2000): Sprachstörungen im Kindesalter. 4. Aufl., Stuttgart/New York.

Wendler, J., Seidner, W. (1987): Lehrbuch der Phoniatrie. Leipzig.

Wendler, J., Seidner, W., Kittel, G., Eysholdt, U. (1996): Lehrbuch der Phoniatrie und Pädaudiologie. 3., völlig neubearb. u. erw. Aufl., Stuttgart/New York.

Wendt, B. (2007): Analysen emotionaler Prosodie. Frankfurt/M.

Wierlacher, A., Bogner, A. (Hg.) (2003): Handbuch interkulturelle Germanistik. Stuttgart/Weimar.

Wirth, G. (1994): Stimmstörungen. 4. Aufl., Köln.

Wolf, E., Aderhold, E. (1997): Sprecherzieherisches Übungsbuch. 10. Aufl., Berlin.

Zacharias, Ch. (1964): Einführung in die Sprecherziehung. Berlin.

Quellenverzeichnis

Abbildungen

Abb. 1: Zusammenwirken der Funktionskreise. Nach: Pfau, E.-M., Streubel, H.-G. (Hg.) (1982): Die Behandlung der gestörten Sprechstimme – Stimmfunktionstherapie. Leipzig, 40, Abb. 3.11.

Abb. 2: Kombinierte Atmung. Nach: Spalteholz, W., Spanner, R. (1959/60): Handatlas der Anatomie des Menschen. Amsterdam, 121, Abb. 228.

Abb.4: Schematisierte Stimmritzenaufsicht. Nach: Pfau, E.-M., Streubel, H.-G. (Hg.) (1982): Die Behandlung der gestörten Sprechstimme – Stimmfunktionstherapie. Leipzig, 36, Abb. 3.7a.

Abb. 5: Bewegungsablauf der Stimmlippen. In: Wendler, J., Seidner, W. (1977): Lehrbuch der Phoniatrie. Leipzig, 62, Abb. 38.

Abb. 8: Ansatzrohr. Nach: Essen, O. v. (1966): Allgemeine und angewandte Phonetik. 4., veränd. Aufl., Berlin, 69, Abb. 18.

Abb. 9: Vokale: Grad und Richtung der Zungenhebung. Nach: Stelzig, H. et al. (1976): Einführung in die Sprechwissenschaft. Leipzig, 109, Abb. 2.2.

Abb. 10: Vokale: Lippenstellung. Nach: Bzdega, A., Foss, G. (1961): Abriss der beschreibenden deutschen Grammatik. Warschau, 43, Abb. 41.

Texte

S. 65   Brentano, C.: Wiegenlied. In: Frühwald, W., Gojek, B., Kemp, F. (Hg.) (1957): Clemens Brentano Werke. Bd. 1, 2., durchges. u. im Anh. erw. Aufl., München, 247 f.

Claudius, M.: Abendlied. In: Matthias Claudius. Eine Auswahl aus den Schriften des Wandsbeker Boten. (1952), Berlin, 58f.

Goethe, J. W. v.: Ein Gleiches. In: Eibl, K. (Hg.) (1988): J. W. Goethe sämtliche Werke. Briefe, Tagebücher, Gespräche. Bd. 2. Frankfurt/M., 65.

Goethe, J. W. v.: Die Leiden des jungen Werther. In: Wiethölter, W. (Hg.) (1994): J. W. Goethe sämtliche Werke. Bd. 8. Frankfurt/M., 15.

Gorki, M.: Es ist vollbracht. In: Gorki, M. (1968): Geschichten aus Italien. Leipzig, 7.

Strittmatter, E.: Regentag. In: Strittmatter, E. (2000): Du liebes Grün. Ein Garten- und Jahreszeitenbuch. Berlin, 50.

S. 66   Paustowski, K. (1987): Die goldene Rose. Gedanken über die Arbeit des Schriftstellers. 5. Aufl., Berlin, 346 ff.

Zweig, S.: Vergessene Träume. In: Zweig, S. (2003): Verwirrung der Gefühle. Erzählungen. Frankfurt/M., 71 f.

S. 123   Stengel, H.: Trugschluss. In: Preuß, W. (Hg.) (1978): Wo man liebt, da laß dich ruhig nieder. Berlin, 180.

S. 136   Däubler, T.: Ein Lauschender auf blauer Au. In: Stein, O. Jh. W. (Hg.) (1921): Theodor Däubler. Gedichte aus seinen Werken. Berlin, 42.

Goethe, J. W. v.: Der Zauberlehrling. In: Beutler, E. (Hg.) (1949): Johann Wolfgang Goethe. Gedenkausgabe der Werke, Briefe und Gespräche. Gedichte. Zürich, 149 ff.

Heine, H.: Die schlesischen Weber. In: Windfuhr, M. (Hg.) (1983): Heinrich Heine. Historisch-kritische Gesamtausgabe der Werke. Bd. 2. Düsseldorf, 150.

Liliencron, D. v.: Ballade in U-Dur. In: Sämtliche Werke von Detlev von Liliencron. (1947), Bd. 10. Berlin/Leipzig, 38 ff.

Mörike, E.: Um Mitternacht. In: Heydebrand, R. v. (Hg.) (1972): Eduard Mörikes Gedichtwerk. Stuttgart, 26 f.

S. 138   Heine, H.: Belsazar. In: Bibliothek der Weltliteratur. Heinrich Heine. Gedichte. (1962), Berlin, 44 f.

Herder, J. G.: Lieder der Madagasker. In: Creutziger, W. (Hg.) (o. J.): Stimmen der Völker in Liedern. Leipzig, 371 ff.

Pahn, J. (1968): Stimmübungen für Sprechen und Singen. Berlin, 65.

Paustowski, K. (1987): Die goldene Rose. Gedanken über die Arbeit des Schriftstellers. 5. Aufl., Berlin, 345.

S. 139   Fürnberg, L.: Spätsommerabend. In: Ein Lesebuch für unsere Zeit. Fürnberg. (1977), 5., veränd. Aufl., Berlin/Weimar, 104.

Heine, H.: Die schlesischen Weber. (wie S. 130)

Holz, A.: Mählich durchbrechende Sonne. In: Holz, A. (Hg.) (1949): Arno Holz. Phantasus. Eine Auswahl. Baden-Baden, 77.

S. 148   Däubler, T.: Ein Lauschender auf blauer Au. (wie S. 130)

Uhu, P.: Ballade in –RCH. In: Der Mensch erlebt sein blaues Wunder. Heitere und nachdenkliche Verse. (1964), Berlin, 58.

S. 149   Liliencron, D. v.: Ballade in U-Dur. (wie S. 130)

Morgenstern, Ch.: Bundeslied der Galgenbrüder. In: Christian Morgenstern. Alle Galgenlieder. (1953), Leipzig, 19.

Steiniger, K.: Qualitäten. In: Autorenkollektiv unter Leitung von Stock, E. (1985): Phonetik der deutschen Sprache. Lehr- und Übungsmaterial für den Fortgeschrittenenunterricht Deutsch als Fremdsprache. Beiheft für Teilnehmer. Berlin, 47.

Stengel, H.: Standpunkte. In: Sellhorn, W. (Hg.) (1999): Der dicke Stengel. Berlin, 201.

S. 150   Brecht, B.: Vergnügungen. In: Bertold Brecht. Gedichte. (1969), Bd. 7. Berlin/Weimar, 123.

Gröbe, R.: An meine Freunde. Für die freundliche Genehmigung zum Abdruck des Textes danken wir Herrn Sebastian Montag.

Kahlau, H.: Ich kann die Erde aus den Angeln heben. In: Görner, L. (Hg.) (2005): Heinz Kahlau. Sämtliche Gedichte und andere Werke. Berlin, 272.

S. 151   Fried, E.: Gründe. In: Erich Fried. Gesammelte Werke. Gedichte 1. (1993), Berlin, 365 f.

Fried, E.: Nachruf auf die Schreier. In: Erich Fried. Gesammelte Werke. Gedichte 1. (1993), Berlin, 424 f.

S. 152   Gerlach, J.: Ich bin klein. In: okzidentale snapshots. gedichte auf bundesdeutsch. Berlin/Weimar, 36.

Jandl, E.: ottos mops. In: Ernst Jandl. Gesammelte Werke. (1985), Bd. 1. Darmstadt, 422.

Mon, F.: man muss was tun. In: Franz Mon. Gesammelte Texte 2. (1995), Berlin, 206.

Ulrichs, T.: denk-spiel (nach descartes). In: Gomringer, E. (1983): Konkrete Poesie. Deutschsprachige Autoren. Ditzingen, 138.

Wiemer, R. O.: empfindungswörter. In: Krusche, D., Krechel, R. (1988): Anspiel. Konkrete Poesie im Unterricht Deutsch als Fremdsprache. 3. Aufl., Bonn, 27.

Sachregister

A

aktivieren 163, 167 ff., 170, 174 f.
Akzent (Akzentuierung) 28, 96, 123 ff., 127 ff., 143 ff., 164, 166, 195, 197
- didaktischer Akzent, Kontrastakzent 128, 130, 136
- emotionaler Akzent (emphatischer Akzent) 127 ff., 133
- Haupt-/ Nebenakzent 127, 129
- Sachakzent (normaler, neutraler Akzent) 127 f., 144
- Satzakzent (Äußerungsakzent) 127 ff., 146
- Wortakzent 127 ff., 145
Akzentgruppe 126, 132
Akzenthäufung 127
Akzentmuster 27 f.
Akzentsilbe 99, 126 f., 130, 133 ff.
Akzentverschiebung 130
Allophon 22
Angemessenheit → situative Angemessenheit
Anlassrede 167 f.
Anlaut 68, 100
Ansatzrohr 40, 50, 55 ff., 64, 95, 99, 134
Ansprechhaltung → Hörerbezug
Aphasie 24
Aphonie 75, 81 f.
Appellieren → kommunikative Grundverfahren
Argumentation 170
Artikulation 31, 38, 50, 55 ff., 62, 93 ff., 123, 134 ff., 164, 194, 197
Artikulationsart 103 f.
Allgemeine Artikulationsmerkmale (Artikulationsbasis) 56, 93, 95
Argumentieren → kommunikative Grundverfahren
Artikulationsmodus 99 f.
Artikulationsorgane 35, 55, 135
Artikulationspräzision 125, 135 ff., 141
Artikulationsspannung 56
Artikulationsstelle 99 f., 103 f., 106
Aspiration 100
Assimilation 26, 94, 103 ff., 135
- progressiv 104
- regressiv 104
Atemdruck 138
Atemfehlleistung 46 ff., 62, 68, 126
Atempause 45 ff., 126 f.
Atemstütze 47 f., 61, 68 f., 71
Atemwurf 61, 67 f.
Atmung → Respiration, Phonationsatmung
Auditive Verarbeitungs- und Wahrnehmungsstörung 89
auditives Differenzierungsvermögen 28
Auslaut 100

Auslautverhärtung 100
Äußerung 131 ff., 138, 160 ff., 167 f., 172, 174, 176, 179, 193
Aussprache → Artikulation
Aussprachevariante 94, 137
- ideolektal 94
- regional 94, 135, 137
Ausspruch 125 f., 128

B
Balbuties 24, 75, 85 f.
- Begleitsymptome
- Kernsymptome 85
- klonisch 85
- physiologisch 85
- tonisch 85
Bauchatmung 46
Begründen → kommunikative Grundverfahren
Behauchung → Aspiration
Behaupten → kommunikative Grundverfahren
Berichten → kommunikative Grundverfahren
Beschreiben → kommunikative Grundverfahren
Betonung → Akzent
Beurteilen → kommunikative Grundverfahren
Beweisen → kommunikative Grundverfahren
Beziehungsebene 160, 174, 176 f.
Blickkontakt 86, 143 f., 164 f., 194 f., 197 f.
Brustatmung 46
Brust-Bauch-Atmung → kombinierte Atmung

D
Debatte 177
Deduktion 166, 170, 185
Definieren → kommunikative Grundverfahren
Deutsch als Fremdsprache 26 ff.
Diagnostik 76 f., 91 f.
Dialog 152, 169
Diphthong 95 f., 98 f.
Diskussion 160, 167, 177 f.
distinktives Merkmal 21, 97, 99
Dyskalkulie 91
Dyslalie 24, 35, 75, 83 f.
Dysphonie 24, 71, 75, 77 ff., 193
- funktionell 24, 80 ff.
- hyperfunktionell 80 f.
- hypofunktionell 80 f.
- kindlich 82 f.
- organisch 77 ff.
- primär organisch 75

- psychogen 75, 81 f.
- sekundär organisch 75, 78

E

Elision 26, 104
Emotion (Stimmung, Befindlichkeit, Gestimmtheit) 134 ff., 142 f., 147 f., 165 f., 179
emotionaler Akzent (emphatischer Akzent) → Akzent
Endmelodie → Melodieführung
Endphase 130, 133, 138
Engelaut 90, 100 ff., 104
Ersprechen 142
Erzählen → kommunikative Grundverfahren
Explosiv 90, 100 f., 104, 136 f.

F

Feedback 153, 164, 182, 185, 193, 196
flache Atmung → Atemfehlleistung
Formstufe → phonostilistische Variante
Fortis 99 f., 104, 136 f.
freie Rede 163 f., 167 f., 174, 182
Frikativ 101
Fünfsatz 170, 183 f.
funktionelle Stimmstörung → Dysphonie
funktioneller Nachvollzug 54
funktionelles Hören 44, 76
Funktionskreis 37, 39, 43 f., 134, 193

G

Gebrauchstext 140
Gehör 33 f.
Gelegenheitsrede 167
Gespräch 23, 159 f., 164, 167, 174 ff., 185 f.
- geleitet 176, 178, 187
- ungeleitet 176
Gesprächsarten 174, 178, 185
Gesprächsleitung 160, 176 ff., 187
Gesprächsplanung 177 f., 185 f.
Gestaltungspause (Gliederungspause) 126 f., 136, 143 f.
Gestik → Körpersprache
Gliederung
- in Sprecheinheiten 123 ff., 141 ff., 147, 194, 197
- Redegliederung 161 f., 166, 168 ff., 183, 198
Glottis 49, 51
Glottisform 51
Glottisschlageinsatz 52, 67 f.
- hygienisch (physiologisch, fest) → Stimmeinsatz
- unhygienisch (unphysiologisch, hart) → Stimmeinsatz
Graphem 21 f., 94, 98 f.
Grundhaltung 140, 142, 149, 153

Kommunikation 11, 17, 19, 136
- einseitig → Rede
- rhetorisch 22 f., 159, 165, 171, 177
- sprechkünstlerisch (Sprechkunst, Ästhetische Kommunikation) 23 f.
- sprechsprachlich (Sprechkommunikation) 17, 24 f., 123
- wechselseitig → Gespräch
Kommunikationsatmosphäre 135, 193
Kommunikationsfähigkeit 25, 28
Kommunikationsmodell 16
Kommunikationspartner 134, 136 f.
Kommunikationsplan 160 f.
Kommunikationssituation → situative Bedingungen
Kommunikationsziel 160, 162, 169 ff., 175 ff., 179 f., 186 f., 198
kommunikative Absicht (Funktion) 127, 132, 134, 138 ff., 143, 165, 167 ff., 174 f., 178, 183, 198
kommunikative Aufgabe 169, 178
kommunikative Bedingungen → situative Bedingungen
kommunikative Grundverfahren (Kommunikationsverfahren) 165 ff., 170 f., 173, 178, 182 ff.
kommunikative Kompetenz 15, 160
Konsonant 99 ff.
- paarig 100 f.
- unpaarig 100 f.
Konsonantenverbindung 102
konsonantisches r 102
Kontaktmotiv 125, 131, 147
kontextbezogen 15
Körperhaltung 44, 60, 71, 81, 164 f., 194, 197 f.
Körperspannung 134, 138, 164 f.
Körpersprache 17, 164 f., 169, 172, 194, 197 f.
Kraftstimme 47, 61, 67, 69

L
Lallen 34, 37
Lampenfieber 165, 169
Laryngitis 75, 77 f.
Larynx 39 ff., 48, 64, 67
Lautangleichung → Assimilation
Lautbildung → Artikulation
Lautbildungsstörung → Dyslalie
Laut-Buchstabe-Beziehung → Phonem-Graphem-Beziehung
Lautdehnung 126, 163
Lautmalerei 136, 143
Lautschwächung → Reduktion
Lautstärke 37, 68 f., 123 ff., 127, 131 ff., 138, 141, 164, 195, 197
Lautsystem 95
Legasthenie 88 f.
Leistungsatmung 46
Lenis 99 ff., 104, 137
Lese-Rechtschreib-Schwäche → Legasthenie

Lippenrundung 56, 97
Lösungstiefe 53 f., 131, 145 f.

M

Manuskriptrede 167 f., 171
Massenkommunikation 159
Meinungsrede 167 f., 184
Melodie → Melodieführung
Melodieführung (Melodieverlauf, Sprechmelodie, Tonhöhenbewegung) 27 ff., 37 ff., 64, 123 ff., 130 f., 138 f., 141, 143 f., 164, 166, 197
- interrogativ (steigend) 125, 130 ff., 138 f., 146 f.
- progredient (schwebend) 130, 132 f., 139, 164, 173
- terminal (fallend) 69, 125, 130 ff., 138 f., 144 ff.
Mimik → Körpersprache
Minimalpaar 29, 97
Mitteilungsabsicht → kommunikative Absicht
Mitteilungswert 129, 135
mittlere Sprechstimmlage 40 f.
Moderation 23
Monophtong 95, 98
Mutation 41
Mutationsstimmstörung 75, 82 f.
- Mutationsfistelstimme 82 f.
- perverse Mutation 82
- unvollständige Mutation 82 f.

N

Nasal 67, 101
Nasalitätsstörung → Rhinophonie, Rhinolalie
Näseln → Rhinophonie, Rhinolalie
Nominalstil 162, 173
nonverbal 17 f., 124, 135, 160, 162
nonverbale Mittel (Komponenten) 162, 164 f.
Normphonetik 21, 135

O

Öffnungslaut → Vokal
Öffnungsweite 57, 62 f., 81, 94
Ontogenese 12, 33
optischer Vorlauf 144
Orthoepie 93

P

Pädaudiologie 24, 76
paraverbal 17 ff., 23, 124, 135, 160
peripheres Hörorgan 33
persuasiv 167
Phonation 39, 48, 51, 64, 138, 194, 197 f.
Phonationsatmung 44, 46 f., 81

Sprechspannung 99, 123, 125, 127, 131 f., 134, 136 ff., 141, 166, 195, 197
sprechsprachliche Kommunikation → Kommunikation
Sprechtechnik 42, 81
Sprechtempo 26, 105, 123 f., 126 f., 131 ff., 138, 141, 143, 164, 166, 195, 197
Sprechweise → sprecherische Gestaltung
Sprechwirkung 133, 135, 138, 144, 160, 162 ff., 170, 173, 193 f., 197 f.
Sprechwissenschaft 11, 17, 19 ff.
Sprenglaut → Explosiv
Stammeln → Dyslalie
Standardaussprache 56, 93 ff., 137, 164
Staupause → Zäsur
Stichwortkonzept 165, 168, 171 f., 174, 181 f.
stilistische Variante → phonostilistische Variante
Stimmabsatz 53
- fest 53
- gehaucht 53
- hart 53
- weich 53
Stimmatmung → Phonationsatmung
Stimmbefund 80 f.
Stimmbeteiligung 99 ff., 103 f.
- entstimmlicht 101, 104
- stimmhaft 99 ff.
- stimmlos 99 ff.
Stimmbildung 25 f., 57, 64, 134
Stimmbruch → Mutation
Stimmeinsatz 40, 51 f.
- fest 52
- gehaucht 52, 81
- hart 52, 68 f., 71, 81
- weich 52
Stimmentwicklung 39
Stimmerzeugung → Phonation
Stimmfunktionstherapie → Therapie
Stimmgebrauch → Phonation
Stimmgebung → Phonation
Stimmklang 40, 42, 48, 123, 125, 133 ff., 138, 141, 147, 197
Stimmlage 40
stimmliche Leistungsfähigkeit 42, 48, 76 ff.
Stimmlippen 39 ff., 49 f.
Stimmlippenknötchen 75, 78
Stimmlippenlähmung 79 f.
Stimmlippenödem 79
Stimmlippenpolyp 75, 79
Stimmorgan → Larynx
Stimmqualität 80, 83, 124
Stimmritze → Glottis
Stimmruhe 78
Stimmstärke 50, 68

Stimmstörung → Dysphonie
Stimmumfang 39, 42, 81
Stimmung → Emotion
Stimmwechsel → Mutation
Stoffsammlung (stoffliche Basis) 169, 178
Störung
- der Lautbildung → Dyslalie, Sigmatismus
- der Stimme → Dysphonie
- des Hörens → Hörstörung
- des Redeflusses → Balbuties, Tumultus sermonis
- entwicklungsbedingt 75, 84
Störungsbewusstsein 85 f.
Stottern → Balbuties
Streitgespräch 175 ff., 187
Stroboskopie 80
subglottischer Druck 50

T
Teilstimmung 135, 142
textadäquat (textbezogen) → inhaltsadäquat
Textvorlage 143
Thema-Rhema-Gliederung 129
Therapie 24 f., 76 ff.
Tiefatmung 46, 62
Tonhaltedauer 47, 73, 81
Tonhöhenverlauf → Melodieführung
Transkription 118 f.
Tumultus sermonis 24, 87

U
Überwindungsmodus 99
Überzeugungsrede → Meinungsrede
Umschrift → Transkription
Untersuchung des Kehlkopfes → Laryngoskopie

V
verbal 17 ff., 124, 160, 173
Verbalstil 162
Verschlusslaut → Explosiv
Vitalatmung → Respiration
Vokal 63 ff., 95 ff., 136
- Hinterzungenvokal 97 f.
- reduziert 98 f.
- rund/gerundet 97 f.
- ungerundet 97 f.
- Vokalqualität 95 ff., 104 f.
- Vokalquantität 95 ff., 104 f.
- Vorderzungenvokal 97 f.
- Zentralvokal (Mittelzungenvokal) 97 ff.

Leipziger Skripten
Einführungs- und Übungsbücher aus dem Institut für Germanistik

Herausgegeben von Irmhild Barz, Ulla Fix
und Marianne Schröder

Band 1   Ulla Fix / Hannelore Poethe / Gabriele Yos: Textlinguistik und Stilistik für Einsteiger. Ein Lehr- und Arbeitsbuch. Unter Mitarbeit von Ruth Geier. 3., durchgesehene Auflage. 2003.

Band 2   Irmhild Barz / Marianne Schröder / Karin Hämmer / Hannelore Poethe: Wortbildung – praktisch und integrativ. Ein Arbeitsbuch. 4., überarbeitete Auflage. 2007.

Band 3   Tina Simon: Rezeptionstheorie. Einführungs- und Arbeitsbuch. 2003.

Band 4   Siegrun Lemke (Hrsg.): Sprechwissenschaft/Sprecherziehung. Ein Lehr- und Übungsbuch. Unter Mitarbeit von Philine Knorpp. 2., überarbeitete und ergänzte Auflage. 2012.

Band 5   Melani Schröter / Björn Carius: Vom politischen Gebrauch der Sprache. Wort, Text, Diskurs. Eine Einführung. 2009.

www.peterlang.de